# Deutsch *aktiv* Neu
## Ein Lehrwerk für Erwachsene

Lehrerhandreichungen 1B

Gerd Neuner, Theo Scherling, Reiner Schmidt und Heinz Wilms

LANGENSCHEIDT
BERLIN · MÜNCHEN · WIEN · ZÜRICH · NEW YORK

Zeichnungen und Umschlaggestaltung: Theo Scherling
Umschlagfoto: Mauritius, Mittenwald

Druck:  5. 4. 3. 2. 1.      | Letzte Zahlen
Jahr:   93 92 91 90 89      | maßgeblich

© 1989 Langenscheidt KG, Berlin und München

Das Werk und seine Teile sind urheberrechtlich geschützt. Jede Verwertung in anderen als den gesetzlich zugelassenen Fällen bedarf deshalb der vorherigen schriftlichen Einwilligung des Verlages.

Druck: Druckhaus Langenscheidt, Berlin
Printed in Germany · ISBN 3-468-49122-0

# Inhaltsverzeichnis

**A Einführung** . . . . . . . . . . . . . . . . . . . . . . . . . . . 5

  1    Schwerpunkte der didaktischen Konzeption von *Deutsch aktiv
Neu 1B:* Vom Verstehen zur Äußerung . . . . . . . . . . . . . . . . 5
  2    Schwerpunkte: Textarbeit – Wortschatzarbeit . . . . . . . . . . . . 5
  2.1  Textarbeit . . . . . . . . . . . . . . . . . . . . . . . . . . . 5
  2.1.1  Zur Arbeit mit fiktionalen Texten . . . . . . . . . . . . . . . 6
  2.1.2  Zur Arbeit mit Sachtexten . . . . . . . . . . . . . . . . . . . 9
  2.2  Wortschatzarbeit . . . . . . . . . . . . . . . . . . . . . . . 12
  2.2.1  Textorientierte Wortschatzarbeit: Vom Verstehen zur Äußerung . . . 12
  2.2.2  Aufbau des aktiven Wortschatzes . . . . . . . . . . . . . . . . 14
  2.2.2.1  Variationsmöglichkeiten bei der Wortschatzeinführung . . . . . 15
  2.2.2.2  Variationsmöglichkeiten bei der Wortschatzintegration . . . . . 16
  2.2.3  Wörter und Wendungen in Texten verstehen: Zum Aufbau des
Verstehenswortschatzes . . . . . . . . . . . . . . . . . . . . . . . 18
  2.2.3.1  Die Wortebene: Einzelwörter erkennen . . . . . . . . . . . . . 18
  2.2.3.2  Die Satzebene: Wörter aus dem Satzzusammenhang bestimmen . . . 19
  2.2.3.3  Die Textebene: Wörter aus dem Textzusammenhang erschließen . . 19
  2.2.3.4  Die Kontextebene: Wörter aus dem Umfeld des Textes erschließen . . 20

**B Methodische Hinweise zu den einzelnen Kapiteln** . . . . . . . . . . 21

  Kapitel 9 . . . . . . . . . . . . . . . . . . . . . . . . . . . . . 21
  Kapitel 10 . . . . . . . . . . . . . . . . . . . . . . . . . . . . 31
  Malerei im 20. Jahrhundert . . . . . . . . . . . . . . . . . . . . 43
  Kapitel 11 . . . . . . . . . . . . . . . . . . . . . . . . . . . . 46
  Kapitel 12 . . . . . . . . . . . . . . . . . . . . . . . . . . . . 59
  Wiederholungsübungen zu Kapitel 9–12 . . . . . . . . . . . . . . . 68
  Kontrollaufgaben zu Kapitel 9–12 . . . . . . . . . . . . . . . . . 68
  Singen und Spielen . . . . . . . . . . . . . . . . . . . . . . . . 69
  Kapitel 13 . . . . . . . . . . . . . . . . . . . . . . . . . . . . 70
  Kapitel 14 . . . . . . . . . . . . . . . . . . . . . . . . . . . . 79
  Kapitel 15 . . . . . . . . . . . . . . . . . . . . . . . . . . . . 88
  Kapitel 16 . . . . . . . . . . . . . . . . . . . . . . . . . . . . 95
  Wiederholungsübungen zu Kapitel 13–16 . . . . . . . . . . . . . . 103
  Kontrollaufgaben zu Kapitel 13–16 . . . . . . . . . . . . . . . . 103

**C Anhang** . . . . . . . . . . . . . . . . . . . . . . . . . . . . . 105

  1  Im Lehrbuch nicht abgedruckte zusätzliche Hörtexte der Cassette 1B/1 . . . 105
  2  Alphabetisches Wortschatzregister zu den Lehrbüchern 1A und 1B . . . . 112

Die Autoren bedanken sich bei Frau A. Winkler, Goethe-Institut Madrid, für wertvolle
Hinweise zur Unterrichtsgestaltung.

# A Einführung

## 1 Schwerpunkte der didaktischen Konzeption von *Deutsch aktiv Neu 1B*: Vom Verstehen zur Äußerung

In den Lehrerhandreichungen zu *Deutsch aktiv Neu 1A* haben wir die Konzeption der Neubearbeitung von *Deutsch aktiv* dargestellt, die auch für die Bände 1B und 1C maßgeblich ist. Falls Sie diese Einführung noch nicht kennen, möchten wir Ihnen dringend empfehlen, sie *vor* der Arbeit mit Band 1B zu lesen.

Bitte vergessen Sie nicht, daß *Deutsch aktiv Neu* kein in sich hermetisch abgeschlossenes Unterrichtskonzept zu bieten versucht, das Sie als Lehrer sklavisch befolgen müßten, sondern daß es Ihnen als Lehrendem ganz bewußt Spielraum zur Unterrichtsgestaltung mit *Ihrem* Sprachkurs zu lassen versucht, den Sie nutzen sollten.

Sie sollten deshalb bei der Unterrichtsplanung zu den einzelnen Abschnitten und der Lektüre unserer Vorschläge zur Unterrichtsgestaltung immer wieder überlegen, ob Sie unsere Vorschläge für die Arbeit mit Ihrem Kurs übernehmen wollen oder ob es nicht Möglichkeiten der Unterrichtsgestaltung gibt, die auf die spezifischen Lernvoraussetzungen *Ihres* Kurses noch besser eingehen können (Lerntraditionen; Berücksichtigung der Muttersprache; anderer Zugang zu bestimmten Themen und Texten usw.). Wir verweisen in den vorliegenden Lehrerhandreichungen bei den einzelnen Abschnitten immer wieder auf unterschiedliche Arbeitsmöglichkeiten mit bestimmten Lerngruppen (im Inland, im Ausland; mit bestimmten muttersprachlichen Voraussetzungen; mit bestimmten kulturellen Traditionen usw.). Wir verweisen auch immer wieder darauf, daß Texte, die Ihnen – vom Thema oder von Wortschatz und Grammatik her – als zu schwierig erscheinen könnten, ersetzt, weggelassen, bearbeitet oder mit zusätzlichen Lernhilfen versehen werden können.

Veränderungen im didaktischen Konzept im Vergleich zu Band 1A ergeben sich aus der Erweiterung der Textgrundlage (fiktionale Texte und Sachtexte), was insbesondere Veränderungen im Bereich der *Textarbeit* und der *Wortschatzarbeit* mit sich bringt.

Wir möchten Sie deshalb nachdrücklich auf die einführenden Aufsätze zur Textarbeit und zur Wortschatzarbeit in den vorliegenden Lehrerhandreichungen (A2, S. 5 ff.) hinweisen.

Dort erhalten Sie ausführliche Anregungen zur Erweiterung der Arbeitsmöglichkeiten mit dem Lehrbuch, dem Arbeitsbuch, den Bild- und Tonträgern und den Glossaren. Sie sollten bei der Unterrichtsvorbereitung immer wieder überlegen, wie Sie diese Hinweise zur freieren Arbeit mit dem Lehrwerk nutzen könnten.

Die Verstärkung der Textarbeit in Band 1B bedeutet nicht, daß der Entwicklung der Fähigkeit zur mündlichen und schriftlichen Äußerung weniger Beachtung geschenkt wird. Sie bedeutet vielmehr eine Akzentverschiebung von der vorwiegend dialogisch-partnerbezogenen Äußerung zu einer stärker themen- und textbezogenen Äußerung (zur Sache sprechen), wie sie für den Unterricht mit Lernenden nach der Anfangsstufe charakteristisch ist. Dabei geht es uns bei der Entwicklung dieser „Diskussionsfähigkeit" auch darum, daß Lernprozesse selbst zur Sprache kommen (wie man z. B. wichtige Information in einem Text erkennt; wie man sich in eine Diskussion einbringt, seinen Standpunkt darstellt und auf die Gesprächspartner eingeht usw.).

## 2 Schwerpunkte: Textarbeit – Wortschatzarbeit

### 2.1 Textarbeit

Wir haben in *Deutsch aktiv Neu* den dialogischen Ansatz von *Deutsch aktiv* zurückgenommen, und zwar zugunsten der Textarbeit, die in den Bänden 1B und 1C besonderen Raum einnimmt. Es handelt sich um eine Akzentverschiebung von der Äußerung zum Verstehen; wir meinen damit aber keineswegs eine Wendung vom Aktiv-Pro- duktiven zum Passiv-Rezeptiven. Wir sprechen von Verstehens*tätigkeit* und fassen darunter die Aufnahme, Verarbeitung und Umsetzung sprachlicher Vorgaben als Grundlage des Fremdsprachenlernens zusammen.

Verstehen ist ein aktiver, konstruktiver Vorgang. Verstehen ist nicht nur ein Dekodieren (Entschlüsseln) von Inhalten, die in Texten verpackt sind, sondern ein Mit- und Vorausdenken, ein Ergänzen, Auswählen und Schaffen zusätzlicher Information, ein Akt des Interpretierens und der Sinnbildung.

Die Textinformation wirkt nie alleine, sondern läßt unser Vorverständnis mitschwingen, nämlich das, was wir über die Welt wissen, über logische Abläufe von Handlungen, über die Wahrscheinlichkeit des Verlaufs von Geschichten, über Satzstrukturen und Wortkombinationen.

Während wir lesen, eilen unsere Vermutungen dem Text voraus, wir bilden Hypothesen, die wir in den folgenden Abschnitten bestätigt oder korrigiert finden.

Die Leseprozesse in der Mutter- und in der Fremdsprache verlaufen in dieser Hinsicht analog. Dennoch ist der Fremdsprachenleser, der zum Beispiel das Wörterbuch beim Lesen nicht entbehren kann, der aus seiner Muttersprache andere Buchstabenkombinationen gewöhnt ist, dem bestimmte kulturelle Vorerfahrungen fehlen, der ein anderes Humor- oder Ironieverständnis hat, nicht in gleicher Weise „kompetent" wie ein Leser in der Muttersprache. Er ist stärker vom Wortverständnis abhängig (er kann nicht darüber hinwegeilen), er braucht Steuerungs- und Deutungshilfen auf der einen und klar strukturierte Texte auf der anderen Seite.

### 2.1.1 *Zur Arbeit mit fiktionalen Texten*

Wir möchten im folgenden zunächst an einem für unsere Auswahl in *Deutsch aktiv Neu* typischen fiktionalen Text verdeutlichen, wie wir uns Leseprozeß und Textarbeit vorstellen.

Es kam uns darauf an, Texte auszuwählen, die
— allgemeine Welterfahrung widerspiegeln,
— eine eindrucksvolle Kompositionsform haben,
— von Etappe zu Etappe Erwartungen auslösen,
— regelmäßige Erscheinungen in der Sprache auf engem Raum relativ oft auftreten lassen und
— ein günstiges Verhältnis zwischen „bekannt" und „neu" aufweisen.

Unsere Ziele bei der Textarbeit werden vielleicht besonders deutlich, wenn wir zunächst sagen, was wir möglichst vermeiden wollen. Wir tun es am besten mit den Amerikanern *Goodman/Smith,* die unter dem bezeichnenden Titel *Twelve easy ways to make learning to read difficult* lernhemmende Methoden analysiert haben, zum Beispiel:

„Der Lehrer paßt auf, daß jedes Wort korrekt gelesen wird, was zu einem stocherigen Wort-für-Wort-Lesen führt; er besteht darauf, daß jede Einzelheit im Text genau verstanden wird (und erklärt möglicherweise alle unbekannten Wörter vorweg), verhindert das Raten und unterbindet damit, daß Hypothesen gebildet und nach Sinn gesucht wird, daß schwierige Stellen auch mal übergangen und „von hinten" im Text aufgelöst werden; er verbessert Lesefehler sofort und zwingt auch dadurch seine Schüler, Wort für Wort und viel zu langsam zu lesen. Er reißt sie ständig aus dem individuellen Leseprozeß heraus und vermittelt den Eindruck, daß es weniger auf den Inhalt des Textes als vielmehr auf formale Korrektheit beim lauten Vorlesen ankommt usw. *Goodman/Smith* plädieren dafür, dem Lerner/Leser Gelegenheit zu geben, seinen eigenen Lernprozeß durchlaufen und dabei möglichst viel Leseerfahrung sammeln zu können."

— Wir versuchen, die Leser/Lerner einen möglichst natürlichen, durch Interesse und Neugier motivierten, Zugang zu Texten finden zu lassen, und unterstützen sie durch besondere Anreize zur Hypothesenbildung und durch Bewußtmachung von Textplänen (vgl. z. B. „Die Sterntaler", 10A5, „Die Geschichte vom grünen Fahrrad", 11A6, „Der Kleine Prinz", 12A5, „Ein schöner Tag", 13A7, „Seltsamer Spazierritt", 14A8 u.a.).

— Wir bevorzugen auf dieser Stufe Texte, die wegen ihrer mehr oder weniger routinisierten Handlungsverläufe sicher „funktionieren", und schreiten behutsam von einfachen zu komplexeren „Weltbildern" (im Bd. 1C) voran. Bei „Archethemen" wie „arm und reich", „Geben und Nehmen", „Freund und Feind", „Plan und Widerstände", „Gastfreundschaft", „Rücksicht auf Mitmenschen" usw. können wir darauf setzen, daß die in der Muttersprache ausgebildeten Erwartungsschemata „mitspielen", um so flüssiger gestaltet sich dann nämlich der Leseprozeß, und unsere Lerner können sich darauf konzentrieren, in der Abweichung vom bereits (halbwegs) Bekannten eine neue (typisch deutsche?) Variante zu erkennen, die natürlich in markanter Weise mit den Mitteln der fremden Sprache gestaltet ist.

— Die Texte werden sprachlich ausgewertet, aber nicht „ausgebeutet". Uns interessiert das Informationsschema eines Textes, seine logische Figur- und Schrittabfolge. Darin steckt eine textspezifische Grammatik (vgl. z. B. die „obwohl"-Konstruktionen in „Herr Böse und Herr Streit", die Darstellung der Kausalitätsverhältnisse in Brechts „Zweckdiener", 12A6), die der Schüler lernen und benutzen muß, wenn er über den Text und seine Deutung sprechen will.

Die Funktion bestimmter sprachlicher Mittel zeigt sich am eindrucksvollsten in Texten, die wirklich Inhalte tragen, sich vom alltäglichen Gebrauch abheben, lebendig und ohne didaktische Hinterlist geschrieben sind.

Wir setzen dabei bewußt früh auf „Sprachgefühl" bei unseren Lernern, zum Beispiel „Das Gespräch der drei Gehenden", 10A3: „Wie klingt das?"

- Die Textarbeit drängt ab Band 1B das interaktive dialogische Sprechen (vgl. z.B. in Kapitel 9) langsam zurück. Diese Akzentverschiebung von der direkten Äußerung zum Verstehen bedeutet kein „Verstummen"! Im Gegenteil: Das Sprechen „Zur Sache" und über bedeutungsvolle Themen vertieft die Redeanlässe und -strategien, verklammert sie mit thematischen Aspekten, bei denen der Lernende Bezug zur eigenen Lebenserfahrung herstellen und seine Wahrnehmungserfahrungen zur Sprache bringen kann.
- Der Wortschatz, der in didaktisch präparierten Materialien keine Verbindlichkeit entfalten kann, haftet weit stärker, wenn er in sinnvollen Texten auftritt, wenn authentische Aufgabenstellungen zum entscheidenden Ausgangspunkt werden, den Text zu deuten.

*Die Erarbeitung eines fiktionalen Texts*

Wollte man den Text „Herr Böse und Herr Streit" (LB, S. 69) in seinem Schwierigkeitsgrad ausschließlich unter sprachlichem, sprachdidaktischem Aspekt einschätzen, was vor allem im Zweitsprachenunterricht gängige Praxis ist, müßte man feststellen, daß er nicht einfach ist. Wir haben es mit einem dichten Vorkommen sprachlicher und stilistischer Mittel zu tun, die die literarische Ebene kennzeichnen, mit strenger schriftsprachlicher Korrektheit. Unter möglicherweise (je nach Klassenstand) schwierigen sprachlichen Einzelerscheinungen wären aufzulisten: Die Fülle der präpositionalen Fügungen (*zwischen den Gärten, mit der Axt, im Oktober, beim Äpfelkaufen* usw.), zahlreiche Präteritalformen schwacher und starker Verben, ein vorangestellter Temporalsatz (*Als im Oktober ...*), konzessive Adverbialsätze (*... schon im Juli, obwohl sie noch ganz grün waren*), ein Konsekutivsatz (*..., so daß der Baum ...*), Modalpartikel (*noch gar nicht, überhaupt keine, sooo klein*), unterschiedliche Verbbesetzungen (*pflücken, umhauen* etc. mit Akk.-Erg.; *gehören* + Dat.-Erg.), die Phrase *Warte, dir werd ich's heimzahlen.* – Die sprachlich-formale Komplexität trifft deutsche Leser weniger, weil sie von einer weitgehend entfalteten Muttersprachenkompetenz ausgehen und sich auf ihr Sprachgefühl verlassen können, das bei ausländischen Lernenden erst entwickelt werden muß.

Wir wollen jedoch bei diesem Text nicht zuerst fragen: Was ist schwierig, wo sind Verständnisschwierigkeiten zu erwarten? Wir wollen vielmehr die inhaltlichen Chancen und den Bauplan dieser Geschichte nutzen, den Leseprozeß zu erleichtern. – Herr Böse und Herr Streit, die personifizierten Untugenden, spielen ein Stückchen vor, ein Grundmodell des Lebens, das eigene Gedanken, eigenes Welt- und Handlungswissen mobilisiert, besonders dann, wenn die Überlegungen durch Vorankündigungen angeregt werden.

Abschnitt 1

### *Herr Böse und Herr Streit*

Es war einmal ein großer Apfelbaum. Der stand genau auf der Grenze zwischen zwei Gärten. Und der eine Garten gehörte Herrn Böse und der andere Herrn Streit.

Das geht nicht gut!
Wie geht das weiter? Was glauben Sie?

Wie geht das weiter? *(Die hauen sich. Prozeß! 6 Äpfel kann man teilen. Ein Jahr der eine – ein Jahr der andere. Der Zaun muß weg. Äpfel sind billig.).* Was an dieser Geschichte, wie an vielen anderen, die für Lesetrainingszwecke besonders geeignet sind, auffällt, ist die Kargheit, die schmale Spur des Bauplans mit seinem Etappencharakter. Die einfache Struktur mit Reihung und Parallelität folgt der zentralen Kausalkette ohne jede Abschweifung, ohne Nebenmotive. Die Geschichte nimmt einen fast abstrakt-musterhaften Verlauf.

Aus dieser illustrierten Moral von Böse und Streit ist alles Individuelle, sind alle denkbaren differenzierenden Einzelheiten und Umstände rausgefiltert zugunsten des Typischen. Wir bleiben durchgehend auf der Spur des kritischen Pfades von Aktion und Reaktion, deren Überkreuzverschränkung das Kompositionsschema der Geschichte bildet.

Die Leseübung sollte nach der ersten Etappe innehalten, nach dem ersten *Warte, dir werd ich's heimzahlen.*

Abschnitt 2

Als im Oktober die Äpfel reif wurden, holte Herr Böse mitten in der Nacht seine Leiter aus dem Keller und stieg heimlich und leise-leise auf den Baum und pflückte alle Äpfel ab.
Als Herr Streit am nächsten Tag ernten wollte, war kein einziger Apfel mehr am Baum. „Warte!" sagte Herr Streit, „Dir werd ich's heimzahlen."

Die Frage *Was tut Herr Streit wohl?* regt zum Mit- und Vordenken an, läßt jetzt den Leser zu Wort kommen. Der monologische Text selbst, der insgeheim ja auch dialogisch ist, hat es auf solche Reaktionen des Lesers abgesehen. Er will in Teilstrecken, Sinnabschnitten, in Sprüngen und vorbedacht gelesen werden.

Wenn der Leser jetzt (mit Sicherheit aber nach dem nächsten Abschnitt) vermutet, daß Herr Streit Gleiches mit Gleichem vergelten wird, kann er den restlichen Text überfliegen und daraufhin absuchen, wie oft und von wem jeweils die Drohung *Warte, dir werd ich's heimzahlen* ausgesprochen wird.

Damit ist der Bauplan der Geschichte enthüllt, und wir können sie so ins Bild übersetzen:

Die Architektur der Geschichte ist leichter durchschaubar als einzelne sprachliche Erscheinungen, die den Leser beim Wort-für-Wort-Lesen so oft festhalten und vom Sinn der Geschichte fernhalten. Das im Refrain wiederholte *Warte, dir werd ich's heimzahlen* wirkt wie eine Kontaktformel zum Leser, stellt Übereinstimmung her: Hörst du? Wir sind noch beim Thema. Unsere Geschichte geht weiter. – Und zwar geht sie nach dem gleichen Schema weiter. Sobald das erkannt ist, können wir schneller und verkürzt weiterlesen. Wir können ohne Verlust die Stationen 3–5 überspringen. Erst die Etappen 6 und 7 (Blüten abschlagen, Baum fällen) bringen eine Veränderung und Steigerung, die allerdings zu erwarten war.

Diese Technik der Verkürzung des Leseprozesses, die den geübten vom ungeübten Leser unterscheidet, läßt sich auch durch die folgende schrumpfende Satzpyramide veranschaulichen:
– Und im nächsten Jahr pflückte Herr Streit die Äpfel schon im September ab, obwohl sie noch gar nicht reif waren
– Und im nächsten Jahr . . im August, obwohl sie noch . . . . . grün und hart . . . .
– Und im nächsten . . . . Juli, obwohl. . . . . . . . . sooo klein . . . . . .
– . . . . . . . . . . . . . . . . Juni . . . . . . . . . klein wie Rosinen . .

Auch mit immer weniger Daten bleibt die Aussage verständlich, obwohl es sich keineswegs nur um Wiederholungen handelt, sondern die Steigerung mitvollzogen werden muß.

Die Komposition der vorliegenden Geschichte folgt klassischen Aufbauprinzipien narrativer Texte: Die deutlich abgesetzte Ausgangssituation mit der räumlichen Festlegung und der Einführung der Figuren, die Kette der Veränderungsstufen im Mittelteil und die kurze Abschluß-Situation *(Von da ab trafen sie sich häufiger ...).* Der Mittelteil steht unter der Wegleitung einer strengen, vorhersagbaren zeitlichen und kausalen Abfolge *(Warum pflückt Herr Streit die Äpfel in diesem Jahr schon im September? – Weil Herr Böse im Vorjahr ...).* Gewissermaßen antikausal ist das Verhältnis bei den Konzessivkonstruktionen *(..., obwohl sie noch gar nicht reif waren).* Diese sprachlichen Formen, deren Aussagefunktion in der poetischen Verarbeitung dadurch besonders eindringlich ist, daß sie für den Leser kommunikationssteuernde Wirkung ausüben und seine Lektüre vorantreiben, sollten Gegenstand expliziter Sprachbetrachtung im Unterricht sein (vgl. Lehrbuch 12B4, S. 73).

### 2.1.2 *Zur Arbeit mit Sachtexten*

Die fiktionalen Texte, die wir für *Deutsch aktiv Neu 1B* ausgesucht haben, fordern wegen ihrer Konzentration auf zyklische Handlungsabläufe ein „vorausdeutendes Lesen", die Hypothesenbildung zum Handlungsverlauf und zum Handlungsabschluß geradezu heraus. Die *Sachtexte,* auf die wir uns im zweiten Teil von *Deutsch aktiv Neu 1B* konzentrieren – es sind überwiegend Textsorten, die typisch für die Tageszeitung sind (Meldung, Notiz, Bericht, Kommentar, Statistik, Wetterbericht, Anzeige, Glosse usw.; vgl. Lehrbuch, S. 90–98 und S. 107–119) – sind anders strukturiert. Sie behandeln ein *Thema,* das zumeist in der *Überschrift/Schlagzeile* benannt wird – z. B. „Deutsche Muskelfrau holte den Titel" (S.90), „Nachlassendes Interesse am Erlernen der deutschen Sprache" (S. 109), „Reisewetter" (S. 111) – und oft durch Bilder (Fotos/Zeichnungen) illustriert wird.

Das angegebene Thema erweckt in uns bestimmte Vorerwartungen – „was jetzt kommt" –, die mit unserer Welterfahrung und unserem Weltwissen, aber auch mit den Lesegewohnheiten, die wir als Zeitungsleser entwickelt haben, verknüpft sind.
Beispiel: Wetterbericht „Reisewetter" (LB, S. 111). Wenn wir als deutschsprachige Leser diesen Text in der Zeitung lesen, aktivieren wir – unbewußt – eine Reihe von Faktoren unserer Alltagserfahrung, die sich auf textsortenspezifische Kenntnisse, auf Lesezwecke und auf Fach- und Sachkenntnisse, hier meteorologische und geographische Kenntnisse, beziehen. Wir aktivieren also ein Umfeld, in das der Text eingebettet ist, und verstehen den Text, weil wir die Informationen, die wir zur Wettervorhersage für einen bestimmten Tag erhalten, mit Hilfe unseres Kontextwissens interpretieren können.

a) Textsortenspezifische Kenntnisse
Als deutschsprachige Leser einer deutschen Tageszeitung wissen wir z.B., daß die Zeitung in einer ganz bestimmten Weise aufgebaut ist: auf den ersten Seiten werden Themen der Weltpolitik und Fragen von allgemeinem Interesse behandelt, dann folgen Themen der Region, der Sport-, Wirtschafts- und Reiseteil und das Feuilleton, abschließend Stellenanzeigen, Geschäftsanzeigen (Werbung, Reklame) und Kleinanzeigen (private Wohnungs-, Verkaufs-, Bekanntschaftsanzeigen u.ä.). Wir würden es als deutschsprachige Leser vollkommen unverständlich finden, wenn diese Ordnung gestört wäre, wenn also beispielsweise auf der zweiten Seite Kleinanzeigen erschienen.
Wir wissen aber auch aus Erfahrung, daß jede dieser Textsorten eine ganz bestimmte Art der Informationsanordnung und -präsentation einhält, daß also in einem Bericht (z.B. über ein neues Automodell) das Thema anders verarbeitet wird als in einem Werbetext für ein neues Auto, und stellen uns entsprechend darauf ein. Wir erwarten im „Wetterbericht" *Fakten* zur Wetterlage und keinen persönlichen Kommentar zum – wieder einmal – verregneten Sommer!

b) Zielgruppenspezifische Lesezwecke: das pragmatische Umfeld
Wetterbericht und Wettervorhersage sind für Berufe, deren Tätigkeit überwiegend im Freien ausgeführt wird (Landwirtschaft, Bauwesen usw.) wie auch für die Freizeitgestaltung wichtig. Unser Textbeispiel „Reisewetter" ist speziell auf die Zielgruppe der deutschen Urlaubsreisenden abgestimmt: das Wetter spielt auch im Urlaub eine entscheidende Rolle!
Um diesen Reisewetterbericht richtig einzuordnen, muß man etwas über die Reise- und Urlaubsgewohnheiten der Bundesbürger wissen. So werden nicht nur die wichtigsten Ferienregionen der Bundesrepublik (Nord- und Ostseeküste; Schwarzwald/Bodensee; Südbayern) erwähnt, sondern darüber hinaus auch alle europäischen Urlaubsländer, die bei den Deutschen besonders beliebt sind. Die Erwähnung dieser Länder im Wetterbericht setzt voraus, daß man weiß, daß viele Millionen Bundesbürger in den Sommermonaten ihren Urlaub vor allem in südlichen Ländern der Mittelmeerregion verbringen, weil dort im allgemeinen das Wetter wärmer und sonniger als zu Hause ist. Bei den Deutschen ist Urlaub eng verknüpft mit Vorstellungen von Baden, Braunwerden und „Leben wie die Südländer". Deshalb sind im Reisewetterbericht Angaben darüber, wie heiß es ist und ob die Sonne im Urlaubsland scheint, besonders wichtig. Oft werden auch noch die Wassertemperaturen mit angegeben.

c) Fach- und Sachkenntnisse
Um diesen Wetterbericht im Detail zu verstehen, muß man nicht nur die Fachausdrücke zur Wetterkunde (Meteorologie) – Bewölkung, Schauer, Niederschläge, Gewitter usw. – kennen, sondern man muß auch Kenntnisse der Geographie und des Klimas der Bundesrepublik und West- und Südeuropas haben (Wo liegt der Bodensee? Wo liegt Portugal? Wo liegen die Kanarischen Inseln? Warum machen mehr Leute in Südbayern als in Nordbayern Urlaub? Warum werden die südeuropäischen Länder genannt, aber nicht die nord-, west- und osteuropäischen Länder? Warum werden bei den Ländern Österreich und Schweiz Temperaturangaben mit Höhenangaben verbunden?).
Je größer die kulturelle und geographische Distanz der Deutschlernenden zu den deutschsprachigen Ländern ist, desto mehr wird sich ihr Weltwissen von dem der Deutschsprechenden unterscheiden, desto weniger leicht wird ihnen das Verständnis solcher Texte fallen, desto mehr Zusatzinformation brauchen sie!
Der fiktionale Text baut in der Vorstellung des

Lesers eine in sich geschlossene Welt auf, er trägt sich sozusagen selbst, während der Sachtext einen Ausschnitt der Welt darzustellen versucht, einen Ausschnitt der (fremden) Welt in Worte (der fremden Sprache) faßt, der immer in einen weiteren Sachverhalt außerhalb des Textes (Kontext) eingebettet ist, der beim Lesen mitschwingt.

Zum Verständnis von Sachtexten spielen also das *Kontextwissen,* das wir zum jeweiligen Thema mitbringen, und die Vorerwartung, die das Thema in uns weckt, eine wichtige Rolle.

Hinweise zur Arbeit mit Sachtexten im fremdsprachlichen Deutschunterricht, die sich daraus ergeben:

- Zum Thema informieren
  Vor der Arbeit am Text sollte eine Einführung in das Thema erfolgen (durch Hinweise des Lehrers; durch die gemeinsame Erörterung; durch die Erstellung eines Assoziogramms; durch Anknüpfung an aktuelle Ereignisse oder an eigenkulturelle Gegebenheiten usw.) und die Überschrift besprochen werden.
  Wir haben für nichtdeutsche Leser in den vorliegenden Lehrerhandreichungen zusätzliche landeskundliche Information zu den einzelnen Texten zu geben versucht.
- Mit Bildern arbeiten
  Eine wesentliche Orientierungshilfe für den Lernenden bieten Illustrationen zu den Texten, weil sie den thematischen Kontext sozusagen „ohne Worte" verdeutlichen und redundante, das heißt über den Text hinausgehende Informationen enthalten (vgl. die Fotos im Lehrbuch 1B, S. 90 und 117; die Grafik S. 120 und die Zeichnung S. 122).
  Illustrationen können auch gut als Einstieg in die Textarbeit verwendet werden, weil man mit Ihrer Hilfe neuen Wortschatz erklären kann, weil sie Vorerwartungen auf den Text wecken und den Wissenskontext aufbauen.
- Lesestrategien entwickeln
  Da Sachtexte einen Ausschnitt der Welt „beim Namen nennen", spielen in vielen Sachtextsorten *Hauptwörter (Nomina) als Informationsträger* eine wichtige Rolle.
  Beispiel: Lehrbuch, S. 94, 14A5b.

Da im Deutschen *Hauptwörter groß geschrieben* sind, lassen sie sich im Text schnell auffinden. Die Konzentration auf die großgeschriebenen Wörter ermöglicht oft schon eine erste globale Orientierung über den Inhalt des Textes (in Verbindung mit der Überschrift, die das Thema angibt). In unserem Beispiel: *Ordnungsliebe ... Fleiß ... Hälfte ... Bundesbürger ... Erziehungsziele ...*

Als weitere Lesestrategien werden hinzugenommen:

- Konzentration auf alles, was ins Auge fällt. Das sind:
  Zahlen
  Fettdruck, Schrägdruck, Wechsel der Schrifttype, Passagen in Anführungszeichen.
- Berücksichtigung der Bedeutung der Satzzeichen:
  ein Punkt signalisiert das Ende eines Gedankengangs
  ein Komma signalisiert die Unterbrechung eines Gedankengangs
  ein Gedankenstrich signalisiert einen Einschub.
- Berücksichtigung aller Hinweise auf Negation:
  Wörter wie *nicht, nein, ohne* geben direkte Hinweise auf Negation. Oft ist sie aber nicht leicht zu erkennen, weil sie in der Bedeutung der Wörter selbst steckt (z. B. *verweigern, ablehnen*).

Die Anwendung aller genannten Lesestrategien führt zu einem relativ guten globalen Überblick über den Inhalt eines Textes.
Beispiel: Lehrbuch, S. 119, 14A2.
Eine Anwendung der dargestellten Lesestrategien führt zu folgendem Ergebnis:
Thema: „Nach 400 000 Kilometern ohne Führerschein jetzt verurteilt"
*400 000 Kilometer ... – 28 Jahre ... Autos ... Motorräder ... Bundesrepublik – Pech: Einen Führerschein ... nie. // Jetzt ... Schöffengericht ... Gütersloh ... 45jährigen Verkehrssünder ... Rietberg ... neun Monaten Freiheitsstrafe ohne Bewährung. // Außerdem ... Mann ... fünf Jahre keinen Führerschein. // Der Autonarr ... Vergangenheit ... ohne Fahrerlaubnis. Geldstrafe ...*

So könnte die *Erarbeitung eines Sachtextes* ablaufen:

1. Einführung in das Thema und Besprechung der Überschrift
2. Der Text wird ausgeteilt und von den Kursteilnehmern in Partnerarbeit nicht „Wort für Wort", sondern kursorisch (vom Anfang bis zum Ende) durchgelesen. Den Lernenden muß immer wieder klar gemacht werden, daß man an einem fremdsprachlichen Text nicht jedes Wort, nicht jedes Detail verstehen muß, um seinen Sinn zu erfassen.
   Beim Durchlesen sollen sie alle Wörter und Wendungen unterstreichen, die sie sicher ken-

nen, und die Gedankenabschnitte markieren (z. B. durch zwei Schrägstriche bei jedem Punkt).
Durch dieses Verfahren werden die „weißen Flecken" im Text – Textpassagen, die man noch nicht verstanden hat – sichtbar.
3. Lassen sie die Kursteilnehmer nach dem ersten Durchlesen darüber sprechen, was der Text beinhaltet und wo sie besondere Schwierigkeiten sehen.
4. In den „weißen Flecken" werden in einem nächsten Schritt die großgeschriebenen und sonst auffälligen Wörter ermittelt und im Wörterbuch nachgeschlagen.
Nach diesem Schritt lassen sich die grundlegenden Hypothesen zum Textinhalt im Gespräch präzisieren bzw. modifizieren.
5. Jetzt werden noch nicht erfaßte Verben nachgeschlagen (Man erkennt sie an der Kleinschreibung in Verbindung mit bestimmten Endungen wie -t, -en, -st, -te usw.)
6. Dann werden in Hauptsätzen Subjekt und Objekt vom Verb aus bestimmt (Subjekt: Übereinstimmung mit dem Verb in Person und Numerus; Verbvalenz: Ergänzungen des Verbs).
7. Falls vorhanden, werden nun Nebensätze analysiert – man erkennt sie oft an Signalwörtern: *daß, wenn, weil* usw. – bzw. die Attributerweiterungen zu den Substantiven (Adjektive, Partizipien, präpositionale Fügungen, Genitiverweiterungen, Komposita usw.).

Nach diesem Schritt müßten alle für das *Globalverständnis* eines fremdsprachlichen Textes wesentlichen Informationen erfaßt sein.
Um das Verständnis aller *Details* eines fremdsprachlichen Textes – Wort-für-Wort-Verständnis – zu erreichen, ist bei authentischen Texten ein hohes Maß an Grammatik- und Wortschatzkenntnissen nötig. Detailverständnis ist deshalb auch ein Ziel des Unterrichts mit Fortgeschrittenen.
Wichtig bei dem genannten Verfahren ist, daß die einzelnen Schritte und Arbeitsergebnisse mit den Kursteilnehmern besprochen und diskutiert werden. Dieses *Sprechen zur Sache* – zu Hypothesen, die man zum Textinhalt gebildet hat; zu den Arbeitsschritten, die man durchlaufen hat oder plant; zu den Reaktionen, die Arbeitsergebnisse auslösen (Meinungsäußerung); zum Einsatz von Hilfsmitteln (wie Wörterbuch, Grammatik usw.); zu vorhandenem oder benötigtem Kontextwissen; zu Unterschieden zwischen eigenkulturellen und fremdkulturellen Vorstellungen und Verarbeitungsweisen – ist ein wesentliches Element der fremdsprachlichen Textarbeit und die Voraussetzung für die Phase der *Textverarbeitung* (Zusammenfassung, Bericht, Vergleich, Kommentar und Stellungnahme, Erstellung von Paralleltexten usw.), mit der die Textarbeit im allgemeinen abgeschlossen wird.

## 2.2 Wortschatzarbeit

### 2.2.1 *Textorientierte Wortschatzarbeit: Vom Verstehen zur Äußerung*

Wenn Sie das Lehrbuch *Deutsch aktiv Neu 1B* durchblättern, werden Sie viele *Original-Texte* (Sachtexte wie Zeitungsartikel, Anzeige, Gebrauchsanweisung, Rezept, Wetterbericht, aber auch literarische Texte – Märchen, Geschichten, Gedichte usw. –) vorfinden.
In Kapitel 12 finden Sie beispielsweise den Text „Herr Böse und Herr Streit" (Lehrbuch, S. 69).
Die Arbeit mit solchen Texten im Unterricht soll den Lernenden von Anfang an dazu anleiten, sich in dem Meer von fremdsprachlicher Information orientieren zu lernen und *Verstehensstrategien* – globales, selektives, auf Details bezogenes Lese- und Hörverständnis – zu entwickeln. Gerade das *Verstehen* der fremden Sprache bildet die Grundlage für die Fähigkeit, sich fremdsprachlich zu äußern. Zur Entwicklung des Hörverständnisses finden Sie deshalb einen Beitrag in den *Lehrerhandreichungen* zu Band *1A* (S. 31 ff.), zum Leseverständnis gibt es eine ausführliche Anleitung in den vorliegenden Handreichungen (2.1, S. 5ff.).
Bei einem didaktischen Konzept, das die Entwicklung von Verstehensleistungen fördert und die Arbeit mit Originaltexten von Anfang an mitberücksichtigt, ergeben sich Folgen für die Wortschatzarbeit:

a) Die Wortschatzmenge, die insgesamt erfaßt wird, wächst beträchtlich. Die Glossare zu *Deutsch aktiv Neu 1B* verzeichnen etwa 2800 neue Wörter.

b) Wörter, die man aktiv beherrschen sollte, stehen neben Wörtern, die man nur für einen bestimmten Text „zur Kenntnis zu nehmen" braucht; Wörter, die häufig vorkommen und vielfältig verwendbar sind, mischen sich mit „Eintagsfliegen".

Zu dem Text aus Kapitel 12 „Herr Böse und Herr Streit" finden sich im Glossar beispielsweise die folgenden neuen Wörter und Wendungen:

Apfelbaum, der
gutgehen
reif
Leiter, die
heimlich
leise
abpflücken
ernten
einzig

heimzahlen
das heißt
tun
wohl
pflücken
obwohl
grün
Rosine, die
abschlagen

Blüte, die
Frucht, die
tragen
umschlagen
Axt, die
von da an
sich treffen
häufig
Äpfelkaufen, das

*Muß man diese Wörter „beherrschen"?
Welche sind wirklich wichtig, welche nebensächlich?*

Folgen wir der *Grundwortschatzliste*, die das *Zertifikat Deutsch als Fremdsprache* voraussetzt, dann finden wir dort die folgenden Wörter, die im Glossar mit * gekennzeichnet sind[1]:

*leise
*einzig
*das heißt
*tun

*wohl
*obwohl
*grün
*tragen

*von da an
*sich treffen
*häufig

Mit dem Wortschatz, den die Lernenden von Band 1A her kennen, können sie folgende Komposita erschließen: *Apfel + Baum; Apfel + kaufen.*
Aus dem Satzzusammenhang ist vermutlich auch *einzig* – kein *einziger* Apfel (= nicht *ein* Apfel) – erschließbar.
Das Beispiel verdeutlicht folgenden Sachverhalt, der sich für Band 1B verallgemeinern läßt:
a) Vom Gesamtwortschatz ist *nicht mehr als ein Drittel*, d.h. weniger als 1000 Wörter, *aktiv zu beherrschender Wortschatz.*

---

[1] Die Wortliste des *Zertifikats Deutsch als Fremdsprache* (Bonn–München, Neuauflage 1985) wird durch Verfahren der deutschen Wortbildung stark erweitert:
Das Kompositum *Haustür* (= Zusammensetzung) steht nicht in der Liste, wohl aber *Haus* und *Tür*.
Das Adjektiv *treu* und das Verb *beweisen* sind in der Wortliste verzeichnet, nicht aber *untreu* und *beweisbar* (= Ableitungen).
Wir finden das Verb *waschen*, nicht aber *das Waschen* (= Wortartwechsel).
Die Zertifikatsbroschüre enthält eine Wortbildungsliste (S. 519–540), die zum Lernpensum und Prüfungsbereich des Zertifikats gehört, d.h. die Wörter *Haustür, untreu, beweisbar, das Waschen* sind Bestandteile des Zertifikatswortschatzes.
In diesen Lehrerhandreichungen werden alle Wörter, die direkt in der alphabetischen Wortliste des Zertifikats aufgeführt sind, sowie erschließbare Wortbildungen mit einem * gekennzeichnet.
In den Glossaren zu *Deutsch aktiv NEU 1 B* sind nur die Wörter der alphabetischen Wortliste mit einem * markiert.

b) Eine ganze Reihe von neuen Wörtern kann man aus dem schon gelernten Wortschatz erschließen (*Apfel + Baum = Apfelbaum*)
c) Viele Wörter, die zum aktiven Grundwortschatz gehören, sind inhaltsneutrale *Funktionswörter* (wie Präpositionen, Pronomina, Konjunktionen usw.), die durch die systematische Grammatikarbeit erschlossen werden und bei der aktiven – mündlichen oder schriftlichen – Spracharbeit am Text immer wieder geübt werden.
Solche textbezogenen Übungsformen können z.B. sein:
– den Handlungsverlauf nacherzählen,
– Vermutungen anstellen,
– eigene Erfahrungen einbringen,
– zum Text Stellung nehmen,
– die eigene Meinung äußern.
d) Viele der für das Thema eines Textes wichtigen *Inhaltswörter* – wie im Beispieltext *Apfelbaum, Leiter, Blüte, Frucht, reif, heimlich, abschlagen* –, die für das Verständnis des Textinhalts wichtig sind, gehen über den im *Zertifikat* genannten Grundwortschatz hinaus, sind aber inhaltlich mit den im Grundwortschatz genannten Wörtern auf vielfältige Weise verbunden und können oft auch gut zusammengefaßt und gruppiert werden. Beispiele:
– Äpfel und Birnen sind *Früchte*.
 (Neues Wort: Oberbegriff von bekannten Wörtern)
– Im Oktober sind die Äpfel *reif.*
 Dann kann man sie *pflücken.*
 Dazu braucht man eine *Leiter.*
 (Handlungszusammenhang, bei dem ein bestimmtes Gerät verwendet wird)
– *Baum: Stamm → Ast → Zweig ← Blatt / Blüte / Frucht*
 (Reihengliederung vom Größeren zum Kleineren)
– *häufig* = *oft* (Synonym)
 *leise* ≠ *laut* (Antonym)
 *Apfel + Baum = Apfelbaum*
  (Kompositumbildung)
Von der Gedächtnisforschung wissen wir, daß Wissens- und Erfahrungsbestände, die den Inhaltswortschatz prägen, im Gedächtnis in einer ganz bestimmten Weise zusammengefaßt und gespeichert werden:
– in *hierarchisch gegliederten Begriffskonzepten,*
 die nach inhaltlichen oder formalen Kriterien strukturiert sein können.

Beispiele:

a) Formale Strukturierung, z.B. Wortfamilie (vgl. AB 14A Ü 7/8, 16A Ü 5, 16B Ü 2):

Wortstamm: -freund-

| | | | |
|---|---|---|---|
| der | Freund | | |
| die | Freund | -in | |
| | freund | -lich | |
| un- | freund | -lich | |
| die- | Freund | -lich | -keit |
| die | Freund | -schaft | |
| sich be- | freund | -en | |

b) Inhaltliche Strukturierung (Ober-, Unterbegriff) (vgl. AB, S.67, Ü 12):

– in handlungs- und verhaltensorientierten Plänen
(Ordnung im Hinblick auf ein bestimmtes Handlungsziel oder Verhaltensprogramm):

Ast < Axt → abschlagen
       Säge → absägen

Äpfel → reif → pflücken → Leiter

– in episodischen Skripten
(Einordnung in persönliche Erlebnisse oder Erinnerungen, die oft situationsbezogen sind)
„*Äpfel* esse ich besonders gern!"
„Als Kind bekam ich von meiner Oma immer ganz große rote *Äpfel* geschenkt!"
„Wir schmücken unseren Weihnachtsbaum immer mit kleinen roten *Äpfeln*."

Für die fremdsprachliche Wortschatzarbeit können wir aus diesen Erkenntnissen eine Reihe wichtiger Folgerungen ziehen:
- Das Lernen isolierter Einzelwörter bzw. unverbundener Wortschatzlisten ist die *ineffektivste* Art, neue Wörter aufzunehmen!
- Je vielfältiger ein neues Wort in ganz unterschiedliche sinnvolle Zusammenhänge eingebettet wird, um so leichter findet es im Gedächtnis Halt und um so schneller kann es auch wieder aktiviert werden! (Vgl. dazu die Wiederholungsübungen AB 9–12, 13–16, S. 64 ff. und 117 ff.)

Beispiel für ganz unterschiedliche Verankerungsmöglichkeiten eines Wortes:
*Apfel*
*Apfel, Birne, Banane, Orange ...: Obst* (gleiche Art/Oberbegriff)
*Apfel: rot, gelb, grün, hart, sauer* (Eigenschaften)
*Apfel: schälen, essen* (Was man damit machen kann)
*Apfel: Apfelsaft, Apfelwein, Apfelmus, Apfelkuchen* (Was man daraus machen kann)
*Apfel:* → *Kindheit;* → *Weihnachten* (Woran mich das Wort erinnert; was ich damit besonders intensiv verbinde).

Das Beispiel stellt unterschiedliche *inhaltliche Verankerungsmöglichkeiten* dar. Es gibt darüber hinaus eine Vielzahl anderer Anknüpfungspunkte und Zugangswege, die jeweils einen Teilaspekt der sicheren Kenntnis eines fremdsprachlichen Wortes ausmachen.

### 2.2.2 Aufbau des aktiven Wortschatzes

Die Markierung der für die Zertifikatsprüfung wichtigen Wörter in den Glossaren zu den Bänden 1B und 1C ermöglicht eine gezielte Wiederholung bei der Vorbereitung auf die Prüfung. Auch im Anhang zu den vorliegenden Lehrerhandreichungen finden Sie eine alphabetische Gesamtliste des Wortschatzes der Bände 1A und 1B, in der die Wörter der Zertifikatsliste durch * gekennzeichnet sind.

Die Zertifikatsliste gibt nützliche Anhaltspunkte für den Aufbau des aktiv zu erlernenden Grundwortschatzes. Darüber hinaus hängt die Entwicklung des aktiven Wortschatzes aber von einer ganzen Reihe von Faktoren ab, die den einzelnen Lernenden bzw. die Lerngruppe charakterisieren (Alter; Interessen; Lebenserfahrung; Wissen; Kenntnis anderer Fremdsprachen; konkrete Zielsetzung des Deutschlernens; Anwendungsmöglichkeiten des Gelernten usw.).

Für die Auswahl und Progression des aktiv zu beherrschenden Wortschatzes waren für uns die folgenden Aspekte bestimmend, die Sie bei der Entwicklung von zusätzlichen Übungen zum Sprechen/Schreiben berücksichtigen könnten:
- *Aufbau des strukturellen Wortschatzes* (von der Grammatik her). Dies sind „inhaltslose" Wörter, die die Sprache strukturieren, z.B. Artikel, Präpositionen, Pronomina, Konjunktionen usw.
- *Aufbau der* für Alltagskommunikation elementaren *Verständigungsbereiche* (wie Erfahrung von Raum und Zeit, Quantität, Qualität

usw.). Hier werden häufig Wörter mit großer Reichweite und vielseitiger Verwendungsmöglichkeit erfaßt (wie z.B. Adjektive: groß, viel, lange, schön usw.).
- *Auswahl des Wortschatzes nach Sprechintentionen* (z.B. einen Wunsch äußern, einen Einwand machen) und nach elementaren *Sprechsituationen* (z.B. beim Einkaufen, beim Arzt usw.).
- *Auswahl anhand der Themenbereiche,* die zur elementaren Alltagserfahrung (bzw. zu den besonderen Interessengebieten Ihrer Gruppe) gehören (z.B. Ausbildung, Freizeit, Reisen, Familie, Essen und Trinken, Arbeit usw.). In diesem Bereich des „thematisch" gegliederten Wortschatzes ist die Abgrenzung eines *Grund*wortschatzes besonders problematisch.

Zusätzliche Wortschatzübungen, die Sie *ergänzend* zum Übungsangebot im Lehrbuch und Arbeitsbuch zum Band 1B immer wieder selbst einsetzen können:

## 2.2.2.1 Variationsmöglichkeiten bei der Wortschatzeinführung

a) *Prinzip „Anschaulichkeit":* vorzeigen, vormachen, zeichnen

Viele Begriffe aus dem Alltagsbereich lassen sich durch Vorzeigen der Gegenstände, über Abbildungen, durch Anzeichnen an die Tafel oder durch Vormachen/Vorspielen verdeutlichen.

Wir haben uns ganz besonders um eine didaktisch sinnvolle *Visualisierung* bemüht, die Ihnen u.a. die Einführung des neuen Wortschatzes anhand des entfalteten „Zeigefelds" erleichtern und Anstoß zu freien Übungen geben soll.

Beispiel: Anhand der Zeichnungen zum Text „Herr Böse und Herr Streit" (Lehrbuch, S. 68) kann man verdeutlichen:
- Benennung von Gegenständen *(Zaun, Baum, Stamm, Äpfel, Leiter)*;
- wie Leute sind (*böse, ärgerlich* usw.) und wie sie miteinander umgehen (*streiten* usw.), besonders, wenn man die Gestik und Mimik der im Text vorkommenden Personen nachspielt;
- Handlungsabläufe; auch hier hilft die Verdeutlichung durch Vormachen/Vorspielen (*pflücken; auf die Leiter steigen; den Ast abschlagen; den Baum fällen* usw.).

Oft genügen schon einfache Strichzeichnungen an der Tafel, um einen Begriff anschaulich zu machen (vgl. S. 8/9).

b) *Prinzip „Kontextualisierung":* Einbettung eines Wortes in einen typischen Satz- oder Situationszusammenhang

Aus bekannten Bestimmungswörtern kann man im Satz nicht selten auf die Bedeutung eines unbekannten Wortes schließen.

Beispiele:

Wenn die Wörter *Essen/Speise* und *süß* bekannt sind, kann man damit das neue Wort *Zucker* erklären:

Wenn man ein Essen/eine Speise süß machen will, nimmt man *Zucker.*

Wenn man ein Fahrrad reparieren will, braucht man *Werkzeug.*

Mit Wasser kann man Blumen *gießen.*

„Ich habe mich hier am Finger geschnitten. Das blutet stark. Ich muß etwas auf die Wunde tun.

Hast du ein *Pflaster?"*

c) *Prinzip „Logik":* Zusammenfügen, was zusammengehört
- Zuordnung eines neuen Wortes zu einem bekannten Oberbegriff.
  Beispiel: Wasser, Milch, *Apfelsaft* → Getränke
- Erklärung eines Oberbegriffs aus den zugehörenden Unterbegriffen:
  Auto
  Fahrrad ⟶ *Fahrzeuge*
  Motorrad
- die Gleichung:
  *ein Tag* = 24 Stunden
  *ein Quadrat* = vier gleich lange Seiten und gleiche Winkel
  *eine Woche* = Montag, Dienstag, Mittwoch, Donnerstag, Freitag, Sonnabend/Samstag, Sonntag
  *ein Kilogramm* = tausend Gramm

d) *Prinzip „Unbekanntes durch Bekanntes erklären"*
- *Synonyme* suchen: Erklärung durch Ähnliches
  *häufig* = oft
- *Antonyme* suchen: Erklärung durch Gegensätzliches
  kalt ≠ warm
  laut ≠ leise
  häufig ≠ selten

- In einem Wort die *Einzelelemente* erkennen und auf die *Gesamtbedeutung* schließen:
  ab|schlagen = ab + schlagen
  Apfel|baum = Apfel + Baum: ein Baum (Grundwort), der Äpfel (nähere Bestimmung) trägt
- *Ähnlichkeiten* zu anderen Sprachen (Fremdsprachen/Muttersprache) zu Hilfe nehmen
  - *international bekannte Wörter:*
    Sie haben im Deutschen eine besondere Schreibweise bzw. Aussprache, deshalb ist Vorsicht beim aktiven Gebrauch geboten. Man kann sie aber in Texten schnell erkennen. Oft sind sie lateinischen oder griechischen Ursprungs.
    Beispiele: *Taxi, Telefon, Universität, Polizei* usw.
  - andere *Fremdsprachen* zu Hilfe nehmen, *die man* schon *kann:* Das Deutsche wird meist als *zweite* Fremdsprache gelernt (oft nach Englisch).
    Für jemand, der z. B. Französisch als Muttersprache spricht, erschließen sich viele deutsche Wörter nicht aus der Ausgangssprache, sondern aus dem Englischen. Deshalb lohnt es sich, beim Sprechen zu versuchen, mit Hilfe des bekannten englischen Wortes ein deutsches zu „erschließen":

| Französisch | Englisch | Deutsch |
|---|---|---|
| an | : year | ↔ *Jahr* |
| veste | : jacket | ↔ *Jacke* |
| peigne | : comb | ↔ *Kamm* |
| fromage | : cheese | ↔ *Käse* |
| froid | : cold | ↔ *kalt* |

Wenn die eigene Sprache und das Deutsche relativ eng verwandt sind – wie das beim Englischen in vielen Bereichen des Alltagslebens zutrifft –, kann man Wörter aus der Muttersprache zum Verständnis deutscher Wörter heranziehen.
Beispiele:

| Englisch | Deutsch |
|---|---|
| beer | ↔ *Bier* |
| wine | ↔ *Wein* |
| wind | ↔ *Wind* |
| apple | ↔ *Apfel* |

Auch zu den skandinavischen Sprachen und zu den romanischen Sprachen gibt es viele „Brücken", die man benutzen kann!
Dazu sagt uns die Gedächtnispsychologie, daß wir neue Wissenselemente immer mit Hilfe schon vorhandener (d. h. beim Fremdsprachenlernen: mit Hilfe der Muttersprache und anderer, schon bekannter Sprachen) zu interpretieren und zu integrieren versuchen. Oft helfen uns dabei „Eselsbrücken", mit deren Hilfe wir, z. B. über klangliche Assoziationen, in ihrer Bedeutung weit auseinanderliegende Begriffe assoziieren. Daß es dabei – insbesondere beim Sprechen – zur falschen Gleichsetzung von ähnlichen Wörtern kommen kann, ist bekannt (Beispiel: dt. *bekommen* – engl. *become*).

e) Prinzip „Übersetzen": die Muttersprache zu Hilfe nehmen

Lange Zeit war – unter dem Einfluß der audiolingualen Methode – die Verwendung der Muttersprache bei Worterklärungen verpönt. Sie spielt aber als Bezugssystem beim Verstehen fremdsprachlicher Wörter eine wichtige Rolle (auch wenn dieser Interpretationsprozeß sich meist stumm vollzieht!).
Wenn die Muttersprache und Ausgangskultur mit dem Deutschen verwandt sind, lassen sich relativ viele Begriffe des Alltagslebens (vor allem: konkrete Dinge, Routinehandlungen, Notionsbereiche) halbwegs zutreffend „wörtlich" übersetzen. Bei der Benutzung der Muttersprache als Erklärungshilfe ist jedoch wichtig, daß der entsprechende Kontext (sprachliches und außersprachliches Umfeld) mit angegeben wird (Satzmuster; Situation), da es sonst wegen der Vieldeutigkeit vieler deutscher Wörter leicht zu falschen Assoziationen kommt.
Beispiele:

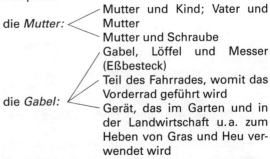

2.2.2.2 Variationsmöglichkeiten bei der Wortschatzintegration

Hier geht es um die Eingliederung neuen Wortschatzes in den schon gelernten Sprachbestand.
a) *Die Wortebene* (wichtig vor allem im Anfangsunterricht)
1. *Einbettung in semantische Felder* (Bedeutungsfelder), die dem Lernenden als Alltagswissen aus der Muttersprache bekannt sind:

- Abgestufte Bedeutungsfelder (Notionen)
  nach Geschwindigkeit: *schlendern – wandern – gehen – schreiten – laufen – rennen – rasen*
  nach Größe: *winzig – klein – ... – groß – riesig*
  nach Gewicht: *leicht – ... – schwer*
  nach Menge: *wenig – ... – viel*
  nach Stärke: *schwach – ... – stark*
  nach Höhe/Tiefe: *tief – ... – hoch*
  nach Kürze/Länge: *kurz – ... – lang*
  usw.
- In sich *geschlossene Bedeutungsfelder* (die am besten als komplette Systeme gelernt werden sollten!)
  Jahreszeiten
  Monatsnamen
  Wochentage
  usw.
- *Wortfelder,* die, im Verlauf der Arbeit mit den Bänden 1A und 1B angelegt, nach und nach erweitert und selbständig ergänzt werden können:
  Nahrungsmittel/Getränke (1A)
  Kleidung (1B: AB 11A2)
  Möbel/Wohnungseinrichtung (1B: AB 11A9)
  Verkehrsmittel (1B: AB 12A3)
  Körperteile (1A)
  Krankheiten (1A)
  Verwandtschaftsbezeichnungen (komplettes System in 1C)
  Schule/Lernen (1B: AB 11A4)
  Arbeit/Beruf (1B: AB 10A4)
  Hobbies/Freizeitbeschäftigungen (1B: AB 13A6)
  Farben (1B: AB 11A2)
  Aussehen von Personen (1B: AB 10A3, 11A7, 15A2)
  usw.
  Es lohnt sich, solche Wortfelder auf Karteikarten anzulegen und diese immer wieder vorzunehmen und zu ergänzen. Bei dieser *zyklischen Wortschatzerweiterung* wird so der thematische Wortschatz immer wieder umgewälzt.
2. Anlegen von *Assoziogrammen*
   Gemeinsam mit der Lerngruppe werden zu bestimmten Schlüsselbegriffen des Grundwortschatzes immer wieder solche „Wortigel" erstellt. Die Kursteilnehmer lernen voneinander, der Lehrer bekommt Hinweise auf den Sprachstand seines Kurses.
   Beispiel s. rechte Spalte oben.
3. Viele der im Abschnitt „Wortschatzeinführung" unter den Schlagwörtern „Kontextualisierung", „Logik", „Unbekanntes durch Bekanntes erklären" genannten Übungen lassen sich gemeinsam mit der Lerngruppe erarbei-

ten und werden dadurch zu *integrativen Übungen.*

b) *Die Textebene* (wichtig im Unterricht nach der Anfangsstufe)
Wenn Texte als Grundlage des Fremdsprachenunterrichts dienen – Textarbeit wird im Verlauf des Bandes 1B zunehmend wichtiger! –, dann geht es bei der Entwicklung der mündlichen und schriftlichen Äußerungsfähigkeit zunehmend nicht mehr nur um das Lernen von Einzelwörtern, sondern um die Lösung von Aufgabenstellungen, die sich aus dem Text ergeben und auf den Text beziehen: *Textverarbeitung, Textinterpretation.*

*Wortschatzbezogene Übungen am Text*
Stufe 1: Systematische Wortschatzübungen
- In Partner- und Gruppenarbeit *Schlüsselwörter* im Text unterstreichen lassen, die Ergebnisse vergleichen und diskutieren
- Zu den Schlüsselwörtern *Wortfelder* zusammenstellen
- Wortschatz in *sinnvollen Gruppierungen* zusammenfassen
  Beispiel: Text „Herr Böse und Herr Streit"
  Obst: ...
  Teile eines Baumes: ...
  Tätigkeiten im Garten/Gartengeräte: ...
  Monatsnamen: ...
  Jahreszeiten: ...
- *Synonyme/Antonyme* finden
- *Logische Beziehungen* herstellen (z.B. im Text „Herr Böse und Herr Streit" die zeitliche Ablaufgliederung herausfinden und notieren)
- Kurze *Texte selbst erstellen*
  Beispiele: einen Baum beschreiben
  Was man im Frühling/Sommer/Herbst im Garten tut
  Wörter in neuen Zusammenhängen verwenden, z.B. Freizeitbeschäftigungen in den verschiedenen Jahreszeiten
  Definitionsversuche zu den Schlüsselwörtern

Stufe 2: Freiere Aufgabenstellungen zur Wortschatzarbeit
- *Umformungsübungen:* Sätze/Abschnitte im Text mit eigenen Worten wiedergeben
- *Textzusammenfassung* mit Hilfe der Schlüsselwörter
- *Bildbeschreibung;* Erstellung einer Bildergeschichte
- *Fortsetzung* oder *Anfang einer Geschichte erfinden*
- *eigene Erfahrungen* zu dem, was im Text dargestellt wird, *einbringen*
- *Aspekte des Textes,* z. B. das Verhalten der Personen, *diskutieren*
- die eigene *Meinung äußern,* zum Text *Stellung nehmen*
- usw.

### 2.2.3 *Wörter und Wendungen in Texten verstehen*
*Zum Aufbau des Verstehenswortschatzes*

Erfahrungsgemäß kann man mindestens drei- bis viermal so viele Wörter in fremdsprachlichen Texten entschlüsseln wie man aktiv verfügbar hat. Beim Aufbau des Verstehenswortschatzes ist jedoch nicht nur wichtig, immer mehr Wörter der fremden Sprache passiv zu speichern, sondern es müssen auch systematisch Entschlüsselungstechniken aufgebaut werden.
Solche Entschlüsselungstechniken können sich auf unterschiedliche Sprachebenen – die Wort-, die Satz- und die Text- und Kontextebene – beziehen.

#### 2.2.3.1 *Die Wortebene:* Einzelwörter erkennen

Im Abschnitt zur Wortschatzeinführung haben wir darauf hingewiesen, daß man die Muttersprache oder andere Fremdsprachen zur Wortschatzerklärung zu Hilfe nehmen kann. Diese Technik läßt sich recht gut zum Entschlüsseln von Einzelwörtern einsetzen:
- Wiedererkennen von *international bekannten Wörtern* (oft mit lateinischem oder griechischem Ursprung)
- Aktivierung von *Ähnlichkeiten* im Lautbild/Druckbild zwischen Wörtern der *Muttersprache* oder einer anderen *Fremdsprache,* die man schon kennt
  Dabei ist zu beachten, daß durch solche Ähnlichkeiten oft nur die „Suchrichtung" für die Wortbedeutung im Deutschen angegeben wird, nicht die exakte Bedeutung selbst.
- Entschlüsselung von Komposita:

Wortzusammensetzungen sind im Deutschen sehr häufig:
Beispiele: die Haus*tür*; die Weiter*fahrt*; die Hauptverkehrs*straße*; dunkel*grau*.
Es ist deshalb wichtig, *Komposita „knacken"* zu lernen.
*Regel:* Das Grundwort steht immer rechts als letztes Element der Wortkette und bestimmt das Geschlecht des Wortes. Jedes weitere Wort, das „nach links" vorgeschaltet ist (Bestimmungswörter), führt zu einer Differenzierung des Grundwortes bzw. des weiter rechts stehenden Wortgefüges.
Beispiel:  die Haupt | verkehrs | straße
  BW 2←BW 1←  GW
(BW = Bestimmungswort; GW = Grundwort)
- *Präfixe/Suffixe erkennen* und *verstehen*
Im Deutschen kann man die Bedeutung eines Wortes duch das Hinzufügen von Präfixen in vielfältiger Weise modifizieren.
Beispiele: *an-, ent-, her-, nach-, mit-, vor-, zu-* rückkommen
  *Auf-, Ein-, Vor-, Nach-, Rücksicht*
  *klar – unklar; verständlich – miß-, un | verständlich*

Durch Suffixe kann man im Deutschen z. B. die Wortart verändern. Dadurch bekommen die Wörter andere Aufgaben im Satzgefüge. Entscheidend ist, daß die Endung erkannt wird und dadurch der Wortstamm, der die Bedeutung trägt, ermittelt werden kann.
Beispiele:
| | |
|---|---|
| rechnen | – *die* Rech*nung* |
| frech | – *die* Frech*heit* |
| sauber | – *die* Sauber*keit* |
| addieren | – *die* Addi*tion* |
| teilen | – teil*bar* – *die* Teilbar*keit* |
| explodieren | – explo*siv* – *die* Explos*ion* |
| | *die* Explosiv*ität* |

Aufgaben und Übungen
- Internationale Wörter in einem Text unterstreichen; Wortstamm ermitteln
- Wörter, die Wörtern der Muttersprache oder anderer Sprechen ähnlich sind, unterstreichen, die mögliche Bedeutung besprechen und ihre genaue Bedeutung im Wörterbuch nachschlagen
- In Wortzusammensetzungen das Grundwort unterstreichen und die weiteren Bestimmungswörter markieren
- In Ableitungen (Präfix/Suffix) den Wortstamm unterstreichen und die Bedeutung des Präfixes bzw. Suffixes besprechen.

## 2.2.3.2 *Die Satzebene:* Wörter aus dem Satzzusammenhang bestimmen

Viele Wörter des Deutschen sind mehrdeutig. Erst aus dem Satzzusammenhang wird deutlich, welche der Bedeutungen eines Wortes jeweils zutrifft. Es ist deshalb wichtig, die Lernenden immer wieder anzuleiten, Wörter nicht isoliert, sondern aus dem Zusammenhang zu erschließen.

Beispiel: *Da kam ein Kind und hatte kein... an und fror.* (10 A 5)

Aus der Konstellation der bedeutungstragenden Wörter in diesem Satz – Kind/kein/anhaben/frieren – kann man auf das fehlende Wort schließen: es muß sich um ein Kleidungsstück handeln.

Je mehr solcher Bedeutungskerne im Satz oder Text ein Wort umgeben, desto sicherer gelingt die Bestimmung seiner Bedeutung.

Aufgaben und Übungen
- Zu unbekannten Wörtern gemeinsam Hypothesen zur Bedeutung aus dem Umfeld des Wortes heraus bilden und gemeinsam besprechen, wie man solche Hypothesen bildet.
- Lückentexte ergänzen
- Bei Wörtern mit mehrfacher Bedeutung zu diesen Bedeutungen unterschiedliche Kontexte (Sätze; Situationen; Geschichten) entwerfen, die eine eindeutige Zuordnung der unterschiedlichen Bedeutungen erbringen.
- Strukturwörter in Sätzen: Immer wieder die „Signalfunktion" von Strukturwörtern für das Satzgefüge besprechen.
Beispiele: vgl. die Grammatikdarstellung in Kapitel 12, Lehrbuch, S. 70 ff.

## 2.2.3.3 *Die Textebene:* Wörter aus dem Textzusammenhang erschließen

Texte bestehen nicht aus isolierten Wörtern oder Sätzen, sondern sie bilden ein dichtes Netz sprachlich-inhaltlicher Bezüge, das man aufzuknüpfen lernen muß, wenn man sie verstehen will.

Beispiel: Lehrbuch 1A, S. 115:

Auf einem Baum sitzt ein Rabe. In seinem Schnabel hält er ein Stück Käse. Der Fuchs riecht den Käse. „Ich muß den Käse haben", denkt er und läuft zum Raben.

„Ah, Herr Rabe, guten Tag! Wie wunderbar sind deine Augen. Und wie herrlich ist dein Fell! Und dein Schnabel ist so hübsch. Wie schön du bist! Ist deine Stimme auch so schön? Dann bist du der König hier im Wald."

In diesem Text wird ein Schlüsselwort des Textes – Rabe –, nachdem es genannt ist, durch andere Wörter ersetzt (sog. Proformen), die auf das Schlüsselwort rückverweisen: *sein* (Possessivpronomen), *er* (Personalpronomen). Würde man im Text den ersten Satz weglassen und mit dem zweiten Satz beginnen, wäre der Text zunächst unverständlich!

In jeder Textsorte findet sich ein jeweils spezifisches Netz thematisch-sprachlicher Verknüpfungen (Vor- und Rückverweisungen). Wir versuchen in *Deutsch aktiv Neu* vom ersten Band an, die Lernenden an den Umgang mit authentischen Texten zu gewöhnen und sie mit wort- und satzübergreifenden Text-Erschließungstechniken vertraut zu machen.

Aufgaben und Übungen
- In einem Text die Verweisungen (s. oben) markieren lassen.
- Einen Text in Abschnitte zerschneiden und diese vermischen.
  Die Lernenden sollen die Abschnitte in eine sinnvolle Reihenfolge bringen.
- In einem Text alle Verweisungen tilgen, so daß ein Lückentext entsteht. Die Lernenden sollen die Lücken ausfüllen.
- Die Überschrift und den zentralen Schlüsselbegriff in einem Text tilgen. Die Lernenden sollen den Schlüsselbegriff und die Überschrift finden.
- Zu einem Text ein Flußdiagramm entwerfen. Die Lernenden sollen es mit Hilfe des Textes ausfüllen.
- Einen Text in einem Stück tippen. Die Lernenden sollen Abschnitte und Zwischenüberschriften finden.

Beispiel:

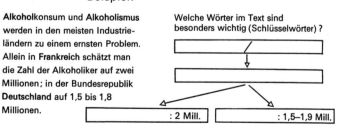

Quelle: *Deutsch aktiv,* Lehrbuch 1, S. 64

**2.2.3.4** *Die Kontextebene:* Wörter aus dem Umfeld des Textes erschließen

Zu den wichtigsten Erschließungstechniken von Inhaltswörtern gehört die Bedeutungsentnahme aus *Zeichnungen, Fotos usw., die den Text begleiten* (vgl. den Abschnitt zum Prinzip „Anschaulichkeit" bei der Wortschatzeinführung, S. 15). Viele authentische Texte (z. B. Zeitungstexte, Werbung, Plakate) sind mit Bildern versehen. Wenn wir z. B. die Zeitung lesen, sehen wir uns zunächst meistens die Bilder an! Deshalb ist es sinnvoll, die Lernenden an den Umgang mit fremdsprachlichen Texten in ihrer Originalgestalt zu gewöhnen. Bilder ermöglichen oft die Bildung einer Globalhypothese zum Textinhalt, die die Aufmerksamkeit beim Leseprozeß steuert.

Auch das *Layout* – die Zuordnung von Bild- und Textinformation; die Verwendung unterschiedlicher *Schriften* (Größe, Fettdruck, Schrägdruck usw.) – steuert unsere Wahrnehmung und ermöglicht oft eine Konzentration auf wichtige Textstellen.

Aufgaben und Übungen
- Bilder, die zu einem Text gehören, betrachten und Vermutungen anstellen, wovon der Text handelt.
- Bei manchen Textsorten, z. B. Fahrplänen, Gebrauchsanweisungen usw., kann man vor der eigentlichen Arbeit am Text besprechen, zu welchen Verständigungsbereichen/Situationen sie gehören.
- Manche Textsorten (z. B. Plakate, Anzeigen, Werbung usw.) sind im muttersprachlichen Bereich anders gestaltet. Kulturspezifische Unterschiede besprechen.

# B Methodische Hinweise zu den einzelnen Kapiteln

*Im folgenden werden diese Abkürzungen verwendet:*

AB = Arbeitsbuch
F = Folie
LB = Lehrbuch
LHR = Lehrerhandreichungen
Ü = Übung

## Kapitel 9

Im *Grammatikbereich* werden
a) das System der Modalverben vervollständigt (Konjugation Präsens Aktiv; Modalverb als Vollverb; Modalverb + Vollverb: Verbklammer)
b) Nebensätze mit *daß* eingeführt.
   Die *Verständigungsbereiche* (Zwang/Notwendigkeit/Abhängigkeit; Zustand/Verfassung; Möglichkeit/Unmöglichkeit; Ziel/Zweck), die *Intentionen* (beschuldigen, sich entschuldigen; zu gemeinsamem Handeln auffordern – warnen/abraten) und die *Situationen* (falsch geparkt; nach dem Besuch eines Lokals) sind eng mit der Ausdrucksfunktion der Modalverben verbunden.

| Übersicht | Lehrbuch | Arbeitsbuch | Folien | Cassette 1B/1 |
|---|---|---|---|---|
| 9A1 *Können Sie nicht lesen?* | S. 8–9 Ü1 | S. 5 Ü1–2 | F31, 33 | 9A1 |
| 9A2 *Komm, steig ein!* | S. 10–11 Ü2–3 | S. 6–10 Ü3–8 | F32 | 9A2 |
| 9A3 *Verstehen Sie das?* | S. 12 S. 14 Ü5 | S. 11–13 Ü9–12 | F34 | 9A3 |
| 9A4 *Der Schlüssel* | S. 13 Ü4 S. 14 Ü6–7 | | F35 | 9A4 |
| 9A5 *Hilfszeitwörter* | S. 15 Ü8–10 | | F31, 33 | |
| 9AW *Wortschatzwiederholung* | | S. 13 Ü1–2 | | |
| 9B1 *Die Konjugation: Modalverben (2)* | S. 16–17 | S. 14 Ü1 | F36 | |
| 9B2 *Modalverb = Vollverb* | S. 18 | S. 14 Ü2 | | |
| 9B3 *Modalverb + Vollverb: Verbklammer* | S. 18 S. 20–21 Ü1–4 | S. 15 Ü3 S. 17 Ü5–6 | F36 | |
| 9B4 *Subordination: Nebensätze mit „daß"* | S. 19–20 Ü5 | S. 15–16 Ü4 | F36 | |

## 9A1

### 9A1 *Können Sie nicht lesen?*

*Durchgang auf einen Blick*

1. F31 (Bild oben) besprechen.
2. Cassette 9A1 – F31 (Mitte): aggressives/freundliches Verhalten – Dialog im LB (S. 8) – AB 9A1 Ü1 (S. 5).
3. 9B1 (LB, S. 16) besprechen *(können/dürfen)* – F36 „Schraubzwinge" (nach Muster 9B3) ausfüllen – 9B Ü1, Ü2 – AB 9B Ü2, Ü3 (S. 14).
4. 9A1 Ü1 (LB, S. 9): mehrere Übungsvarianten – AB 9A Ü8 (S. 10), F 33.

*Variationsmöglichkeiten zur Einführung der Modalverben (9B1–3)*

a) Bei Kursen mit englischsprachigem Hintergrund kann ein Einstieg über die Grammatikdarstellung 9B1 und 9B3 erwogen werden, da das System der Modalverben in beiden Sprachen prinzipiell vergleichbar ist. Dabei ist auf Interferenzen und falsche Analogiebildung zu achten (vgl. Schritt 3, S. 23).
b) Bei Kursen in deutschsprachigen Ländern könnte man mit der Besprechung von Hinweisschildern/Geboten/Verboten aus der unmittelbaren Umwelt der Lernenden beginnen (vgl. F31 unten und F36 oben) und die Lernenden weitere Beispiele sammeln lassen, um sie in der Klasse zu besprechen. Dies führt zu einer Besprechung der Grammatik (9B1–3) *vor* der Arbeit mit den A-Teilen des Kapitels. Entsprechend müßten dann auch die Grammatikübungen (9B Ü1–4) vorgezogen werden.

*Neuer Wortschatz*          *\* aktiv zu beherrschender Zertifikatswortschatz*

| 9A1 | *doch | wegfahren | *nehmen |
|---|---|---|---|
|  | *Schild, das |  | *wollen |
| *können | *das | 9A Ü1 | Privattelefon, das |
| *Wie bitte? | rauskönnen |  | campen |
| *parken | *ja | *Leute, die *(Pl.)* | *ruhig |
| *Einfahrt, die | *schon | Camping, das | *telefonieren |
| *dürfen | *so | *verboten | *nötig |
| *da | unhöflich | *rauchen | *Ruhe, die |

*Landeskundliche Information*

Daß in Deutschland vieles „verboten" und – über Hinweisschilder – „geregelt" ist, gehört zu den Stereotypen des Deutschlandbildes im Ausland. Eines der Ziele dieses Kapitels ist deshalb, solche Schilder verstehen und mit dem Verhalten der Leute zu diesen Hinweisen/Geboten/Verboten umgehen zu lernen (einen Sachverhalt erklären/ sich entschuldigen/selbst aggressiv werden usw.).

Den Lernenden bieten wir deshalb die für sie wichtige Bezugsrolle „Ausländer/in im Umgang mit Deutschen" an, wobei über zwei Dialogvarianten Reaktion auf unfreundliches bzw. freundlicheres Verhalten aufgezeigt wird.

Im Straßenverkehr werden viele Situationen durch Gebots-, Verbots- und Hinweisschilder geregelt. Aus diesem Grund wurde als Ausgangssituation auch „falsch geparkt" gewählt. Weitere verkehrsbezogene Schilder sind in 9A5 (LB, S. 15) und in den Übungen zur Grammatik (S. 20/21) abgebildet.

*Kommentar Schritt für Schritt*

**Schritt 1**    Das Situationsbild mit Hilfe der Folie gemeinsam besprechen.
F31
– Wer spricht mit wem? (Französische Autonummer!)
– Wo liegt das Problem? (Hinweisschild „Einfahrt freihalten" am Gartentor: Das Auto der Frau steht vor dem Tor.)

**9A1**

- Reaktion des Mannes und der Frau besprechen (Gestik und Mimik beachten!)
- Die Situation beschreiben, wobei die Modalverben *können* und *dürfen* eingeführt werden:

Tafelanschrift:

| | |
|---|---|
| *Der Mann möchte wegfahren:* | „*Ich warte schon eine Stunde!* |
| | *Ich kann nicht wegfahren!* |
| | *Das Auto steht vor der Einfahrt!* |
| | *Hier steht: ‚Einfahrt freihalten!'* |
| | *Können Sie nicht lesen?"* |
| *Die Frau hat falsch geparkt:* | „*Sie stehen vor der Einfahrt!* |
| | *Das ist falsch!* |
| | *Sie dürfen hier nicht parken!* |
| | *Bitte wegfahren!"* |

Die beiden Dialogvarianten von der Cassette hören und besprechen. **Schritt 2**

Auf dem Tageslichtprojektor das Bild vom „bösen" Mann (F31 Mitte links) zeigen und **F31**
Dialogvariante 1 anhören:
- die Haltung des Mannes beschreiben: *Er ist böse/wütend/ärgerlich/aggressiv.*
- die Reaktion der Frau beschreiben: *Sie weiß nicht, was sie sagen soll./ Sie entschuldigt sich./ Sie ist auch böse.*

Zunächst die Szene stumm – nur mit Gestik – spielen, dann den Dialog mehrmals nachsprechen und im Buch (S. 8) nachlesen, dann freiere Variationen des Dialogs versuchen; schließlich das Gespräch frei nachspielen, wobei der Lehrende zunächst die Rolle des aggressiven Hausbesitzers übernimmt und dann diese Rolle an „Mutige" abgibt. (Sie sollen die Rolle mit aggressiver Stimme spielen!)
Mit demselben Verfahren wird anschließend die „freundlichere Variante" erarbeitet. Entscheidend ist, daß es beim freien Spielen den Lernenden gelingt, sich sprachlich zu behaupten, das heißt sich zu entschuldigen/Vorschläge zu machen/einzulenken/ Widerstand zu leisten.
AB 9A1 Ü1 (S. 5) schriftlich erledigen lassen und gemeinsam besprechen.

*Grammatikarbeit* **Schritt 3**

In der Grammatiktabelle (LB, S. 16) die Konjugation von *können* und *dürfen* besprechen (9B1).
Auf der Folie die „Schraubzwinge" nach dem Muster von 9B3 (LB, S. 18) mit Beispielen **F36**
zu *können* und *dürfen* ausfüllen, um die Verbklammer in Sätzen mit Modalverb und Vollverb zu verdeutlichen.
Anschließend die Grammatikübungen Ü1 und Ü2 (LB, S. 20 und 21) besprechen. Die Übung Ü2 im Arbeitsbuch S. 14 unten schriftlich erledigen lassen und gemeinsam besprechen, Ü3 (AB, S. 15) anschließen.

*Hinweis:* Lernende mit Englisch als Muttersprache bzw. mit Englischkenntnissen neigen zu Analogiebildung bei: dt. *muß* = engl. *must*
         dt. *muß nicht* ≠ engl. *must not* (= darf nicht)
         dt. *mögen* ≠ engl. *may* (= darf)
         dt. *mag nicht* ≠ engl. *may not* (= darf nicht)

Abhilfe bei diesem häufig vorkommenden Verwechslungsfehler bringt nur Bewußtmachen und häufiges Üben von
         dt. *muß nicht* = engl. *I don't have to* do this.
         dt. *mag (nicht)* = engl. *I (don't) like* it.
         dt. *darf nicht* = engl. *I may not/must not* do it.

**9A2**

**Schritt 4**
**F33**

Übungsmöglichkeiten zu 9A1 Ü1 (LB, S. 9)
— Bilder besprechen.
Die 5 Situationen von LB, S. 9, und eine weitere, die als Foto dargestellt ist, finden Sie auf F33.
Die einzelnen Szenen besprechen *(Wer spricht mit wem? In welcher Situation? Wo liegt das Problem?)*.
Anhand der Skizze „Bitte Ruhe" (untere Reihe, Mitte) sollte das Modalverb *müssen* eingeführt werden.

Tafelanschrift:

„Bitte Ruhe"  — Hier darf man nicht reden!        — Hier muß man ruhig sein!
              — Hier dürfen Sie nicht reden!       — Hier müssen Sie ruhig sein!

— Zuordnungsübung:
A1 Ü1, (LB, S. 9): Welcher Satz paßt zu welchem Bild? Zunächst werden die Lernenden versuchen, „ernsthafte" Lösungen anzubieten. Häufig kommt es aber auch vor, daß Bilder und Sätze kombiniert werden, was oft zu einer komischen/ironischen Interpretation der Bildszenen führt. Da dies ein sehr kreatives „Sprachspiel" ist, sollten Sie Ihre Schüler ermuntern, möglichst witzige Kombinationen zu finden, falls sie daran Spaß haben.
— Zu den Bildern Geschichten erfinden: AB 9A2 Ü8 (S. 10)
Im Arbeitsbuch ist eine „Modellgeschichte" abgedruckt, die als Gemeinschaftsarbeit einer Gruppe im Unterricht entstanden ist.
*Hinweis:* Falls Sie den Eindruck haben, daß die Ausdrucksfähigkeit Ihrer Lernenden zum Bereich Modalverben noch weiter geübt werden muß, verschieben Sie bitte die Arbeit mit F33/9A1 Ü1 (LB, S. 9) ans Ende des Kapitels.

**9A2**

*Komm, steig ein!*

*Durchgang auf einen Blick*

1. F32 (untere Hälfte) besprechen.
2. F32 (obere Hälfte) besprechen.
3. Cassette 9A2 – Dialog (LB, S. 10) lesen und durchspielen.
4. Grammatik 9B1 und 9B2 *(wollen)* (LB, S. 16–18).
5. AB 9A Ü2 (S. 6).
6. 9A2 Ü2 (LB, S. 11) – Cassette 9A2 – AB 9A Ü4 (S. 7).
7. 9A2 Ü3 lesen – Cassette zu 9A2 Ü3 – AB 9A Ü5 – Ü7 (S. 7–9).

*Variationsmöglichkeiten*

a) Einstieg über die Hörcassette: Dies führt zu einem gezielten *Hör*training (vgl. dazu den einführenden Beitrag zur Entwicklung des Hörverständnisses in den LHR zu *Deutsch aktiv Neu*, Band 1A, S. 31).
Die Cassette sollte mehrmals angehört werden, wobei die Lernenden sich auf die folgenden Fragen konzentrieren sollten:
— Wie viele Leute reden?
— Welche (Schlüssel)Wörter hat man sicher erkannt? (mitnotieren)
Anschließend wird gemeinsam ein Dialoggerüst an der Tafel entwickelt (s. S. 25).
b) Mit Klassen in deutschsprachigen Ländern könnte man Schlagzeilen aus der Zeitung, die sich mit „Alkohol im Straßenverkehr" befassen, zur Einstimmung besprechen. Dabei sollte nur das Schlüsselwort *Alkohol* festgehalten werden, ggf. Wörter wie *Unfall*, *Verkehr* (Assoziogramm erstellen).
c) Bei Kursen im Ausland, in Ländern, in denen das Thema Alkohol tabuisiert ist, ist eine Vorabbesprechung dieses Themas in der Muttersprache sinnvoll, um Mißverständnisse und Lernblockaden zu vermeiden (vgl. dazu die landeskundlichen Informationen im folgenden Abschnitt).

**9A2**

*Landeskundliche Information*

Alkohol gehört – neben Nikotin(Rauchen) – zu den am weitesten verbreiteten Drogen in den Industrieländern. In Deutschland wird – regional unterschiedlich – vor allem Bier, Schnaps und Wein getrunken.
Alkohol am Steuer gehört zu den häufigsten Unfallursachen in der Bundesrepublik. Daß wir im Lehrbuch öfter Betrunkene „vorführen", mag für Lernende aus anderen Kulturkreisen abstoßend wirken (Tabubereich!). Wir meinen aber, daß man zwiespältige, jedoch für das Alltagsleben in der Bundesrepublik nicht nebensächliche Erfahrungsbereiche nicht aussparen sollte, wenn man als Erwachsener Deutsch lernt, da man mit solchen Erfahrungen konfrontiert werden wird, wenn man sich in der Bundesrepublik aufhält.

*Kommentar Schritt für Schritt*

Zur Einstimmung auf den Dialog 9A2 die untere Hälfte von F32 besprechen: verschiedene Möglichkeiten zu essen und zu trinken (Bild 1: vornehmes Lokal; Bild 2/3: gutbürgerliche Gaststätten; Bild 4: Schnellimbiß).     **Schritt 1**   F32

Mit Hilfe des Bildes auf der Folie Vermutungen zur Situation (Ort; Zeit; Umstände) und zu den Personen sammeln *(Was macht der Dicke links? Was hat er vor? Wie reagiert der Mann rechts? Sind das Freunde? Was bedeutet der Schlüssel in der Hand des Dicken? Was bedeutet der erhobene Zeigefinger?)*.     **Schritt 2**   F32

Tafelanschrift:

*Kann* der dicke Mann Auto fahren?    – Nein, er ist betrunken.
*Darf* der dicke Mann Auto fahren?    – Nein, das ist gefährlich/verboten.
Aber er *will* jetzt Auto fahren!
Er sagt: „Komm, steig ein, ich bringe dich nach Hause!"

Das Gespräch von der Cassette hören. Die einzelnen Repliken mit richtiger Intonation nachsprechen.     **Schritt 3**
Dann den Dialog (LB, S. 10) nachlesen und Varianten des Gesprächsabschlusses (handschriftlicher Teil des Dialogs) zusammenstellen.
Dialogvariationen (mit Hilfe des Redemittelkastens S. 10 unten) durchspielen:
– Komm, steig ein! Wir besuchen jetzt deinen Chef.
– Wir gehen jetzt schwimmen/tanzen.
– Wir fahren jetzt zu dir nach Hause und besuchen deine Frau.
– ...

9A3

Schritt 4   *Grammatikarbeit*
In diesem Dialog werden die Modalverben als Vollverben verwendet. Dazu finden Sie im Grammatikteil eine Übersicht (LB, 9B2, S. 18).
Neu in diesem Dialog ist das Modalverb *wollen* – vgl. die Tabelle 9B1 (LB, S. 17).
Dazu im Arbeitsbuch 9BÜ1 (S. 14).

Schritt 5   Einen Dialog schreiben: AB 9A Ü3 (S. 6).

Schritt 6   *Wie geht die Geschichte weiter?*
Bevor Ü2 (im LB, S. 11) bearbeitet wird, mit den Lernenden Vermutungen anstellen: *Sind die beiden Männer mit dem Auto gefahren? Ist der dicke Mann (Willi) allein gefahren? Ist der andere Mann (Fred) mitgefahren?*
Vorgabe: *Fred ist doch nicht mitgefahren, Willi ist allein nach Hause gefahren. Was ist wohl passiert?* Vermutungen anstellen lassen.
9A2 Ü2 (LB, S. 11) Bildergeschichte: Anhand der Bilder rekonstruieren, was Willi gemacht hat.
Dann die Geschichte von der Cassette hören.
AB 9A Ü4 (S. 7) bearbeiten: *Welche Sätze passen zu welchem Bild?*

Schritt 7   *Was sagen die Nachbarn zu Willis Verhalten?*
Zur Vorbereitung des Hörtextes zunächst die einzelnen Texte von 9A2 Ü3 (LB, S. 11) lesen: *Was meinen die einzelnen Leute: Willi; Fred; Willis Frau; der Hausmeister?*
Dann den Hörtext gemeinsam hören und Notizen machen (AB 9A Ü5 und Ü6, S. 7) und den Lückentext ausfüllen (AB 9A Ü7, S. 8/9).

9A3   **Verstehen Sie das?**

*Durchgang auf einen Blick*

1. F34 besprechen. (Bildleiste unten abdecken.)
2. Cassette 9A3 – Gespräch auf F34 entwickeln (Stichwörter-Gespräch).
3. Grammatik 9B4.1–4.3 (LB, S. 19/20).
4. 9A4 Ü5 (LB, S. 14) – AB 9A Ü9 – Ü12 (S. 11–13) – F34 unten (Bildergeschichte).

*Variationsmöglichkeit*

In Ländern, in denen ähnliche Serviceleistungen wie das tägliche Austragen von Zeitungen zum Alltag gehören – z.B. die Lieferung von Milchflaschen in England –, könnte man vorab in der Muttersprache der Kursteilnehmer besprechen, woran man erkennen kann, daß jemand verreist ist oder daß in einem Haus/in einer Wohnung irgend etwas nicht stimmt. Man kann dann bei der Erarbeitung des Situationsbildes das Überquellen des Zeitungskastens bei dem Haus in der Bundesrepublik schneller deuten.

*Landeskundliche Information*

Wenn man in der Bundesrepublik eine Tageszeitung abonniert, bekommt man oft von der Zeitung eine Zeitungsbox, die an der Haustür, am Gartentor oder am Gartenzaun befestigt wird. In unserer Szene ist es die „Süddeutsche Zeitung", eine der größten Tageszeitungen, die in München erscheint.
Wenn die Zeitungsbox überquillt, ist das ein Zeichen dafür, daß die Leute nicht zu Hause sind, aber die Zeitung nicht abbestellt haben. Man kann die Auslieferung der Zeitung für eine bestimmte Zeit aussetzen oder sich die Zeitung nachschicken lassen, wenn man zum Beispiel in Urlaub fährt.
Für Lernende aus südlichen Ländern ist diese Situation oft ganz unverständlich, weil man bei ihnen das Haus nie allein läßt. Wenn man verreist, wohnen andere Familienmitglieder darin, oder Freunde passen auf. In der Bundesrepublik und in vergleichba-

ren Ländern wohnt man also viel anonymer nebeneinander, besonders in Neubausiedlungen.
Eine vergleichbare Situation in England wäre, wenn sich vor der Haustür die Milchflaschen anzusammeln beginnen, die der Milchmann täglich liefert.

*Kommentar Schritt für Schritt*

Anhand des Situationsbildes auf der Folie Vermutungen anstellen lassen: **Schritt 1**
– Was ist hier los? F 34
– Der Zeitungskasten quillt über.
– Die Garage steht offen. Das Auto ist zu sehen.
– Was ist mit den Hausbewohnern?
Was sagen die beiden Erwachsenen?
Was sagen die Jungen?

Mit Hilfe des Gesprächs auf der Cassette (mehrmals anhören!) die Sprechblasen auf **Schritt 2**
F34 ausfüllen. F 34
An der Tafel Dialoggerüst mit Stichwörtern erarbeiten:

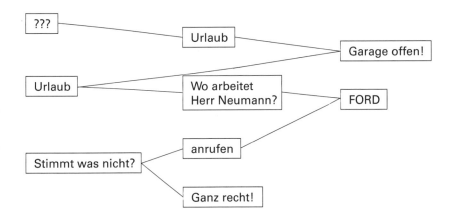

Mit Hilfe der Stichwörter das Gespräch nachspielen.
Der Text unter dem Dialog bringt die verschiedenen Beobachtungen und Vermutungen *indirekt*: sie erscheinen jetzt in Nebensätzen, die mit *daß* eingeleitet sind.

*Grammatikbetrachtung* **Schritt 3**
9B4.1–3 (LB, S. 19/20)
4.1: Der *daß*-Satz steht nach ganz bestimmten Verben, die im blau unterlegten Kasten S. 19 unten gesammelt sind (wobei die Liste dieser Verben im Verlauf des Kurses weiter aufgefüllt werden kann).
4.2: Der *daß*-Satz weist als Nebensatz die gleichen strukturellen Besonderheiten auf wie der Relativsatz (Verb steht am Ende; Nominativergänzung in der Regel unmittelbar nach der Konjunktion).
4.3: Der *daß*-Satz als „Inhaltssatz" hat die gleiche Funktion wie einige Satzergänzungen (im vorliegenden Beispiel die Funktion einer Akkusativergänzung). Umgekehrt bedeutet das hinsichtlich der Satzergänzungen, daß einige von ihnen nicht nur durch Nomina, Pronomina und Nominalsysteme realisiert werden können, sondern eben (u. a.) auch durch einen *daß*-Satz.
Dazu: 9B Ü5 (LB, S. 21) und AB 9B Ü4 (S. 15).

## 9A4

**Schritt 4**   Übung 9A Ü5 (LB, S. 14)
Zunächst die Aussagen der Leute lesen, ggf. durch eigene Aussagen ergänzen. Dann eine Umformung der direkten in die indirekte Rede versuchen.
Beispiel: *Der Mann sagt, daß es so etwas in seinem Land nicht gibt. Er sagt, daß da jeder seine Nachbarn kennt und weiß, wo sie sind.*
Achtung: Es verändert sich nicht nur der Satzbau, sondern u. a. auch die Personal- und Possessivpronomina!
*Der Mann sagt, daß es ... – in seinem Land ...*
*Die Frau sagt, daß bei ihnen manchmal viele Milchflaschen vor der Haustür stehen.*
           *in ihrem Land*
Übungen AB 9A Ü 9–12 (S. 11–12) anschließen.

F34   Arbeit mit der Bildleiste F34 unten.
*Was sagen die beiden Männer?* („Hans" und „Eugen")
Zunächst Themen festlegen, z. B.: *Sie beobachten Willi und Fred, die an der Bar stehen.*
Sprechblasen ausfüllen, dann berichten, was die Männer sagen: *Hans sagt, daß ...*

## 9A4

**Der Schlüssel**

*Durchgang auf einen Blick*

1. F35 (linke Spalte) besprechen.
2. Text im LB, S. 13, in Partnerarbeit lesen.
3. Grammatik: 9B1 *sollen* (LB, S. 17).
4. Cassette 9A4 – 9A4 Ü4.
5. Alternative Fortsetzungen der Geschichte – F35 (mittlere und rechte Spalte).
6. 9A4 Ü6, Ü7 (LB, S. 14).

*Variationsmöglichkeit*

Nach der Erarbeitung des Situationsbildes auf F35 (links) könnte man vor dem Erlesen des Textes zunächst die *Cassette* anhören, Stichwörter notieren, dann die Geschichte selbst zusammenfassen (ggf. die Geschichte gemeinsam mit der Klasse als „Modellversion" an der Tafel entwickeln) und dann mit der Version von Carlo Manzoni im Buch vergleichen. Dadurch wird das Gewicht stärker auf die Umsetzung von Hören in Sprechen/Schreiben und auf freiere Spracharbeit gelegt.

*Kommentar Schritt für Schritt*

**Schritt 1**
F35   Zunächst wird nur die linke Spalte der Folie aufgedeckt. Gemeinsam die Situation, die Personen und das „Problem" diskutieren.

**Schritt 2**   Den ganzen Text im Lehrbuch (S. 13) lesen, möglichst in Partnerarbeit, damit Austausch über unbekannte Wörter und über den Textinhalt zustande kommt. Auf Nachfrage Worterklärungen geben.
Gespräch über die Geschichte: *Ist sie komisch? Was ist komisch? Kann so etwas passieren? In welchem Land spielt die Geschichte?*

**Schritt 3**   Erklärung von *sollen*

Tafelanschrift:

Er will, daß *ich die Tür aufmache.*   →   *Ich soll die Tür aufmachen.*
Er fragt, warum *sie schreien.*   →   *Was soll denn dieses Schreien?*
                                       *Warum schreien Sie?*
Er sagt: „Gehen Sie nach Hause!"   →   *Ich soll nach Hause gehen.*
Dazu die Grammatiktabelle 9B1 (LB, S. 17).
Zur Wiederholung die Modalverben im Text sammeln und ordnen:

Tafelanschrift:

| wollen | können | müssen | sollen |
|--------|--------|--------|--------|

Tabelle nach dem Muster von 9B1 (LB, S. 16/17) anlegen.

Das Gespräch von der Cassette anhören, Stichwörter notieren (3 Rollen!) und frei zu spielen versuchen (9A4 Ü4, LB, S. 13). — **Schritt 4**

*Wie könnte die Geschichte noch ausgehen?* — **Schritt 5**
z. B.: Herr Veneranda geht <u>nicht</u> weg. Was passiert?
 Andere Nachbarn wachen auf ...
 Die Polizei kommt ...
Auf F35 wird in der mittleren und rechten Spalte eine mögliche Version dargestellt: — **F35**
Herr Veneranda nimmt den Schlüssel, den der Herr vom 3. Stock heruntergeworfen hat, und geht ins Haus ...

9A4 Ü6 (LB, S. 14): Am nächsten Morgen ... — **Schritt 6**
Achtung: Nicht alle Kombinationsmöglichkeiten ergeben sinnvolle Sätze!
Kommentare abgeben (Wiederholung der *daß*-Sätze)
9A4 Ü7: Meinungen in der Diskussion – eigene Meinung (*daß*-Sätze).

*Hilfszeitwörter* — **9A5**

*Durchgang auf einen Blick*

1. F31 (untere Hälfte) besprechen, mit LB, S. 15, vergleichen.
2. Text „Hilfszeitwörter" (LB, S. 15) lesen – 9A5 Ü9.
3. Text „Mögen – Nichtmögen" lesen – 9B1 *mögen* (LB, S. 17).
4. F36 – 9B Ü3, Ü4 (LB, S. 21) – AB 9AW Ü1, Ü2 (S. 13) – AB 9B Ü5–Ü7 (S. 17).
(Ggf. freie Arbeit mit F33.)

*Variationsmöglichkeit zum Text „Mögen – Nichtmögen"*

Im Text die beiden Dialogrollen (zwei Männer) markieren lassen.
Dann die Szene dramatisieren (ein Sprecher, 1. Mann, 2. Mann): zunächst mit verteilten Rollen lesen, dann frei spielen.

*Kommentar Schritt für Schritt*

Im Abschnitt 9A5 werden über Texte, Fotos und Übungen noch einmal die Modalverben zusammengefaßt. — **Schritt 1**
Auf F31 sind die Verbots- und Hinweisschilder aus dem Lehrbuch (S. 15) abgebildet — **F31**
und durch weitere Schilder ergänzt.
Bei der Besprechung der Schilder sprachliche Umschreibungen mit Modalverben versuchen, z. B.:
*verboten* → Hier darf man nicht ...
Erklären:
— *Hier wird abgeschleppt:* Ein Auto ist falsch geparkt und behindert den Verkehr. Die Polizei kommt und zieht das Auto weg. Der Besitzer/Fahrer muß Strafe zahlen.
— Wortspiel: *Vorsicht vor dem bissigen Hund* (= er beißt!)
 *Vorsicht vor dem bißchen Hund* („ein bißchen Hund" = umgangssprachlicher Ausdruck für einen sehr kleinen Hund!)
— *Lauftreff:* An diesem Punkt/bei diesem Schild kann man andere Leute treffen, mit denen zusammen man Jogging (Dauerlauf) machen kann.

9A5

**Schritt 2** *„Hilfszeitwörter"*
Zur Vorbereitung 9A5 Ü8 (LB, S. 15) gemeinsam besprechen. Es soll deutlich werden, daß über die Modalverben *müssen – sollen – nicht dürfen* unterschiedliche Grade der Verbindlichkeit von „Gebot/Verbot" ausgedrückt werden können.
Mit demselben Verfahren arbeitet auch der Text „Hilfszeitwörter". Wenn der Text gelesen ist, mit den Lernenden ausprobieren, welche Sätze mit *sollen/müssen/dürfen* möglich, welche nicht möglich (oder nur in ironischer Form möglich) sind (*dürfen* kann man in diesem Zusammenhang nur mit *nicht* gebrauchen. Sätze wie *Ihr dürft euch die Füße abputzen* sind ironisch gemeint für *Ihr müßt euch die Füße abputzen*).
Dies ist wohl auch die „Aussage" des Textes: Eigentlich besteht die Welt nur aus Verboten, man „darf" nur scheinbar etwas!
*Hinweis:* Hier werden zwei der zehn Gebote der Bibel zitiert:
*Du sollst nicht töten. Du sollst nicht ehebrechen.*
9A5 Ü9 (LB, S. 15) ermuntert die Lernenden, den Text mit anderen Geboten/Verboten zu erweitern.

**Schritt 3** *„Mögen – Nichtmögen"*
Den Text lesen und die Pointe besprechen: Um jemand zu mögen, ist es nicht wichtig, zu welcher Nation er gehört (Vorurteile!), sondern ob man ihn als Person gut findet und mit ihm befreundet sein kann.
In der Grammatiktabelle 9B1 (LB, S. 17) die Spalte *mögen* besprechen. Dabei ggf. auf den Unterschied zwischen
*möchte-:* Höflichkeitsformel zum Ausdruck eines Wunsches.
　　　　*Ich möchte (bitte) ein Glas Wein.* (Modalverb = Vollverb)
　　　　*Ich möchte jetzt spazierengehen.* (Modalverb + Vollverb) und
*mögen:* Ausdruck einer persönlichen Vorliebe für jemand/etwas:
　　　　*Ich mag dich.*
　　　　*Ich mag keinen Fisch.* (oft als Vollverb gebraucht)
eingehen.

**Schritt 4**
**F 36**
*Vermischte Übungen zum Gebrauch der Modalverben.*
9B Ü3 (LB, S. 21); dazu gibt es den Bildstreifen auf F36 für freiere Übungsgestaltung.
9B Ü4 (LB, S. 21).
AB 9AW Ü1, Ü2 (S. 13): Wiederholung des Wortfelds „Reisen mit der Bahn" (Zugverbindungen/Fahrpläne etc.).
AB 9B Ü5–Ü7 (S. 17): Wiederholung des Themas „Einladung" (Einladungsbrief/Antwortbrief schreiben).

**Kapitel 10**

In diesem Kapitel werden die folgenden Schwerpunkte gesetzt:
a) Darstellung von *Vergangenem in Lesetexten,* wobei die Verständigungsbereiche Zeit und Zeitrelationen (Vorzeitigkeit, Gleichzeitigkeit, zeitliche Abfolge) in typischen verschriftlichten Textsorten wie Geschichte, Märchen, erzählende Zwischentexte in Comics und als Gedicht fiktionale Texte und Lebenslauf als Sachtext eingeführt werden.
b) Charakteristisch für die Darstellung von Vergangenem in Sequenz in solchen Textsorten ist das *Präteritum* (regelmäßige und unregelmäßige Formen; Vorzeitigkeit wird durch das *Plusquamperfekt* ausgedrückt).
c) Die Konzentration auf *Textarbeit* (Lesetexte) führt im Grammatikbereich zur Beschäftigung mit *komplexeren Satzbauformen* (Temporalsätze; Konsekutivsätze; Kausalsätze, Relativsätze) und zur Übung des *sinnentnehmenden Lesens* (Lesestrategien).

| **Übersicht** | | *Lehrbuch* | *Arbeitsbuch* | *Folien* | *Cassette 1B/1* |
|---|---|---|---|---|---|
| 10A1 | *Plötzlich kamen die Germanen* | S. 22<br>S. 23 Ü 1–2 | | | |
| 10A2 | *Die Geschichte von Antek Pistole* | S. 24<br>S. 25 Ü 3–5 | S. 18–19<br>10A Ü 1–4 | | |
| 10A3 | *Das Gespräch der drei Gehenden* | S. 26<br>Ü 6–7 | | | 10A3 |
| 10A4 | *Lebenslauf* | S. 27<br>S. 27 Ü 8<br>S. 28<br>Ü 9–10 | S. 20–22<br>10A Ü 5–9 | | 10A4 Ü 9 |
| 10A5 | *Die Sterntaler* | S. 29<br>Ü 11–12<br>S. 30<br>Ü 13–14 | S. 23–25<br>10A Ü 10 | F 37, 38 | 10A5 |
| 10A6 | H. M. Enzensberger: *nänie auf den apfel* | S. 31 Ü 15 | | | 10A6 |
| 10A7 | R. O. Wiemer: *Zeitsätze* | S. 31<br>Ü 16–17 | | | 10A7 |
| 10AW | *Wortschatzwiederholung* | | S. 26<br>10AW Ü 1 | | |
| 10B1 | *Das Präteritum: unregelmäßige Verben – regelmäßige Verben* | S. 32–33<br>S. 38 Ü 1/1 | S. 27–30<br>Ü 1–3 | | |
| 10B2 | *Stammformen der unregelmäßigen Verben* | S. 34/38<br>Ü 1/2–3 | S. 31–32<br>Ü 4–5 | | |
| 10B3 | *Das Plusquamperfekt* | S. 35<br>S. 38 Ü 2 | S. 32–33<br>Ü 6 | | |
| 10B4 | *Temporalsätze: Gleichzeitigkeit und Vorzeitigkeit* | S. 36<br>S. 39 Ü 3–5 | | | |
| 10B5 | *Subordination: Verbstellung im Hauptsatz* | S. 36 | | | |
| 10B6 | *Nebensätze* | S. 37<br>S. 39 Ü 6–7 | S. 33–35<br>Ü 7 | | |

## 10A1

**10A1** *Plötzlich kamen die Germanen*

*Durchgang auf einen Blick*

1. LB, S. 22: Bilder besprechen (Präsens).
2. Text zu den Bildern im Zusammenhang lesen.
3. Präteritumbildung regelmäßig – unregelmäßig erläutern (Verben aus dem Text gruppieren); 10B1, 10B2, AB 10B Ü1–Ü3.
4. 10A Ü1 erst Bilderfolge besprechen, dann Zuordnung Text–Bild. Verben nach regelmäßiger – unregelmäßiger Bildung ordnen! 10A Ü2.

*Variationsmöglichkeiten zur Einführung des Präteritums (10A1–2)*

a) Abfolge: Regelmäßige → unregelmäßige Form des Präteritums: Wir haben wegen der attraktiven Textsorte Comic und der guten Visualisierung (Bedeutungsvermittlung einfach!) einen Einstieg in das Grammatikpensum Präteritum gewählt, bei dem regelmäßige und unregelmäßige Präteritumformen vermischt auftreten.
Wer den Weg einer abgestuften Grammatikprogression bei der Einführung des Präteritums für sinnvoller hält, sollte mit dem Text 10A2 „Antek Pistole", Z. 1–18 beginnen. Er enthält fast nur regelmäßig gebildete Präteritumformen (außer: *kaputtgingen, weitergab, waren, hatten*).

b) In Kursen mit guten Englischkenntnissen sollte bei den starken Verben das System des Englischen zum Vergleich herangezogen werden, da es viele Ähnlichkeiten mit dem deutschen Sprachsystem aufweist.

*Landeskundliche Information*

Die „Asterix"-Comic-Hefte (Goscinny/Uderzo) – im Original in französisch – sind bei Kindern und Erwachsenen sehr beliebt. Im Heft „Asterix und die Goten", aus dem S. 22 stammt, werden neben den Römern auch die Germanen „auf die Schippe genommen" *(marschieren, singen, Bier trinken, sich prügeln),* womit natürlich auch die Deutschen gemeint sind.
Die Darstellung von weit zurückliegenden Ereignissen bedingt die Verwendung des Präteritums im Text, weshalb wir ihn auch an dieser Stelle verwenden.

*Kommentar Schritt für Schritt*

**Schritt 1** Im Lehrbuch, S. 22, zunächst Bild 1 (Landkarte) besprechen:
*Wo liegt Deutschland? Wo Frankreich? Frankreich hatte früher den Namen „Gallien", Deutschland war „Germanien".*
Zeitliche Einordnung der Geschichte: *Die Römer waren seit 50 vor Christus in Gallien: Sie eroberten Gallien.*
Dann die einzelnen Bilder (zunächst im Präsens) gemeinsam beschreiben und dabei Wortschatz erklären.
Bild 2: *Grenze; römischer Soldat, er schaut nach Germanien: warum?*
Bild 3: *Die Germanen kommen; sie singen; sie marschieren nach Gallien; sie attackieren die Römer = greifen sie an.*
Bild 4: *der General; die Soldaten/Römer; die Legion; die Waffen (Speer, Schild, Schwert); der Wagen, der Koch; das Lager* (im Hintergrund).
*Wohin gehen die Römer? Was machen sie?*

**Schritt 2** Den Text zu den Bildern im Zusammenhang lesen.

**Schritt 3** *Grammatikarbeit – Bildung des Präteritums*

Die Verben unterstreichen und herausschreiben.

Tafelanschrift:

...

Das <u>war</u> um 50 vor Christus

Die Römer — eroberten Gallien
schützten die Grenze
verließen das Lager
trugen Waffen
Hinten fuhr der Koch.

Die Germanen — marschierten kamen
sangen
griffen die Römer an

Überschrift *Präteritum* in die Tafelanschrift einfügen. Aus der Anordnung wird deutlich, daß es zwei Möglichkeiten der Präteritumbildung gibt: regelmäßige Bildung (schwache Verben) und unregelmäßige Bildung (starke Verben).
Die Verbtabellen 10B1 (LB, S. 32/33) gemeinsam betrachten. Anschließend die im Text vorkommenden Verben durchkonjugieren, weitere Verben sammeln und mit Hilfe der Verbtabelle zu den Stammformen der Verben (LB 10B2, S. 34) einordnen. AB 10B Ü1, Ü2 und Ü3 als Hausaufgabe.

*Wie geht die Geschichte weiter?* 10A Ü1 (LB, S. 23)                           Schritt 4
Die Bilderfolge besprechen (Präsens), dabei Wortschatz erarbeiten.
Bild 1:  *der Fluß zwischen Gallien und Germanien: der Rhein*
Bild 2:  *ein Schiff (ein Floß)*
Bild 3:  *landen (Ufer)*
Bild 4:  ...
Bild 5:  ...
Bild 6:  ...
Bild 7:  *der Schild, Pl. die Schilde:* (vgl. 9A1 *das Schild,* Pl.: *die Schilder*).
Bild 8:  ...
Die Texte A–H lesen: *Welcher Text paßt zu welchem Bild?*
Die Verben unterstreichen und in „schwache" und „starke" Verben ordnen.
10A Ü2: Abschließend die ganze Geschichte im Präteritum noch einmal mit eigenen Worten erzählen. (Dies wird nicht für alle Kursteilnehmer leicht sein!)
*Hinweis:* Da im Verlauf der folgenden Unterrichtsstunden immer neue Verben mit ihren Präteritumformen dazukommen, empfiehlt sich die Anlage eines Plakats mit zwei Spalten (regelmäßige/unregelmäßige Verben – die zweite Spalte könnte wie im LB, S. 34, angelegt werden). Jedes neue Verb wird analysiert und in die Tabellen eingetragen.
Die Präteritum-Formen könnten auch mit einem selbstgebastelten Karten-Legespiel geübt werden: auf der einen Seite der Karte steht der Infinitiv des Verbs, auf der anderen die Präteritumformen. Damit können sich die Lernenden z. B. in Partnerarbeit abfragen.

## *Die Geschichte von Antek Pistole*                                              10A2

*Durchgang auf einen Blick*

1. Lehrer trägt Geschichte als „Märchen" vor.
2. Gemeinsam lesen, unbekannte Wörter klären; Präteritumformen erklären: 10B1.
3. 10A Ü3: die Geschichte nacherzählen.
4. Grammatikarbeit: Relativsätze 10B6 – Konsekutivsätze 10B6 – Plusquamperfekt 10B3.
5. 10A Ü5 Fortsetzung der Geschichte erfinden/schreiben.

**10A2**

6. Rollenspiel.
7. AB 10A Ü1–Ü3.
8. AB 10B Ü4–Ü6.
9. 10A Ü4: Parallelgeschichte schreiben.

*Kommentar Schritt für Schritt*

**Schritt 1** Vor dem gemeinsamen Lesen die Geschichte als Märchen (wie ein Märchenonkel/eine Märchentante) vortragen (mit starkem gestisch-mimischem und stimmlichem Ausdruck!). „Besen" als Tafelzeichnung mit Beschriftung und „Besenbinder" (Antek macht Besen) erklären.

**Schritt 2** Die Geschichte gemeinsam lesen bzw. jeder liest die Geschichte für sich und unterstreicht die unbekannten Wörter, die gemeinsam besprochen werden.
*Wann war das?* Auf Vergangenheitsformen eingehen (vorwiegend schwache Verben).

**Schritt 3** 10A Ü3: die Geschichte nacherzählen.

**Schritt 4** *Grammatikarbeit*
a) Relativsätze (vgl. 10B6, LB S. 37).
ein Besenbinder: *ein Mann, der* Besen macht
Weitere Berufsbezeichnungen sammeln und erläutern:
ein Mechaniker
ein Lehrer
eine Lehrerin (eine Frau, *die* ...)
b) Konsekutivsätze (vgl. 10B6, LB S. 37)
Die Besen waren *so gut, daß* sie nie kaputtgingen.
Weitere Beispiele sammeln:
Das Auto ist so alt, daß es bald kaputtgeht.
c) Plusquamperfekt (vgl. 10B3)
An der Tafel eine Zeitschiene skizzieren:

| vorher | früher | heute |
|---|---|---|
| vor 80 Jahren | vor 70 Jahren | jetzt |
| | | Antek ist alt. Er *macht* keine Besen mehr. |
| | Antek *machte* Besen. | |
| Er *hatte* es von seinem Vater *gelernt*. | | |

Dazu die Konjugationstabellen zum Plusquamperfekt im Lehrbuch 10B3, S. 35, besprechen (Bildung mit *haben* und mit *sein*).

**Schritt 5** 10A Ü5 *Was aber machte Antek dann?*
Eine Fortsetzung der Geschichte (in Kleingruppen- bzw. Partnerarbeit) erzählen/schreiben. Die 4 Bilder geben dazu Anregungen, aber auch andere Versionen sind möglich.

**Schritt 6** Abschließendes Rollenspiel (10A Ü5, LB, S. 25):
○ Antek (Verkäufer)
● Käufer 1, 2, 3 ...

**Schritt 7** AB 10A Ü1 (S. 18/19): Das Bild S. 18 vermittelt die wichtigen (Schlüssel)Wörter. Die Geschichte lesen (Einzelarbeit), die Verbformen unterstreichen und die Infinitivformen an den Rand schreiben.
AB 10A Ü2 den „Patentbesen" zeichnen und erklären.
AB 10A Ü3 die Geschichte mit wechselnden Perspektiven erzählen.

| | |
|---|---|
| AB 10B Ü4–Ü6: Lückentextergänzung als Hausaufgaben. | **Schritt 8** |
| 10A Ü 4 (LB, S. 19): Eine Geschichte zu einer Parallelsituation schreiben. | **Schritt 9** |

**10A3**

***Das Gespräch der drei Gehenden***                                            10A3

*Durchgang auf einen Blick*

1. 10A3 Ü6: Bildbeschreibung.
2. 10A3 Ü7 Text laut lesen.
3. Cassette 10A3.
4. Präteritumformen der Verben unterstreichen, Verben ordnen.
   *Wie klingt der Text im Perfekt? Was verändert sich?*
5. Grammatik: Temporalsätze 10B4.
6. *Was passiert in der Geschichte? – Gehen – reden– zuhören – an etwas anderes denken. – Was reden sie wohl beim Gehen?*
7. Bedeutung der Namen disktutieren.

*Variationsmöglichkeiten*

a) In muttersprachlich homogenen Klassen (Ausland) lohnt sich der Versuch einer möglichst wortgetreuen Übersetzung. Dies fördert das Gespür für die Eigenart des Erzählstils der deutschen Vorlage.
b) Falls Sie wenig Zeit haben und Ihnen der Text sprachlich und inhaltlich zu schwierig erscheint, können Sie ihn weglassen und sich auf die entsprechenden Grammatikabschnitte (B3–6) konzentrieren. Auf jeden Fall sollten Sie auch die Formen der vorkommenden unregelmäßigen Verben durchnehmen.

*Landeskundliche Information*

Der inzwischen verstorbene Peter Weiss (geboren 1916) lebte nach der Emigration 1934 seit 1939 in Schweden. Bekannt als Romanschriftsteller und Dramatiker.

*Kommentar Schritt für Schritt*

| | |
|---|---|
| 10A3 Ü6: Gemeinsam die drei Männer auf dem Bild beschreiben. | **Schritt 1** |
| 10A3 Ü7: Den Text laut lesen, dabei auf den Rhythmus der Prosa achten (viele Dreierkombinationen im Bereich des Satzbaus (*Es waren Männer ..., gingen gingen gingen... Abel, Babel, Cabel...*, viele Satzverbindungen mit *und,* wodurch ein fließender Rhythmus entsteht). | **Schritt 2** |
| Den Text von der Cassette hören. Der geschulte Sprecher bringt die rhythmischen Merkmale des Textes gut zur Geltung. | **Schritt 3** |
| Die Präteritumformen tragen wesentlich zum Rhythmus des Textes bei. Auffällig ist die Häufung der Verben in der Satzreihung. Präteritumformen der Verben im Text unterstreichen.<br>Eine Veränderung der Tempusform zum Perfekt („Es sind drei Männer gewesen ...") würde nicht nur den Rhythmus des Textes zerstören, sondern auch die Erzählhaltung (im Perfekt erzählt man aus einer subjektiven Perspektive etwas, was man vor nicht allzu langer Zeit erlebt hat und was gegenwärtig noch Bedeutung hat). | **Schritt 4** |
| Temporalsätze: Gleichzeitigkeit und Vorzeitigkeit.<br>Darstellung 10B4 (LB, S. 36) besprechen, ebenso 10B5 (LB, S. 36 unten): Verbstellung im Hauptsatz. Das Vorziehen des Nebensatzes an den Satzanfang gibt ihm ein besonderes Gewicht. | **Schritt 5** |
| Was passiert in der Geschichte?<br>Trotz der vielen Verben entwickelt sich in der Geschichte keine Handlung, sondern es | **Schritt 6** |

**10A4**

wird das „Gehen" betont und was gleichzeitig beim Gehen geschieht. *Was reden die drei wohl beim Gehen?* Man könnte das an der Tafel so darstellen:

Drei Männer: gingen → gingen → gingen
↓ ↓ ↓
sprachen schwiegen sprachen
↓ ↓ ↓
sahen sich um hörten zu hörten zu
↓
dachten an anderes

**Schritt 7** *Was könnten die Namen bedeuten?*
*Abel* ist ein Name aus der Bibel; *Babel* ist eine Stadt aus dem Alten Testament; *Cabel* hat keine Bedeutung. Die Folge A-B-C im Anfang der Namen soll die Ähnlichkeit der drei Männer (sie waren Brüder!) ausdrücken.

**10A4** *Lebenslauf*

*Durchgang auf einen Blick*

1. Text (LB, S. 27) betrachten; Schlüsselwörter in linker Spalte erklären.
2. 10A Ü8: Textauswertung: selektive Informationsentnahme in Partnerarbeit (Notizen machen, vergleichen).
3. 10A Ü9 – AB 10A Ü5/Text von der Cassette hören.
4. AB 10A Ü6 Text studieren, Lückentext ausfüllen, AB 10A Ü7.
5. AB 10A Ü8: eigenen Lebenslauf verfassen (2 Varianten).
6. AB 10A Ü9: Lebenslauf Hanna Gall wiedergeben.
7. 10B Ü1–Ü2.
8. 10A Ü10: selektives Lesen (Buchkritik).

*Variationsmöglichkeiten*

a) In muttersprachlich homogenen Klassen (Ausland) könnte man zur Einführung einen im eigenen Land üblichen Lebenslauf besprechen und dann mit der Form des Lebenslaufs 10A 4 vergleichen.
b) Falls für Ihren Kurs der Lebenslauf (und der entsprechende Wortschatz) von Klaus Haase zu „exotisch" ist, konzentrieren Sie sich von Anfang an auf das Verständnis der linken Spalte *(Angaben zur Person – Schulbildung – Ausbildung und berufliche Tätigkeit);* lassen Sie die Angaben der rechten Spalte weg und erarbeiten Sie mit Ihrem Kurs einen für Ihre Gruppe „relevanten" Lebenslauf.

*Landeskundliche Information*

Ein schriftlicher Lebenslauf wird bei Bewerbungen um eine Stelle vorgelegt. Er gibt die wichtigsten Daten zur Person, zur Ausbildung und zur beruflichen Tätigkeit an. In 10A4 finden Sie zwei verschiedene Formen des Lebenslaufs: die maschinengeschriebenen Stichwörter (tabellarischer Lebenslauf S. 27) und den handschriftlichen, ausformulierten Lebenslauf (Auszüge S. 28 oben).

*Kommentar Schritt für Schritt*

**Schritt 1** Den Text im LB, S. 27, gemeinsam betrachten, Wörter in der linken Spalte erklären (Schlüsselwörter), Komposita auflösen und erklären.

**Schritt 2** 10A Ü8: selektive Informationsentnahme, in Partnerarbeit Notizen machen, dann Ergebnisse vergleichen.
*Hinweis:* Es geht nicht darum, diesen Text in allen Details zu verstehen, sondern zu

erkennen, wo man bestimmte Informationen findet. Das wird durch die Schlüsselwörter der linken Spalte gesteuert!

10A Ü9: Dazu AB 10A Ü5 (Text 10A Ü8 von der Cassette hören); mündliche und schriftliche Fassung vergleichen. **Schritt 3**

AB 10A Ü6: In Partnerarbeit den Lebenslauf von Wolfgang Planck studieren, dann den Lückentext ausfüllen. **Schritt 4**
Anschließend die Rolle von Wolfgang Planck übernehmen und einen Lebenslauf in der Ich-Form verfassen: AB 10A Ü7 (schriftlich oder mündlich).

AB 10A Ü8: Die zwei Varianten des eigenen Lebenslaufs verfassen (Hausaufgabe). **Schritt 5**

AB 10A Ü9: Den Lebenslauf von Hanna Gall ausformuliert wiedergeben (mündliche Übung). **Schritt 6**

Falls Sie jetzt von „Lebensläufen" genug haben, lesen (schreiben) Sie mit Ihren Lernenden gemeinsam die Geschichten von 10B Ü1 (Umformen der Verben ins Präteritum) und 10B Ü2 (Plusquamperfektübung). **Schritt 7**

10A Ü10: Ausschnitt aus einer Buchkritik – Zusatztext. Auch hier geht es um selektives Lesen, d. h. das Auffinden von bestimmten Informationen im Text (zu Leitfragen). **Schritt 8**
Die Lernenden sollten daran gewöhnt werden, einen unbekannten Text nicht Wort für Wort zu übersetzen, sondern zuerst von Anfang bis Ende durchzulesen und alle bekannten Wörter zu unterstreichen.
Bei einem Sachtext (nicht bei literarischen Texten) sollte man sich dann auf die großgeschriebenen oder durch Halbfett- oder Schrägdruck hervorgehobenen Wörter und Negationen konzentrieren, da sie die wichtigsten Informationen enthalten und sehr oft schon einen Globaleindruck vom Textinhalt vermitteln.
In unserem Text kommt dann eine Informationskette folgender Art zustande:
*Ein Grieche in Deutschland*
*Lust, Deutschland mit den Augen eines Griechen – Roman – Dimitris Chatzis – Gastarbeiter Kosta: Das doppelte Buch. Der Lagerarbeiter Kosta ...*
Wenn man sich diese Information erarbeitet hat, kann man die Leitfragen ziemlich zuverlässig beantworten.


**Die Sterntaler** 10A5

*Durchgang auf einen Blick*

1. 10A5: Text gemeinsam lesen; Adjektive, die das Mädchen charakterisieren, heraussuchen.
2. F37: 10A5 Ü12: *Wie geht die Geschichte weiter?*
3. F38: Gemeinsam den ganzen Text erlesen; heraussuchen: weitere Personen, die im Text vorkommen und ihre Charakterisierung; Orts- und Zeitangaben zusammenstellen; Ausdrücke für *bitten* und *geben* im Text sammeln; Verkleinerungsformen (*-chen/-lein*) zusammenstellen; Text in (3) Abschnitte gliedern und dazu Überschriften suchen.
4. F38: Text von der Cassette hören.
5. Feindurchgang durch den Text, Wörter/Wendungen erklären.
6. AB 10A Ü10: Anfang besprechen. Hausaufgabe: Zu Ende schreiben.
7. AB 10B Ü7: Dazu Tabelle 10 B6 ansehen.
8. Übungen zu Nebensatzkonstruktionen: 10B Ü3–7; dazu LB, S. 36–37 ansehen.

**10A5**

*Variationsmöglichkeiten*

a) In muttersprachlich homogenen Klassen (Ausland): Gibt es im eigenen Sprachraum ein ähnliches Märchen mit einer ähnlichen Moral? Wenn ja: erzählen lassen (Einstieg).
In der Muttersprache der Lernenden die Besonderheiten der Textsorte „Märchen" besprechen (Wiederholungsstruktur in der Handlungsführung; Märchenstil (altmodische Wörter und Redewendungen; Moral usw.). Gibt es vergleichbare Strukturen in der Märchenliteratur des eigenen Sprachraums? Wie werden z.B. Märchen eröffnet (Formeln wie *Es war einmal* ...)?
Auch das Märchen „Hans im Glück" (AB, S. 23f.) sollte, wenn möglich, in der Muttersprache besprochen werden.

b) In Kursen im deutschsprachigen Raum (Inland): Ggf. weitere deutsche Märchen, die den Kursteilnehmern bekannt sind, erzählen lassen. Bei Interesse weitere Märchen vorlesen und besprechen.

c) Einen alternativen Einstieg in das Thema „Märchen" bietet AB, S. 23: „Hans im Glück" (Bilderfolge / Text in kleinen Abschnitten).

*Landeskundliche Information*

Das Märchen „Die Sterntaler" gehört zu der Sammlung der Märchen der Gebrüder Grimm (1812–1822). Es ist – neben „Hänsel und Gretel", „Hans im Glück" u.a. – eines der bekanntesten Märchen.
Wir haben nicht nur aus diesem Grund „Die Sterntaler" und „Hans im Glück" (Arbeitsbuch) ausgewählt, sondern auch wegen ihrer zyklischen Erzählstruktur (es wiederholt sich immer wieder dieselbe Situtation), die sich besonders gut zur Bildung von Hypothesen über den Handlungsverlauf der Geschichte eignet.

*Kommentar Schritt für Schritt*

**Schritt 1**

10A5: Gemeinsam den Anfang des Märchens lesen (Ü11), Text S. 29 oben. *Es war einmal* ...: der typische Anfang deutscher Märchen. In der Eröffnungspassage wird das Mädchen beschrieben. Gemeinsam die Adjektive heraussuchen, die das Mädchen beschreiben *(klein – arm – gut – fromm)*.
Dann die Attribute/Dinge, die es hat/nicht hat, an die Tafel schreiben.

*Das Mädchen hat*
– *keinen Vater* } (sie sind gestorben/tot)
– *keine Mutter* }   → *allein*
– *kein Kämmerchen* (Zimmer, wohnen)
– *kein Bettchen* (schlafen)
– *nichts mehr als die Kleider auf dem Leib*   → *arm*
(= die es anhat)
– *nichts mehr als ein Stückchen Brot in der Hand*

**Schritt 2**
F37

Mit Hilfe von F37 Vermutungen über den Fortgang der Geschichte anstellen (10A5 Ü12). Dabei die beiden nebeneinanderliegenden Bilder jeweils genau betrachten: *Was ist bei 2 anders als bei 1?* (z.B. Bild 1: *das Mädchen hat das Brot,* Bild 2: *der Mann ißt das Brot*) Wie geht die Geschichte zu Ende? (Bild unten rechts auf F37 ansehen und dazu die Illustrationen im LB, S. 29).

**Schritt 3**
F38

Gemeinsames Lesen des ganzen Märchentextes mit Hilfe von F38
Zunächst Erarbeitung der Grundstruktur der Geschichte: die weiteren Personen, die im Text vorkommen, unterstreichen.

Tafelanschrift (Fortsetzung):
*ein armer Mann –*
*ein Kind –*
*wieder ein Kind –*
*noch eins –*

*Was kann man über die einzelnen Personen im Text finden?*
Ergänzung der Tafelanschrift:
*ein armer Mann – hungrig*
                  *er bekommt das Stück Brot*
*...*
Genauere Betrachtung der Situation:
Ortsangaben:  *Wo ist das Mädchen zuerst?*
                *Wohin geht es? (Auf das Feld).*
                *Wo ist es am Ende der Geschichte? (Im Wald.)*
Zeitangaben:  *Nachmittag – Nacht (Z. 21: ... und es war schon dunkel geworden ...;*
                *Z. 28: die Sterne werden erwähnt).*
Ausdrücke für *bitten* und *geben* im Text sammeln und an der Tafel notieren.
Verkleinerungsformen *(-lein, -chen)* im Text suchen.
Die drei wichtigsten Abschnitte im Text markieren lassen:
Abschnitt 1: Z. 1–8 (bzw. 10)
Abschnitt 2: Z. 8/10–26
Abschnitt 3: Z. 27–33
Zu den einzelnen Abschnitten Überschriften suchen.

Den Text von der Cassette hören und auf der Folie mitlesen, einzelne Passagen öfter hören/lesen.    **Schritt 4**   F 38

Abschließend den Text Satz für Satz lesen, noch unbekannte Wörter und Wendungen erklären.    **Schritt 5**
Ziel dieses genauen Lesens des fiktionalen Textes ist es nicht, daß die Lernenden alle unbekannten Wörter und Wendungen lernen, sondern daß sie durch die abschließende genaue Arbeit am Text (hörend/lesend) ein Gefühl dafür bekommen, wie durch sprachliche Mittel (Wörter wie: *es reichte ihm das Brot* (statt: *gab*); *es gelangte in den Wald* (statt: *kam*); Verkleinerungsformen; Wendungen wie *kein Bettchen, darin zu schlafen* (statt: *in dem es schlafen konnte*); *und ob es gleich sein Hemdlein weggegeben hatte* (statt: *obwohl es ...*)) eine ganz bestimmte Atmosphäre aufgebaut wird, die typisch für den Märchentext ist.

AB 10A Ü10 (S. 23–25): Den Anfang eines anderen Märchens – „Hans im Glück" – lesen und mit Hilfe von Bildern und Stichwörtern selbst zu Ende schreiben. Die ersten drei Episoden des Märchens sind im AB, S. 23, vorgegeben (in sprachlich vereinfachter Form).    **Schritt 6**
Falls der Text im Unterricht gemeinsam bearbeitet wird: Abschnittsweise lesen, wichtige Wörter an der Tafel notieren, z.B. in Abschnitt 1: *Hans – 7 Jahre gearbeitet – nach Hause – Lohn: ein großes Stück Gold*
Dann den Text mit Hilfe der Stichwörter und der Bilder frei nacherzählen. (Falls möglich: nur die Bilder als Fotokopie austeilen.)
Zum zweiten Teil des Märchens werden Stichwörter und Bilder vorgegeben (4–8). Zu Episode 4 ist S. 25 unten der Anfang vorformuliert. Geschichte als Hausaufgabe zu Ende schreiben lassen.
Auswertung: die einzelnen Entwürfe der Lernenden hören und dann – unter Bezug auf die Bilder und Stichwörter – gemeinsam eine „Modellversion" entwickeln und an der Tafel festhalten. Dazu ein Beispiel aus einem Kurs des Goethe-Instituts Madrid. Die Kursteilnehmer hatten als Hilfe eine zweisprachige Wörterliste.

**10A5**

Da kam ein Mann mit einem Schwein, das groß und fett war. Hans war sehr hungrig. "Du hast es gut", sagte er zu dem Mann, "du hast ein Schwein; immer wenn du hungrig bist, hast du Schinken und Würste." Und dann sagte der Mann zu Hans: "Aber du hast eine schöne Kuh, die dir Milch, Käse und Butter gibt. Wenn du willst, können wir tauschen."
"Abgemacht," antwortete Hans.
Aber das Schwein war auch ein Problem für Hans. Es war so eigensinnig, daß es immer in eine andere Richtung lief. Hans war verzweifelt. Da kam eine Frau mit einer Gans. "Du hast es gut," sagte Hans. Die Frau sagte zu Hans: "Natürlich. Aber wenn du willst, können wir tauschen." "Ich bin zufrieden," sagte Hans. Jetzt habe ich Eier, Federn und Braten und keinen Ärger mit dem Schwein.
Dann kam er in ein Dorf. Dort lebte ein Scherenschleifer, der Scheren und Messer scharf machte. Der Scherenschleifer sagte zu Hans: "Du hast eine schöne Gans, woher kommt sie? Und Hans erzählte ihm seine Geschichte. Der Mann fand sie sehr interessant. Er dachte, daß Hans ein guter Geschäftsmann war.

HANS IM GLÜCK

r Müller,- = molinero
r Lohn = salario
lassen, ie, a = dejar
heraus/nehmen, a, o = sacar
r Klumpen, - = pepita grande
r Wanderstock,¨e = bastón (de caminante)
los/marschieren, te, t = ponerse en camino
r Weg,-e = camino
steil = empinado
müde werden, u, o = cansarse
r Reiter,- = jinete
den Weg entlang kommen = aparecer por el camino
e Last = carga
r Rücken = espalda
tragen, u, a = llevar, portar
tauschen, te, t = cambiar
abgemacht = in Ordnung, ok
s Pferd,-e = caballo
los/reiten, i, i = emprender el camino (a caballo)
merken, te, t = notar
ab/werfen, a, o = derribar
r Bauer,-n = campesino
e Wiese,-n = prado
e Kuh,¨e = vaca
melken, te, t = ordeñar
fangen, i, a = capturar
auf die Beine helfen = ayudar a levantarse

nützlich = útil
sich hin/setzen = sentarse
deshalb = por eso
einen Tritt geben = dar una coz
s Schwein,-e = cerdo
fett = gordo
r Boden,¨ = suelo
stöhnen, te, t = gemir
treten, a, e = patear
eigensinnig = obstinado
e Richtung,-en = dirección
verzweifelt = desesperado
e Gans,¨e = ganso
e Feder,-n = pluma
s Ei,-er = huevo
r Braten = asado
r Ärger = Probleme
r Tausch = cambio
r Scherenschleifer,- = afilador
e Schere,-n = tijeras
s Messer,- = cuchillo
scharf machen, te, t = afilar
lustig = divertido
r Funken,- = chispa
r Geschäftsmann, Pl: Geschäftsleute = hombre de negocio
r Schleifstein,-e = muela
r Brunnen,- = pozo
endlich = por fin, finalmente
fröhlich = alegre

Oder – falls es beim freien Erzählen Schwierigkeiten gibt:

**Schritt 7** AB 10B Ü7 gemeinsam bearbeiten, wobei die Grammatikdarstellung zu den Nebensätzen (LB, S. 37, 10B6) aufgeschlagen werden kann. In dieser Übung wird der Gang der Handlung skizziert.

**Schritt 8** Übungen zu Nebensatzkonstruktionen: 10B Ü3–Ü7 (LB, S. 39); falls nötig, noch einmal zu den einzelnen Übungen die entsprechenden Abschnitte im LB, S. 36–37, ansehen.

## H. M. Enzensberger: nänie auf den apfel

10A6

H. M. Enzensberger, *1929, bekannt als Lyriker, Essayist, Herausgeber von Anthologien, Übersetzer und Hörspielautor. Lebt in München.
Nänie = Trauerlied/Klagelied

Das Gedicht lesen und von der Cassette hören.

Schritt 1

Strophe 1: 5 Aussagesätze im Präteritum. Etwas ist vergangen (Präteritum) und wird objektiv dargestellt (Erzählperspektive von außen und aus großer Distanz).
Die Folge: *Apfel – Tisch – Haus – Stadt – Land – (Erde – Gestirn)* weitet die Perspektive immer mehr aus (von der „Nahaufnahme" zur „Totalen").
Strophe 2: Besteht aus einem Satz mit einem Vergleich *(Apfel = Erde)*, das Wort *Erde* steht im Mittelpunkt, es wird durch die Apposition *ein schönes Gestirn* und den dazu gehörenden Relativsatz näher beschrieben.
*Nänie = Klagelied:* Das Gedicht beschreibt den Zustand der Erde nach der totalen Zerstörung (Atombombe?) – nichts ist mehr da – Präteritumform der Verben!), auch die Menschen, die *Esser von Äpfeln* (letzte Zeile) sind verschwunden.
Die Erde bleibt leer zurück *(hier ruht das Land/... ist die Erde* = Präsensform der Verben!); aus der Distanz wirkt sie noch wie *ein schönes Gestirn.*

## R. O. Wiemer: Zeitsätze

10A7

*Zeitsätze* sind Temporalsätze (vgl.10B6, LB, S. 37), aber hier auch Sätze, die sich „auf die Zeit" – die Zeit des 20. Jahrhunderts – beziehen.
Der Autor, R. O. Wiemer, wurde durch seine Gedichte, die oft mit Wörtern spielen, bekannt. Er lebt in Berlin. Das Gedicht wurde 1973 veröffentlicht.

Das Gedicht lesen und von der Cassette hören. Erste Interpretationsversuche sammeln.

Schritt 1

10A7 Ü16: Tabelle anlegen; dabei die Anmerkungen beachten: ggf. weiteren unbekannten Wortschatz erklären.
Die Tabelle interpretieren:
Linke Spalte: Bei genauerem Betrachten zeigt sich, daß die (private) Lebenszeit der Leute *(wir)* identisch ist mit den Jahreszahlen des 20. Jahrhunderts (1933 = Hitler). Beschrieben wird also die Generation, die im Jahr 1900 geboren wurde.
Rechte Spalte: Es gibt zwei Gruppen von Ereignissen: private Erlebnisse *(Masern, Liebeskummer, Kinder, Oberwasser, Gallensteine)* und Ereignisse der „großen" Politik *(Krieg, Adolf Hitler, Feindeinflüge, Schutt, Kopfgeld* [= Währungsreform], *Wohlstand).*
Nur der letzte Satz durchbricht das Satzschema von *hatte* + Objekt – er bringt die Plusquamperfektform von *leben: wir hatten gelebt.* Dadurch wird ein „Schlußstrich" unter die privaten Erlebnisse und öffentlichen Ereignisse gezogen.

Schritt 2

10A7 Ü17: Eigene „Zeitsätze" schreiben – anhand der eigenen Biographie ein Gedicht verfassen, in dem persönliche Erlebnisse und öffentliche Ereignisse ineinandergreifen. Dazu ein Beispiel aus einem Kurs des Goethe-Instituts Madrid:

Schritt 3

> Als wir null waren, ~~hatten~~ haben wir die Kolonien verloren.
> Als wir dreiundzwanzig waren, hatten wir Primo de Rivera.
> Als wir sechsunddreißig waren, hatten wir Krieg.
> Als wir vierzig und so weiter waren, hatten wir Franco.
> Als wir sechzig waren, hatten wir das Auto: sechshundert.
> Als wir einundsiebzig waren, hatten wir den Erfolg von Massiel
> Als wir sechsundsiebzig waren, hatten wir Krüge ?
> Als wir achtundsiebzig waren, hatten wir die Verfassung.
> Als wir zweiundachtzig waren, hatten wir Sozialismus.
> Wenn wir zweiundneunzig ~~sein werden~~ sind, werden wir die Olympiade
>      a-
> und Sevill~~ien~~ausstellung haben.

**10A6**

*Ergänzung der Grammatikübungen*
Falls Ihre Kursteilnehmer noch immer Schwierigkeiten mit *wenn*-Sätzen (10 B 4.1, 5.2, 6), *weil*-Sätzen (10B6) und Relativsätzen (10B6: *was, womit*) haben, müßten an dieser Stelle entsprechende Grammatikübungen frei ergänzt werden.

Falls Ihre Kursteilnehmer nicht mit Deutsch aktiv Neu 1A gearbeitet haben, könnten Sie die zu 10B Ü5 und Ü6 gehörenden Zeichnungen (LB 1A, S. 84, 92) oder Folien (Folien 1A, 23, 24) zur Verdeutlichung verwenden.

AB 10A Ü1 Wortschatzwiederholung – R. O. Wiemer: Starke und schwache Verben

**Schritt 4**  Beim Ausfüllen der Verbformen ergibt sich im Gedicht so etwas wie eine „innere Biographie": ich tue etwas (Präsens) gewohnheitsmäßig – das geschah früher (Präteritum) – eh hat auch jetzt noch für mich Bedeutung (Perfekt). Die Folge von treten – sich schämen – Gründe wissen – bereuen – auf die Füße fallen – dazu lernen – hochkommen (aufsteigen: Karriere machen) – sich ändern – auf etwas pfeifen (etwas nicht beachten) – jawoll sagen – treten... zeigt die ‚innere Entwicklung' des Sprechers und deutet an, daß sich alles wiederholt (ich trete – am Anfang und am Schluß).

## Malerei im 20. Jahrhundert

*Malerei im 20. Jahrhundert*
(LB, S. 40/41)

| Übersicht | Lehrbuch | Arbeits-buch | Folien | Cassette 1B/1 |
|---|---|---|---|---|
| *Malerei im 20. Jahrhundert* | S. 40–41 | | F39 | |

Hier werden einige wichtige Vertreter der Malerei des 20. Jahrhunderts im deutschsprachigen Raum vorgestellt. Ein Beispiel ihres Schaffens, wichtige biographische Daten und ein Porträt sollen einen Eindruck von Person und Werk geben.

Die zugehörige Folie (39) zeigt das Bild „Vor dem Maskenball" von *Max Beckmann* und die erste Fassung dieses Bildes „Familienbild". 　　　　　　　　　　　　　　　　　F 39

Welttheater und Maskenball, Verkleiden und Maskieren sind zentrale Themen im Werk Max Beckmanns. Beide Bilder sind so aufgebaut, daß die Betrachter wie in eine Guckkastenbühne schauen. Als Figuren agieren die Mitglieder von Beckmanns Familie und, im zweiten Bild, zwei Freunde von Beckmanns damaliger Frau Minna. Max Beckmann selbst stellt sich im ersten Bild mit Kopfverband und Trompete dar, im zweiten Bild mit schwarzer Maske und Zigarette.

Die im Zusammenhang konzipierten und thematisch sehr eng verwandten Bilder geben jedes für sich und im Vergleich miteinander Anlaß zu vielfältigen Äußerungen und stehen als ein Beispiel für die Arbeit mit Kunstwerken im Fremdsprachenunterricht, die, weil sie bei jedem Betrachter unterschiedliche subjektive Reaktionen auslösen, besonders geeignet sind, zur Äußerung der eigenen Meinung und zur Diskussion anzuregen.

1. *Zur Arbeit mit den beiden Bildern von Max Beckmann*
   - *Es empfiehlt sich, die Bilder nacheinander zu präsentieren.*
   - *Was ist auf den Bildern zu sehen?* (Leute und ihr Aussehen; die Situation, in der sie sich befinden; ihre Handlungen; Gegenstände usw.)
   - *Wie sind die Leute / die Gegenstände dargestellt?* (Farben; Anordnung im Bild usw.) *Kann man eine typische „Handschrift" des Künstlers erkennen?*
   - *Welche Fragen haben die Kursteilnehmer?* (Einige Antworten ergeben sich aus dem biographischen Abriß im Lehrbuch!)
   - *Was ist den beiden Bildern formal und thematisch gemeinsam? Wodurch unterscheiden sie sich?*
   - *Wie stehen die einzelnen Kursteilnehmer zu dem jeweiligen Bild? Wie begründen sie ihre Meinung?*

2. *Sprachliche Vorbereitung der Äußerungen*

   Falls Sie den Eindruck haben, daß Ihren Kursteilnehmern die sprachlichen Mittel zu subjektiven Meinungsäußerungen bzw. zur genaueren Beschreibung noch nicht ganz geläufig sind, ist es empfehlenswert, zunächst die Abschnitte 11A1–11A5 durchzunehmen, da dort die sprachliche Grundlage erarbeitet und systematisiert wird.
   Vielleicht reicht auch eine gemeinsame Sammlung der Ausdrücke, die man braucht, um „Gefallen/Mißfallen" auszudrücken (vgl. „Redemittelkasten" im Lehrbuch, S. 42 unten).

**Malerei im 20. Jahrhundert**

3. *Weiterführende Arbeitsmöglichkeiten*
- Falls vorhanden: ein Bild und ein Foto zum selben Thema miteinander vergleichen: *Wo liegen die Unterschiede?*
- Jeder Kursteilnehmer bringt ein „Lieblingsbild" mit und erläutert das Bild und die eigene positive Einschätzung den anderen Kursteilnehmern (am besten schriftlich vorbereiten lassen, mit kurzen Angaben zu biographischen Daten, falls möglich).
- Eine Wandcollage aus Bildern/Fotos/Zeitungsausschnitten zu einem gemeinsam mit dem Kurs vereinbarten Thema (z.B. Häuser; Farben; Stadt usw.) gestalten und mit den entsprechenden Informationen versehen.

Zur stilistischen Einordnung der verschiedenen Abbildungen und zu den Intentionen der Künstler noch ein paar Zusatzinformationen:

*Gustav Klimt*
Ende des letzten Jahrhunderts entwickelte sich gegen die funktionale Vermassung durch Industrie und Technik eine künstlerische Bewegung: der „Jugendstil" – nach der Zeitschrift „Jugend", die zusammen mit dem „Simplicissimus" zu jener Zeit entstand und in München ihr Zentrum hatte.
In Wien beginnt diese Richtung mit Gründung der „Wiener Secession", deren Mittelpunkt G. Klimt bildete. Er verschmilzt in seinem Werk englischen Präraffaelismus, Symbolismus, Münchner Jugendstil und dekorative Elemente zu „einer rauschenden, wie ein Feuerstrom brausenden und fast musikalischen Malerei..., die einfache, große und reine Gefühle des Menschen liebt, aber diese mit dem größten Raffinement der äußersten künstlerischen Mittel ausdrücken will." (Hermann Bahr)

*Egon Schiele*
Schiele tritt 1906 in die Wiener Akademie ein und zeigt 1907 G. Klimt seine Mappe mit Zeichnungen. Steht anfangs unter starkem Einfluß seines Mentors und löst sich erst gegen 1910 durch expressivere Ausrichtung seiner Malerei vom Vorbild Klimt.
1914 erste Ausstellungen im Ausland: Rom, Brüssel, Paris. Verfolgung und Verhaftung wegen „unsittlicher Zeichnungen".
1917 Ausstellungen in Deutschland, Amsterdam, Stockholm, Kopenhagen.
1918 Großer Erfolg seiner Ausstellung im Hauptsaal der Wiener Secession. Er stirbt drei Tage nach seiner schwangeren Frau, am 31. Oktober 1918, an einer Grippe-Epidemie.

*Paula Modersohn-Becker*
Sie kommt 1898 in die norddeutsche Künstlerkolonie Worpswede bei Bremen. Solche Künstlerkolonien bildeten sich als Antwort auf den zeitgenössischen romantischen Idealismus und die pseudonaturalistische Lehre an den Kunstakademien.
Befreundet sich mit H. Vogeler und R. M. Rilke und heiratet 1901 Otto Modersohn.
Der „Naturlyrismus" der Worpsweder Schule ist das zentrale Anliegen der Malerin, das sie mit großer Empfindsamkeit für Mensch und Natur umsetzt. Die Suche nach der einfachen Form läßt sie unter starken Einfluß von Gauguin und Cézanne geraten, deren Werke sie 1905 bei einem ihrer Parisaufenthalte kennenlernt.

*Gabriele Münter*
Schülerin und Lebensgefährtin W. Kandinskys.
Arbeitet im Stil der „Fauves" (= wilde Tiere, Reaktion der Kritik auf die 1905 in Paris von H. Matisse inszenierte Ausstellung) und initiiert zusammen mit Kandinsky und Jawlenski die „Neue Künstlervereinigung München," bevor sie sich 1912 dem „Blauen Reiter" anschließt.
Kennzeichen ihrer Bilder ist ein klarer Bildaufbau, flächig-vitale Malerei, so daß wie am

abgebildeten Beispiel „Wind und Wolken", fast ein musikalischer Rhythmus aus dem Zusammenspiel der einfachen, fast geometrischen Form und der reinen Farbe entsteht.

*Paul Klee*
Sohn deutsch-schweizer Eltern, kommt 1906 nach München. Anfangs unter dem Einfluß des deutschen Naturlyrismus und des Jugendstils. Das Zusammentreffen mit Marc, Kandinsky und Delaunay 1911/12 – den Künstlern des „Blauen Reiter" – bekommt für seine Malerei wegweisende Bedeutung. Von Kandinsky kommt auch die Aufforderung zur Auseinandersetzung mit der Sprachkraft der „reinen Farbe".
Mit seiner Berufung an das „Bauhaus" nehmen konstruktive Elemente in seinem Werk zu, und die formbestimmende Zeichnung wird größer und einfacher.
„Ich suche einen entlegenen, schöpfungsursprünglichen Punkt, wo ich eine Formel ahne, für Mensch, Tier, Pflanze, Erde, Feuer, Wasser, Luft und alle kreisenden Kräfte zugleich" (Aufzeichnungen 1916).
Als in Deutschland verfemter Maler kehrt er 1933 in die Schweiz zurück.

*Max Ernst*
„Dada" konstituierte sich 1916 als kabarettistische Kreation von Literaten und Künstlern in Zürich. H. Arp brachte Dada nach Berlin (1917) und Köln (1919).
Die Ideen für den bildnerischen Ausdruck bestanden aus dem Arrangieren von Dingfragmenten zu einem Neuen. Man wollte „durch ein willkürliches Zusammentreffen von Wirklichkeitselementen eine poetische Umdeutung der Dinge" erreichen (W. Haftmann); oder – wie Max Ernst sagt – „durch Annäherung von zwei scheinbar wesensfremden Elementen auf einem ihnen wesensfremden Plan die stärksten poetischen Zündungen ... provozieren." Die Collage war dafür das ideale Verfahren und beschäftigte Max Ernst zeit seines Schaffens.
1922 übersiedelte er nach Paris, trifft auf Eluard, Breton und die Malerkollegen Picabia, Arp und Man Ray, was zur Proklamation des „Ersten Surrealistischen Manifests" 1924 führt.
„Surrealismus = reiner psychischer Automatismus, durch den man in Wort, Schrift oder durch irgendein anderes Tun es unternimmt, das wirkliche Funktionieren des Denkens auszudrücken, ein Diktat des Denkens außerhalb jeder Kontrolle durch die Vernunft und jenseits jeder ästhetischen oder moralischen Erwägung. Der Surrealismus beruht auf dem Glauben an die höhere Wirklichkeit bestimmter, bisher vernachlässigter Formen von Assoziation, an die Allmacht des Traumes, an das interesselose Spiel des Denkens." (A. Breton)

*Joseph Beuys*
„Die Entwicklung des menschlichen Bewußtseins selbst ist ein plastischer Vorgang" (Beuys). 1964/65 arbeitet er mit Vostell an der „Conceptual Art", „die den Akt der Kreativität nicht mehr in einem bildhaften Ausdruck verwirklicht, sondern das technische oder intellektuelle Experiment zum Kunstwerk deklariert. Diese ... Kunstpraxis sieht ihre Aufgabe als kollektive Bemühung um soziologische Regeneration der Gesellschaft durch Bewußtseinserhellung..." (Karin Thomas)
Ende der 60iger Jahre verfolgt Beuys mit seinen multi-medialen Aufführungen die Ziele der Fluxus-Kunst: „Die Identitätsgleichung des Fluxus heißt nicht mehr Kunst gleich Leben, sondern Antikunst gleich Leben." (K. Th.)

## Kapitel 11

Im Mittelpunkt des Kapitels 11 steht der *Verständigungsbereich Qualität* (Wie etwas ist) und die *Sprechintention: etwas qualifizieren* (Wie man etwas findet): Meinungen/Urteile erfragen und abgeben; Gefallen/Mißfallen ausdrücken; beschreiben und bewerten.
Die *Sachbereiche:* Kleidungsstücke; Gebrauchsgegenstände; Wohnungseinrichtung; Personen und ihre Eigenschaften.
*Situationen:* Kunstausstellung; Schaufensterbummel; Gepäckaufbewahrung; Fundbüro; Bekleidungsgeschäft/Modeboutique; Lektüre von Heiratsanzeigen; Wohnungssuche; Besuch in der neuen Wohnung.
*Textsorten:* Gespräche; Geschichte/Erzählung; Heiratsanzeigen; Wohnungsanzeigen.
*Grammatik:* Demonstrativ- und Fragepronomina; Adjektiv als Attribut und im prädikativen Gebrauch.

| Übersicht | | *Lehrbuch* | *Arbeitsbuch* | *Folie* | *Cassette 1B/1* |
|---|---|---|---|---|---|
| 11A1 | Wie finden Sie das? | S. 42–43 Ü1–2 | S. 36–37 Ü1–3 | F40 | |
| 11A2 | Wie gefällt dir …? | S. 44–45 Ü3 | S. 38–39 Ü4–7 | F41 ↑ | 11A2 |
| 11A3 | Haben Sie den in Blau? | S. 46 Ü4 | S. 40 Ü8 | F42 (Übg.) | 11A3 |
| 11A4 | Wie siehst du denn aus? | S. 47 Ü5 | | | |
| 11A5 | Weste oder Pullunder? | S. 47 Ü6 | S. 40–42 Ü9–10 | ↓ | 11A5 11A5 Ü6 |
| 11A6 | Die Geschichte vom grünen Fahrrad | S. 48 Ü7–8 | S. 42 Ü11 | | |
| 11A7 | Was für ein Typ? | S. 49–50 Ü9–10 | S. 43–44 Ü12–15 | | 11A7 |
| 11A8 | Wohnen | S. 51 Ü11 | S. 45 Ü16–18 | F43 | |
| 11A9 | Gefällt euch die Wohnung? | S. 52 Ü12–13 | S. 47 Ü19 | F44 | 11A9 11A9 Ü13 |
| 11A10 | Wohnungsanzeigen | S. 53 Ü14 | S. 48 Ü20 | | |
| 11A11 | Ist das Zimmer noch frei? | S. 54 Ü15–16 | S. 49 Ü21–23 | | |
| 11AW | Wortschatzwiederholung | | S. 50 Ü1 | | |
| 11B1 | Demonstrativpronomen + Substantiv: Deklination | S. 55 S. 59 Ü3 | | | |
| 11B2 | Fragepronomen + Substantiv: Deklination | S. 55 S. 59 Ü1, 2, 4 | S. 51 Ü1 | | |
| 11B3 | Das Adjektiv: Deklination | S. 56–58 S. 60 Ü4–8 | S. 51–53 Ü2–6 | | |
| 11B4 | Das Adjektiv: prädikativer Gebrauch – attributiver Gebrauch | S. 58 Ü5 | S. 53 Ü7 | | |

**11A1**

*Wie finden Sie das?*

**11A1**

*Neuer Wortschatz*

11A1
* scheußlich
* (jemandem) gefallen

* Kleid, das
* langweilig
* schwarz
* groß

* So?
  Phantastisch!
  Toll!
  Sehr gut!

* gut
* Es geht.
* stimmt
* wirklich

*Durchgang auf einen Blick*

1. Grammatik 11B1 und 2 (LB, S. 55) mit Dialogen zum Bild.
2. F40/1–2–3 besprechen, dazu die Dialoge im LB, S. 42, lesen; Redemittelkasten besprechen, dann Dialoge (nur mit Bildern von F40) durchspielen; AB 11A1/1 und 1/3.
3. 11A1 Ü1 (andere Bilder, z.B. S. 40/1, dazunehmen) und Ü2; 11B Ü1 und Ü2. Mit der Situation von Ü2 Spiele durchführen (Gegenstände beschreiben).
4. 11B Ü3 bereitet 11A2 vor; AB 11A Ü4 und Ü5 (mit Hilfe der Farbangaben LB, S. 44, zur Vorbereitung auf 11A2).

*Kommentar Schritt für Schritt*

Zur Abwechslung fangen wir diesmal mit einer gemeinsamen Betrachtung der Grammatiktabellen 11B1 und 2 (LB, S. 55) an. Das Bild rechts oben deutet die „Zeigefunktion" des Demonstrativpronomens an. Dazu die beiden Dialoge a) und b) links vom Bild.

**Schritt 1**

Bild 2 von F40 auf den Tageslichtprojektor, Dialog 2 lesen (= Variante zu S. 55), dann Bild 1 / Dialog 1 und Bild 3 / Dialog 3 besprechen. 11B Ü3 anschließen.
Die Dialoge frei mit Hilfe der Folie (bei geschlossenem Buch) durchspielen, nachdem der Redemittelkasten S. 42 unten besprochen worden ist. Dazu AB 11A Ü1/1 und 1/2 und 1/3.

**Schritt 2**
F40

11A1 Ü1 (auch andere Bilder dazunehmen, z.B. von S. 40/41) und Ü2, 11B Ü1 und Ü2. Mit dem Bild „Im Fundbüro", F40 untere Hälfte, kann man eine Reihe von Spielen durchführen:
a) Einen Gegenstand aussuchen, der im Fundbüro zu sehen ist, beschreiben. Gespräch mit verteilten Rollen wie in Ü2.
b) Einen Gegenstand beschreiben, der im Fundbüro zu sehen ist, und die anderen raten lassen, welcher Gegenstand gemeint ist; z.B.: *Es ist lang und schwarz, es hat einen Griff; man braucht es, wenn es regnet.* – *Der Regenschirm.*
c) Versteigerung: der Leiter des Fundbüros möchte seine Sachen loswerden; er beschreibt die Gegenstände in „leuchtenden Farben", die anderen Kursteilnehmer machen Angebote, z.B.: *Hier ist ein wunderbares Fahrrad, mit zwei Rädern, einer Lenkstange und einem Sattel! Alles dran! Ein besonders schönes Grau. Es soll 25 DM kosten. Wer will es kaufen?*
d) Kunstauktion: Der Auktionator beschreibt die Bilder S. 40/41; die Kursteilnehmer äußern sich zu den Bildern (positiv/negativ).

**Schritt 3**
F40

11B Ü3 (LB, S. 59): Wiederholung des Wortfeldes „Kleidungsstücke" (= Vorbereitung auf 11A2); AB 11A Ü4, Ü5.
AB 11A Ü6 mit Hilfe der Farbangaben LB, S. 44, ausmalen (= Vorbereitung auf 11A2).

**Schritt 4**

## 11A2

**11A2**  *Wie gefällt dir ...?*

*Variationsmöglichkeiten*

a) In spielfreudigen Kursen kann man diese Szene von Anfang an realistisch aufbauen (mit den Mänteln, Sakkos etc. der Kursteilnehmer wird ein „Kleidergeschäft" aufgebaut). Die Kursleiterin/der Kursleiter ist die Verkäuferin/der Verkäufer, die Kursteilnehmer kommen zum Einkaufen).
b) In Kursen im Inland kann man ggf. die Kursteilnehmer zur Einstimmung in das Thema über ihre Erfahrungen beim Kleiderkauf berichten lassen.
c) In Kursen im Ausland könnte sich an die Erarbeitung der Szene eine Diskussion über Unterschiede beim Kleiderkauf in der Muttersprache anschließen (Aussehen der Geschäfte; Einkaufsgewohnheiten: Ehepaare bzw. Eltern mit Kindern gehen oft gemeinsam zum Kleiderkauf und beraten sich gegenseitig).

*Neuer Wortschatz*

| 11A2 | Beerdigung, die | *weiß | Weste, die |
|---|---|---|---|
|  | *süß | beige | *Mantel, der |
| Kleine, der | *auch | *gelb | *Hut, der |
| *Anzug, der | Sakko, der/das | orange | Sweatshirt, das |
| Tanzstunde, die | Figur, die | *rot | Socke(n), die |
| solid(e) | *erst | braun | Schal, der |
| unauffällig | *lassen | *grau | *Bluse, die |
| *tragen | Herrschaften, die *(Pl.)* | *hellblau | Pullunder, der |
| *Arbeit, die | *probieren | *dunkelblau | *Taschentuch, das |
| *Hochzeit, die | Jägermantel, der | *Krawatte, die | Stiefel, der |

*Landeskundliche Information*

Das Hintergrundfoto zu 11A2 zeigt eine typische Bekleidungsabteilung in einem Kaufhaus, 11A4 dagegen eine modische Boutique. S. 44 unten sind eine Dekorateurin und ein Dekorateur bei der Arbeit dargestellt. Rechts im Bild (LB, S. 45) sind ein paar Stoffmuster eingeblendet (kariert; gestreift).

*Kommentar Schritt für Schritt*

**Schritt 1**  F41 besprechen (erst obere, dann untere Hälfte): *Wo? Welche Gruppen? Wer ist der*
F41       *Verkäufer? Wer sind die Käufer? Wie sehen sie aus? Wie verhalten sie sich? Was sagen sie wohl?*

**Schritt 2**  Die Gespräche von der Cassette hören, dabei die einzelnen Gesprächsgruppen identifizieren; Gespräche nachsprechen.

**Schritt 3**  Grammatiktabelle 11B3, linke Hälfte (LB, S. 56) besprechen.

**Schritt 4**  Die Gespräche im LB, S. 44, lesen, Farbskala und Stoffmuster (kariert; gestreift) besprechen; Gespräche zunächst mit Hilfe der Dialoge im Buch, dann frei nachspielen.

**Schritt 5**  LB, S. 44, unten: Dekorateure bei der Arbeit: Wortfeld „Kleidungsstücke" wird ergänzt; Szenen „Beim Schaufensterbummel" und „Beim Kleiderkauf" mit Hilfe der neuen Wörter durchspielen. 11B Ü4 und Ü5 dazu. Dann AB 11A Ü7.

**Schritt 6**  Grammatiktabelle 11B3, rechte Hälfte (LB, S. 57) besprechen, dazu 11A Ü3, 11B Ü6; abschließend AB 11B Ü1.

## Haben Sie den in Blau?

*Neuer Wortschatz*

11A3

\* Größe, die
   Modell, das
\* nehmen

11A Ü4

\* wünschen

*Kommentar Schritt für Schritt*

| | |
|---|---|
| Gemeinsame Betrachtung der Grammatikgegenüberstellung 11B4 Adjektiv/prädikativer – attributiver Gebrauch. Dazu – falls nicht schon bearbeitet – 11B Ü5. | Schritt 1 |
| Foto LB, S. 46, besprechen: *Welche Personen? (Eva, Josip, der Verkäufer). Was kaufen sie? Wo spielt die Szene?* | Schritt 2 |
| Dann Cassette 11A3 hören, hören und mitlesen. Den Dialogabschluß mit Hilfe der Sprechblasen variieren. Anschließend Versuch eines freien Rollenspiels. | Schritt 3 |
| AB 11A Ü8: Das Gespräch mit Hilfe der Stichwörter rekonstruieren. 11A Ü4 Bildgesteuerte Dialogübung; AB 11B Ü2 und Ü3. | Schritt 4 |

## Wie siehst du denn aus?

*Neuer Wortschatz*

11A4

\* eng
   lächerlich
   unmöglich

\* überhaupt (nicht)
\* ganz

*Kommentar Schritt für Schritt*

| | |
|---|---|
| Bild im LB, S. 47, oben besprechen: *Wie sehen Eva und Josip aus?* Dann den Text lesen, dazu AB 11A Ü9, abschließend 11A4 Ü5. | Schritt 1 |
| Das Gespräch zwischen Eva und Josip spielen; AB 11B Ü4 schriftlich. | Schritt 2 |

## Weste oder Pullunder?

*Neuer Wortschatz*

| 11A5 | Jackett, das | \* (jemandem gut) stehen | super |
|---|---|---|---|
|  | anprobieren | \* einfach | 11A Ü6 |
| schick | kariert | \* schlecht |  |
| \* modern | gestreift | \* sogar | Hörtext, der |

*Kommentar Schritt für Schritt*

| | |
|---|---|
| Die „Spielkarten" rechts neben dem Dialog (LB, S. 47, unten) gemeinsam besprechen: Vermutungen anstellen lassen, was damit gemeint sein könnte (Pullunder – Mann – Frau). | Schritt 1 |
| Gespräch von der Cassette mehrmals hören und den Gesprächsverlauf diskutieren, dann den Text im LB lesen (mit verteilten Rollen). AB 11A Ü5 bearbeiten, abschließend ein freies Rollenspiel versuchen. Falls nötig, noch einmal die Grammatiktabellen 11B3 durchgehen und 11B Ü7 erledigen. | Schritt 2 |

**11A6**

**Schritt 3** Die Geschichte „Weste oder Pullunder?" auf der Cassette durch AB 11A Ü10a vorbereiten, dann die Geschichte von der Cassette hören. 11A5 Ü6: Die Geschichte mit dem Gespräch im LB, S. 47, vergleichen.

**Schritt 4** Die Geschichte anhand von AB 11A Ü10b rekonstruieren, dabei die Cassette abschnittweise mehrmals hören; abschließend AB 11A Ü10c bearbeiten.

**Schritt 5** Mit F42 kann das Wortfeld „Kleidung" noch einmal wiederholt werden (Gespräche:
F41 *Wie gefällt dir...? ... paßt sehr gut zu deinem neuen...* Die Bildleisten unten geben mögliche Reaktionen des Gesprächspartners an). Dazu AB 11B Ü6 und Ü7 als „Anwärmübungen".

**11A6** *Die Geschichte vom grünen Fahrrad*

*Neuer Wortschatz*

| 11A6 | * noch (nie) streichen | * himmelblau blöd(e) Farbtopf, der | 11A6 Ü8 |
|---|---|---|---|
| * Fahrrad, das anstreichen dazu | * Augenblick, der * oder ander- | | * Wohnung, die Kanarienvogel, der Meerschweinchen, das |
| * nehmen | * sich überlegen | 11A6 Ü7 | Maus, die |
| * groß | Nachbarsjunge, der | Argument, das | Schlange, die |
| * grasgrün | * dunkel | | |

*Kommentar Schritt für Schritt*

**Schritt 1** Den Text bis Zeile 7 lesen, unbekannte Wörter erklären.
Vermutungen (in Einzelarbeit) notieren lassen, wie die Geschichte weitergehen könnte (Wiederholung der Anstreich-Episode!).

**Schritt 2** Die Geschichte zu Ende lesen.
11A6 Ü7: Die Geschichte besprechen.
*Wie oft nimmt das Mädchen eine andere Farbe? Warum nimmt es immer wieder eine andere Farbe?* Argumente sammeln.
Die Geschichte aufgliedern (Abschnitte an der Tafel festhalten und mit Stichwörtern versehen): Z. 1–3: *Mädchen – Fahrrad – grün – gut gefallen;* Z. 3–7: *Der große Bruder: rot! Deshalb: Fahrrad rot gestrichen;* usw.

**Schritt 3** Die Geschichte beschreibt einen Kreislauf: Am Anfang ist das Fahrrad grün, am Ende auch wieder. Diese Struktur verdeutlicht AB 11A Ü11. Weil die Episoden austauschbar sind, kann man mit Hilfe der „Drehscheibe" die Geschichte auch in anderer Farb- und Personenabfolge erzählen/schreiben.

**Schritt 4** 11A6 Ü8 leitet zum Verfassen von Parallelgeschichten an. Vor dem Erzählen anhand der Bildleiste den Wortschatz klären.
Dazu ein paar Beispiele aus einem Kurs des Goethe-Instituts Madrid:

Geschichte 1

Es war einmal ein dünner Mann, der einen Kanarienvogel hatte, aber er wollte noch ein Haustier haben. Und so kaufte er eine Maus. Dann fraß die Maus den Kanarienvogel. Aber er glaubte, daß die Maus traurig war, weil sie allein war. So kaufte er ein großes Meerschweinchen. Aber es gab viele Kämpfe zwischen ihnen. Weil das Meerschweinchen sehr stark war, tötete es die Maus.

Geschichte 2

Hans war immer liebevoll zu den Tieren. Das ist seine Geschichte.
Sein Bruder (in Afrika) schickte ihm einen großen Elefanten. Der gefiel ihm gut, aber er wohnte in einer kleinen Wohnung. Sein Nachbar unten sagte:"Der Elefant macht viel Lärm. Bitte suchen Sie ein anderes kleines Tier." Er tauschte den Elefanten gegen fünf kleine grüne Krokodile. Aber ein Krokodil fraß das sympathi-

sche Kind vom dritten Stock. Dann tauschte er sie gegen einen ungarischen Bären, der im kleinen Klo nach Rolling Stones-Musik tanzte. Dann setzte sich der Bär auf den kleinen Klodeckel.
Wie geht die Geschichte weiter?

Geschichte 3

Es war einmal ein Kind, das einen Hund hatte. Seine Mutter kam und sagte zu ihm: "Ein Hund ist sehr groß, und wir haben eine kleine Wohnung, du mußt den Hund gegen ein anderes Tier tauschen." Also verkaufte das Kind den großen Hund, und es kaufte eine kleine, gelbe und ruhige Katze. Sein Vater sah das Tier, und es gefiel ihm nicht. Er sagte: "Eine große Katze ist gefährlich, die kann den Kanarienvogel fressen." Das Kind schenkte einer Freundin den lustigen Kanarienvogel. Als es nach Hause zurückkam, fand es auf der Straße ein Meerschweinchen. Aber seiner Schwester gefiel das Meerschweinchen nicht. Dann hörte es nicht mehr und ging in einen Zoo.

Geschichte 4

Einmal wollte Hans ein Haustier haben. Er hat ambesten einen Hund gefunden, Hunde sind nette, treue und gute Freunde. Er war sehr zufrieden. Er fragte seine Mutter: "Mutti, kann ich noch einen kleinen Hund kaufen?" - "Noch einen Hund? Nein, wir haben genug mit deinem Veter", antwortete seine Mutter. "Ich glaube, eine Katze ist besser."
Hans ging zum Vater, und er erzählte ihm, daß er eine Katze haben wollte. "Kleiner Teufel", schrie der Vater. "Weißt du nicht, daß ich allergisch gegen dieses schlechte Tier bin?"

## *Was für ein Typ?*

*Variationsmöglichkeiten zur Einführung in das Thema*

a) Mit Klassen im Inland könnte man eine typische Seite mit Heiratsanzeigen (z. B. aus der ZEIT, aus allen Wochenendausgaben der größeren Tageszeitungen) besprechen: *Was wollen die Leute? Wollen sie etwas kaufen oder verkaufen?*
Begriff: *Heiratsanzeige* klären.
*Warum veröffentlichen die Leute Heiratsanzeigen in der Zeitung?*
(*Sie haben keine Zeit / kennen niemand / suchen einen Partner usw.*)

b) Mit Klassen im Ausland – falls vorhanden – eine Seite mit Heiratsanzeigen besprechen. Falls keine Zeitung vorhanden ist, die Anzeigen LB, S. 50 oben, besprechen: *Was ist das? Was wollen die Leute?*
Gegebenenfalls muttersprachlich diskutieren: *Gibt es etwas Ähnliches im eigenen Land? In der Bundesrepublik sind die Zeitungen voll von solchen Anzeigen: Warum wohl? Wie lernt man im eigenen Land seinen „Partner fürs Leben" kennen?*

## *Neuer Wortschatz*

| 11A7 | *Lehrerin, die | geschieden | Heiratsanzeige, die |
|---|---|---|---|
|  | langhaarig | Fabrikbesitzer, der | *Herr, der |
| rothaarig | *Typ, der | *hören | *kennenlernen |
| *unter | *intelligent | *Meter, der |  |
| gutaussehend | Zuschrift, die | *passen zu |  |
| *Dame, die | liebevoll | schlank |  |

## *Durchgang auf einen Blick*

1. Text unter der Lupe gemeinsam lesen und besprechen.
2. Bild S. 49 oben besprechen. Dialog von der Cassette hören, frei nachspielen (zur Vorbereitung AB 11A7 Ü12).
3. 11A7 Ü9: Textauswertung, dann AB 11A Ü13.
4. AB 11B Ü5.
5. AB 11A Ü14.
6. 11A7 Ü10.
7. AB 11A Ü15.

**11A7**

*Landeskundliche Information*

Nicht wenige Leute in der Bundesrepublik haben Schwierigkeiten bei der Partnersuche. Meist wird Zeitmangel oder Mangel an Gelegenheiten zum Kennenlernen möglicher Lebenspartner angegeben. In allen größeren Tageszeitungen gibt es die Rubrik *Heiratsanzeigen,* in denen Leute sich selbst beschreiben bzw. den *idealen Partner,* den man sucht. Da die Zahl der Eheschließungen in den letzten 20 Jahren stark abgenommen hat (die Zahl der Scheidungen ist entsprechend gestiegen), da heute viele Leute ohne *Trauschein* zusammenleben und die Zahl der *Singles* (allein lebende Personen) steigt, gibt es einen steigenden Bedarf nach *Kontaktmöglichkeiten* für diese Gruppe. Und es gibt einen entsprechend wachsenden „Markt" von professionellen Unternehmen: Heiratsvermittlungsbüros; Zeitschriften, die nur Kontaktanzeigen enthalten; Reiseveranstaltungen ausschließlich für Singles usw.

*Kommentar Schritt für Schritt*

**Schritt 1** Den Text unter der Lupe gemeinsam lesen und besprechen (*Was für ein Text ist das? Wo findet man solch einen Text? Wer hat den Text geschrieben? Warum?* Heiratsanzeige erklären).

**Schritt 2** Das zur Lupe gehörende Bild besprechen: *Worüber sprechen die beiden Männer?* Dialog von der Cassette hören, dann das Gespräch mit verteilten Rollen lesen. Frei nachzuspielen versuchen, wobei die Stichwörter von AB 11A7 Ü12 zu Hilfe genommen werden können (ggf. die Anordnung dieser Übung an der Tafel als „Spielhilfe" skizzieren).

**Schritt 3** 11A Ü9: Die 3 Texte sollen nicht Wort für Wort verstanden, sondern mit Hilfe der Tabelle selektiv ausgewertet werden. Die Erklärung der Abkürzungen in der rechten Spalte dienen dabei als Lesehilfe.

*Neuer Wortschatz*

| 11A Ü9 | optimistisch | dynamisch |
|---|---|---|
| | naturliebend | *sportlich |
| *natürlich | *Sinn, der | begeisterungsfähig |
| *ruhig | Ästhetik, die | kinderlieb |
| Ökologie, die | *Kultur, die | tierlieb |
| Landwirt, der | liebenswert | vielfältig |
| Agraringenieur, der | *gern(e) | geistig |
| *bis | gleichaltrig | musisch |
| *gemeinsam | *(Spaß) machen | *Interesse, das |
| *Land, das | *Nähe, die | *unkompliziert |
| *Raum, der | Zärtlichkeit, die | charmant |
| Bodensee, der | gegenseitig | beweglich |
| Postfach, das | Gedankenaustausch, der | *Institut, das |
| studiert | Telefonangabe, die | *Beruf, der |
| *selbständig | Partnerzentrale, die | *Qualität, die |
| engagiert | Unternehmer, der | *Ziel, das |
| Kilogramm, das | verwitwet | Umweltwissenschaft, die |

Die Tabelle in Partnerarbeit ausfüllen, Ergebnisse vergleichen; mit eigenen Worten die jeweilige Person charakterisieren.
AB 11A Ü13: Ein Gespräch über die drei Personen durchspielen, ggf. schriftlich festhalten.

**Schritt 4** AB 11B Ü5.

**Schritt 5** Falls an weiteren Anzeigen Interesse besteht: AB 11A Ü14 in Partnerarbeit auswerten und gemeinsam besprechen.

| | |
|---|---|
| 11A7 Ü10 Heiratsanzeigen zu den in der Bildleiste gezeichneten Personen entwerfen. Wenn die Kursteilnehmer sich gut kennen, kann man auch „frei" Heiratsanzeigen entwerfen (z. B. für die Lehrerin/den Lehrer). | **11A8** Schritt 6 |
| AB 11A Ü15: Auf eine Anzeige schriftlich reagieren. | Schritt 7 |

## *Wohnen* — 11A8

*Landeskundliche Information*

Mit LB, S. 51, und F43 fängt das Thema „Wohnen" an, das sich bis zum Abschnitt 11A11 in unterschiedlichen Aspekten (Besuch in der neuen Wohnung; Wohnungsanzeigen; Zimmersuche) erstreckt.
LB, S. 51/52, und F43/44 zeigen die Innenansichten von Wohnungen und Wohnungsgrundrisse. Im AB, S. 45, und im LB, S. 53, geht es um Häuserformen und Außenansichten von Häusern und Siedlungen.
LB, S. 51, Die Bilder machen unterschiedliche Wohnstile deutlich:

| | | |
|---|---|---|
| Ein selbstgebastelter Arbeitsplatz eines freiberuflich tätigen Mannes (z. B. Journalist). | Wohnküche in einer Wohngemeinschaft (5 junge Leute haben sich eine Wohnung gemietet und bewohnen sie zusammen). | Eine einfach eingerichtete Küche (z. B. berufstätige Frau/junges Ehepaar). |
| „Gutbürgerliches" Wohnzimmer (mit Bücherwand, Fernseher, Polstersesseln, Couchtisch). (F43 zeigt das Schlafzimmer und die Küche zu dieser Wohnung in der linken Bildleiste.) | | Kinderzimmer mit Stockwerksbetten und vielen Spielsachen. |
| Balkon, der zum Appartement einer Rentnerin gehört, mit vielen Blumen. | | |
| Badezimmer mit Badewanne und Waschbecken. | | Typischer Grundriß eines einstöckigen Reihenhauses. |

*Neuer Wortschatz*

| 11A8 | *Küche, die<br>Flur, der | 11A8 Ü11 |
|---|---|---|
| *Wohnen, das<br>Obergeschoß, das<br>*Wohnraum, der<br>*Eßplatz, der | Balkon, der<br>*Kinderzimmer, das<br>Schlafraum, der | woran?<br>*denken<br>*Wohnzimmer, das |

*Arbeitsmöglichkeiten mit LB, S. 51/F43*

| | |
|---|---|
| Die einzelnen Bilder gemeinsam besprechen und mit Hilfe eines Assoziogramms auswerten, z. B. alle die Dinge und Tätigkeiten zusammenfassen, die zum Begriff „Küche" gehören (Ü11). | Schritt 1<br>F43 |
| Wohnbereiche auf dem Wohnungsgrundriß und Fotos zuordnen. | Schritt 2 |
| Die verschiedenen Wohnstile interpretieren: *Welche Leute (mit welchen Berufen) könnten in den unterschiedlichen Wohnungen wohnen?* | Schritt 3 |
| Deutsche Wohnungen mit Wohnungen im eigenen Land vergleichen: *Wie sind die Wohnräume eingerichtet? Was macht man in den einzelnen Räumen?* | Schritt 4 |
| AB 11A8: Fotos der Häuser und Beschreibungen zuordnen. | Schritt 5 |

## 11A9

**11A9**  *Gefällt euch die Wohnung?*

Neuer Wortschatz

| 11A9 | *Teppich, der | *Bücherregal, das | 11A9 Ü12 |
|---|---|---|---|
| | *Sessel, der | *Arbeitszimmer, das | |
| *Willkommen! | Hocker, der | *Arbeitsplatz, der | zusammengehören |
| *Badewanne, die | Matratze, die | *praktisch | *Situation, die |
| Bademantel, der | Spüle, die | *Platz, der | |
| Waschbecken, das | *Waschmaschine, die | niedlich | |
| *Spiegel, der | Herd, der | *gratulieren | |

*Durchgang auf einen Blick*

1. AB 11A Ü17 zur Wortschatzvorbereitung.
2. F44 besprechen.
3. Cassette: Gesprächssituationen hören und mit Hilfe der Folie lokalisieren.
4. AB 11A Ü18.
5. AB 11A Ü19.

*Landeskundliche Information*

In den deutschsprachigen Ländern gibt man im allgemeinen viel Geld für eine schöne Wohnungseinrichtung aus. Wenn man Bekannte zum ersten Mal in einer neuen Wohnung bzw. im neuen Haus besucht, kann es passieren, daß man zunächst einmal die Wohnung besichtigen muß, bevor man sich im Wohnzimmer niederläßt. Die „stolzen" Besitzer erwarten, daß man die schöne Wohnung und die gute Einrichtung entsprechend lobt.

*Kommentar Schritt für Schritt*

**Schritt 1**  AB 11A Ü17 zur Einstimmung: Wohnräume benennen.

**Schritt 2**
F 44
F44 gemeinsam besprechen: *Herr und Frau Hempel haben eine neue Wohnung bezogen. Herr und Frau Miller kommen zu Besuch. Hempels zeigen ihnen die neue Wohnung.* Wir sehen die beiden Ehepaare beim Rundgang durch die Wohnung (6 Stationen).
Die einzelnen Wohnräume lokalisieren (*Wo ist das Wohnzimmer, die Küche, das Bad, das Kinderzimmer usw.?*). Dann Situation 1 (Begrüßung an der Wohnungstür) lesen.

**Schritt 3**
F 44
Die Cassette hören und dabei mit Hilfe von F44 die verschiedenen Gesprächssituationen lokalisieren (11A9 Ü12).

**Schritt 4**  AB 11A Ü18: *Welche Möbelstücke gehören in welches Zimmer?* Die Tabelle gemeinsam an der Tafel entwickeln oder als Hausarbeit vorbereiten lassen und dann gemeinsam besprechen.
In Lerngruppen im Inland auf einen großen Bogen Papier einen Wohnungsgrundriß wie in AB 11A Ü18 zeichnen. Aus einem Möbelkatalog die einzelnen Möbelstücke ausschneiden und in die verschiedenen Wohnräume einkleben (Collage als Wandbild).

**Schritt 5**
AB 11A Ü19/LB 11A Ü13: Zunächst den einführenden Text lesen, dann das Gespräch zwischen Herrn und Frau Miller von der Cassette hören und mit Hilfe des Lückentextes rekonstruieren. Diskussion: Wie finden die Kursteilnehmer das Verhalten von Millers?

**11A10**

## Wohnungsanzeigen

### Neuer Wortschatz

11A10

Wohnungsanzeige, die
*Vermietung, die
Appartement, das
Kochnische, die
Duschbad, das
Diele, die
Lage, die
*ab sofort
*vermieten
Zentralheizung, die
Elektroherd, der
Teppichboden, der
Deutsche Mark, die
plus
Nebenkosten, die *(Pl.)*
Kaution, die
*leer
*frei
*billigst

*möbliert
*Laden, der
Hauptpost, die
*Angebot, das
Pressehaus, das
separat
getrennt
*Dusche, die
*Zentrum, das
Nebenabgabe, die
Quadratmeter, der
renoviert
2-Familien-Haus, das
Altbau, der

11A10 Ü14

*Anzeige, die
*schwierig
*einzeln
*günstig

11B Ü8

Zwei-Zimmer-Appartement, das
alleinstehend
Drei-Zimmer-Wohnung, die
*jung
*Paar, das
*suchen
Terrasse, die
*Garten, der
kinderlos
*Ehepaar, das
Wohnlage, die
seriös

### Durchgang auf einen Blick

1. Bilder, LB, S. 53, besprechen.
2. Vermietungsanzeigen in Partnerarbeit studieren; 11A10 Ü14, Teil 1.
3. AB 11A10 Ü19 in Partnerarbeit; gemeinsam besprechen; 11A10 Ü14, Teil 2 und Teil 3.
4. 11B Ü8: Wiederholung der Adjektivendungen.

### Landeskundliche Information

Die Bilder LB, S. 53, zeigen unterschiedliche Siedlungsformen im deutschsprachigen Raum, und zwar (links von oben nach unten):
Bild 1: Eine Arbeitersiedlung aus dem Ruhrgebiet, um die Jahrhundertwende gebaut. Typisch ist die Verwendung von roten Backsteinziegeln.
Bild 2: Eine Reihenhaussiedlung, wie sie typisch für die 60er und 70er Jahre ist.
Bild 3: Alte Fachwerkhäuser (16. Jahrhundert) in einer norddeutschen Stadt.
Bild 4: Eine Reihenhaussiedlung am Rand einer süddeutschen Großstadt.
Bild 5 (rechts): Eine Wohnblocksiedlung in der Großstadt. Jede Wohnung hat einen großen Balkon.
Wohnungsanzeigen gibt es in allen Regionalzeitungen, besonders am Wochenende (Samstagsausgabe). Weil die privaten Vermieter für die Anzeige möglichst wenig Geld ausgeben wollen, verwendet man eine Sprache, die aus vielen Abkürzungen besteht. Sie sind rechts neben den – authentischen – Anzeigen abgedruckt.

### Kommentar Schritt für Schritt

Gemeinsam die Fotos LB, S. 53, besprechen: Aussehen der Häuser; Vorzüge und Nachteile der einzelnen Wohnformen – Wohnungen in alten Siedlungen sind z.B. billig, es gibt aber oft Mängel bei der Heizung, bei den sanitären Einrichtungen (Bad; Toilette) – ; Wohnungen in modernen Wohnblocks in den Großstädten sind oft teuer; usw.

**Schritt 1**

**11A11**

Schritt 2   In Partnerarbeit die Vermietungsanzeigen studieren lassen; die Liste der Abkürzungen und ggf. ein Wörterbuch verwenden.
11A10 Ü14: *Welche Anzeige ist schnell zu verstehen, welche ist besonders schwierig?*

Schritt 3   AB 11A10 Ü19: Zuordnungsübung in Partnerarbeit erledigen, dann mit der Klasse besprechen.
11A10 Ü14: Die einzelnen Wohnungen kurz beschreiben; die Angebote vergleichen (Preis, Größe, Lage): *Welches Angebot ist besonders günstig?*

Schritt 4   11B Ü8 (LB, S. 60): In dieser Übung werden noch einmal die Adjektivendungen wiederholt.

### *Ist das Zimmer noch frei?*

*Variationsmöglichkeit*

Bei Kursen im Inland ist es empfehlenswert, statt der im Lehrbuch abgedruckten Wohnungsanzeigen aktuelle Anzeigen aus der Zeitung, die am Kursort verbreitet ist, zu verwenden.

*Neuer Wortschatz*

| 11A11 | Loggia, die | zuzüglich | 11A Ü15 |
|---|---|---|---|
|  | südöstlich | dazukommen |  |
| Annonce, die | *Tarif, der | Maklerprovision, die | Notiz, die |
| dazu | Mietsicherheit, die | Immobilie, die | *Antwort, die |
| *ein paar | großzügig | Gartenbenutzung, |  |
| *Frage, die | gemütlich | die | 11A Ü16 |
| Ja, bitte! | Ofenheizung, die | Gästetoilette, die |  |
| *hoch | Wohngemeinschaft, | Einbauküche, die | Telefongespräch, das |
| *Straßenbahn, die | die | Heizkosten, die *(Pl.)* | *erst |
| *weit | circa |  | mieten |
| *Stadtmitte, die | *Straße, die |  | Geige, die |
| Komfortwohnung, | *zentral |  | *üben |
| die | gelegen |  | *wann |

*Durchgang auf einen Blick*

1. Situation LB, S. 54, besprechen (*Frau Müller sucht ein Zimmer. Sie hat in der Zeitung einige passende Anzeigen gefunden und ruft an.*)
2. Anzeigen besprechen.
3. Gespräch von der Cassette hören; AB 11A Ü21.
4. Telefongespräch nachspielen; 11A1 Ü16; Varianten; AB 11A Ü22.
4. AB 11A Ü23: In Partnerarbeit Mietvertrag ausfüllen.

*Landeskundliche Information*

Wohnungen werden in der Bundesrepublik durch Kleinanzeigen in Zeitungen oder durch ein Makler- bzw. Immobilienbüro angeboten (vgl. LB, S. 54 Mitte: H. Schmidt – Immobilien).
Wenn man die Wohnung über einen Makler mietet, bekommt dieser Provision (bei Schmidt – Immobilien: 1,6 Monatsmieten).
In Anzeigen wird fast nie die Wohnungsadresse angegeben, sondern eine Telefonnummer, über die man Kontakt zum Vermieter bekommen kann. Wohnungs-/Zimmersuche beginnt deshalb fast immer mit einem Telefonat.
Wenn man eine Wohnung oder ein Zimmer mietet, schließt man normalerweise einen Mietvertrag mit dem Vermieter. In AB11A Ü23 sind die ersten Paragraphen eines Mietvertrags zu sehen.

# 11A11

*Kommentar Schritt für Schritt*

Foto LB, S. 54 oben links, besprechen und die Situation erklären: *Frau Müller sucht ein Zimmer. Sie hat in der Zeitung einige Anzeigen angekreuzt, die für sie in Frage kommen, und ruft gerade an.*  **Schritt 1**

Die angekreuzten Anzeigen mit Hilfe der Erläuterungen zu den Abkürzungen besprechen.  **Schritt 2**

11A Ü15: Das Gespräch von der Cassette hören und mit Hilfe von AB 11A Ü21 Notizen machen und das Gespräch rekonstruieren.  **Schritt 3**

Das Telefongespräch nachspielen; 11A11 Ü16 gibt dazu Variationsmöglichkeiten an. AB 11A Ü22: Dialogrekonstruktion (Anrufer).  **Schritt 4**

AB 11A Ü23: Den Anfang eines Mietvertrages in Partnerarbeit ausfüllen; unbekannte Wörter ggf. im Wörterbuch nachschlagen.  **Schritt 5**

Ergänzender Text zur Übung der Adjektivendungen (von A. Winkler, Goethe-Institut Madrid, zur Verfügung gestellt):

Wie fange ich ein groß.. grün.. Krokodil?

Das ist eine ganz einfach.. Sache. Gefährlich.., groß.. grün.. Krokodile leben im Nil. Wenn ich ein grün.. Krokodil fangen will, brauche ich eine klein.. dünn.. lang.. Pinzette, ein gut.. scharf.. Fernglas und eine leer.. Streichholzschachtel. Und natürlich einen dick.. Roman, z. B. einen russisch.. . Ich lege das scharf.. Fernglas, die leer.. Streichholzschachtel, den dick.. Roman und die klein.. Pinzette in einen stabil.. Koffer. Dann fahre ich zum groß.. international.. Flughafen Frankfurt/Main. Dort steige ich in einen silbergrau.. Jumbo und fliege in das schön.. sommerlich.. Ägypten. Dort steige ich aus dem silbergrau.. Jumbo. Ich nehme ein schnell.. Taxi. Ich steige mit dem leicht.. stabil.. klein.. Koffer in das schnell.. Taxi und fahre zum breit.. braun.. Nil. Dort lege ich mich an den gelb.. Strand in den weich.. Sand. Ich nehme den dick.. russisch.. Roman aus dem leicht.. stabil.. Koffer. Ich öffne und lese den dumm.. dick.. Roman mit konzentriert.. Gesicht. Ein groß.. grün.. Krokodil kommt. Die grün.. Bestie macht groß.. Augen. Ich lasse das dumm.. dick.. Buch liegen und mache einen klein.. Spaziergang. Das groß.. grün.. Krokodil denkt: "Kann ich das dick.. interessant.. Buch lesen?" Das grün.. Krokodil öffnet das dick.. Buch und liest, aber: das Krokodil hat ein groß.. Problem. Das ist ja ein russisch.. Roman. Es kann das dick.. Buch nicht lesen. Es schläft neben dem dick.. russisch.. Roman ein. Jetzt kommt ein wichtig.. Moment! Ich komme mit der Schachtel, der leicht.. schmal.. Pinzette und dem scharf.. Fernglas zurück. Da liegt mein groß.. grün.. Krokodil. Ich sehe durch das dick.. Ende des scharf.. Fernglases auf das grün.. Krokodil. Es schläft noch. Das grün.. Krokodil ist ganz klein. Schnell nehme ich die leicht.. klein.. Pinzette und angle das groß.. klein.. Krokodil und lege es in die klein.. Streichholzschachtel. Die klein.. Streichholzschachtel schließe ich und stecke sie in mein.. recht.. Manteltasche. Ich rufe wieder das schnell.. Taxi und fahre zum schön.. neu.. Flughafen Kairo. Dort steige ich in einen anderen silbergrau.. Jumbo ein und fliege mit dem wichtig.. Koffer nach Frankfurt. Dort steige ich noch einmal aus und nehme den leicht.. Koffer mit der klein.. Schachtel darin. Ich sehe, daß das groß.. klein.. Krokodil in der Schachtel ist und fahre

## 11A11

mit einem weiteren schnell.. Taxi zum berühmt.. Frankfurter Zoo. Dort gehe ich zum freundlich.. Direktor Grzimek. Der Direktor sagt mit freundlich.. Stimme: "Was bringen Sie Schönes mit?" - "Ich habe ein klein.. grün.. Krokodil", antworte ich. - "Wo ist denn das klein.. grün.. Krokodil?" - "In der klein.. Streichholzschachtel. Aber man muß vorsichtig sein. Das klein.. grün.. Krokodil beißt." - "Ein wunderbar.. Krokodil!" sagt der freundlich.. Direktor. "Ich zahle einen hoh.. Preis für das klein.. Krokodil! Jeder Preis ist für mich ein ganz normal.. Preis!" - Ich stecke das viele Geld in die link.. Manteltasche und verlasse den freundlich.. Direktor. Der Direktor nimmt das klein.. Krokodil und setzt es in eine schön.. klein.. Blumenvase. Jetzt kommen viele neureich.. Leute. Die Besucher müssen immer durch das dick.. Ende des scharf.. Fernglases sehen. Dann sehen sie ein groß.. Krokodil. Der berühmte Zoodirektor macht ein groß.. Geschäft mit dem teur.. groß.. klein.. grün.. Krokodil.

**Kapitel 12**

In diesem Kapitel geht es um die Darstellung *logischer Relationen* und ihre Versprachlichung in *Nebensatzgefügen*:
Bedingung – Konditionalsatz; Grund/Ursache – Kausalsatz; Ziel/Zweck – Finalsatz; Einschränkung/unerwartete Konsequenz – Konzessivsatz.
Die *Sprechintentionen,* die damit in Zusammenhang stehen: Logische Zusammenhänge erklären, Mißverständnisse korrigieren; Reklamieren, eine Reklamation zurückweisen.
*Situationen und Textsorten:*
Gemeinsame Zeitungslektüre: Zeitungsmeldung/Zeichnung.
Reklamation im Geschäft: Bestimmungen des Verbraucherschutzes.
Verkehrsunfall: Verkehrssituationen aus einem Übungsbuch für die Fahrprüfung, Verkehrszeichen.
Märchen: Auszug aus „Rotkäppchen" (Gebrüder Grimm).
Erzählung: Auszug aus „Der Kleine Prinz" (A. de Saint-Éxupéry).
Kurzprosa: „Der Zweckdiener" (B. Brecht).
Kurzgeschichte: „Herr Böse und Herr Streit" (H. Hannover).

| Übersicht | | Lehrbuch | Arbeits-<br>buch | Folien | Cassette<br>1B/1 |
|---|---|---|---|---|---|
| 12A1 | Ohne Störche gibt es keine Babys | S. 61 | S. 54 Ü1 | F45 | 12A1 |
| 12A2 | Sie müssen den Pullover zurücknehmen! | S. 62<br>Ü1–2<br>S. 63<br>Ü3–4 | S. 54–56<br>Ü3–5 | F45 | 12A2<br>12A2 Ü2 |
| 12A3 | Ein schwerer Fehler | S. 64–65<br>Ü5–9 | S. 56–57<br>Ü6–8 | F46 | |
| 12A4 | Rotkäppchen | S. 66<br>Ü10–11 | S. 58–59<br>Ü9–10 | | 12A4 Ü11 |
| 12A5 | Der Kleine Prinz | S. 67<br>Ü12–13 | S. 59<br>Ü11 | | |
| 12A6 | Der Zweckdiener | S. 67 Ü14 | S. 60 Ü12 | | |
| 12A7 | Herr Böse und Herr Streit | S. 68–69<br>Ü15–18 | | F46 | 12A7 |
| 12AW | Wortschatzwiederholung | | S. 60 Ü1 | | |
| 12B1 | Der Konditionalsatz: Realis | S. 70<br>S. 74<br>Ü1 | S. 62<br>Ü1 | | |
| 12B2 | Der Kausalsatz | S. 71<br>S. 74<br>Ü2 | S. 62<br>Ü2–3 | | |
| 12B3 | Der Finalsatz | S. 72<br>S. 74<br>Ü3 | S. 63<br>Ü4 | | |
| 12B4 | Der Konzessivsatz | S. 73<br>S. 74<br>Ü4 | S. 63<br>Ü5–6 | | |

## 12A1

### 12A1 Ohne Störche gibt es keine Babys

*Neuer Wortschatz*

| | | | |
|---|---|---|---|
| *ohne | Frosch, der | Häh? | *von |
| Storch, der | *sauber | verhungern | *vorn(e) |
| vorlesen | *wenn | *bringen | |
| Teich, der | *schade! | nochmal | |

*Landeskundliche Information*

Die Geschichte, die erzählt wird, ist in der Form eines Bilderrätsels gestaltet, wie man sie häufig in Unterhaltungsmagazinen findet.
Eine deutsche Redensart besagt: Der Storch bringt die Babys. Wenn eine Frau ein Kind bekommt, sagt man auch: „Die hat der Storch ins Bein gezwickt!" Von jemand, der noch nicht aufgeklärt ist, sagt man: „Er glaubt noch an den Storch!"
Ein deutscher Kinderreim lautet:
„Storch, Storch, guter, bring mir einen Bruder.
Storch, Storch, bester, bring mir eine Schwester."
Die Verfasserin des Bilderrätsels nimmt die Redensart sozusagen beim Wort: Wenn es aufgrund der Vergiftung der Umwelt durch Düngemittel und Pflanzenschutzmittel in Deutschland bald keine Frösche mehr gibt, bleiben auch die letzten Störche aus, die sich von den Fröschen ernähren. Wenn die Störche ausbleiben, gibt es bald keine Kinder mehr. Damit spielt sie auf den Geburtenrückgang in der Bundesrepublik an, der sich seit den 70er Jahren abzeichnet: Die Geburtenrate ist innerhalb von 15 Jahren von ca. 1 Million Neugeborener auf wenig mehr als 500 000 Neugeborene zurückgegangen. Daß die Bevölkerungszahl in der Bundesrepublik dennoch noch nicht deutlicher abgenommen hat, liegt daran, daß in den letzten Jahren die Zahl der nichtdeutschen Einwohner zugenommen hat und daß unter den Ausländern in der Bundesrepublik die Geburtenrate höher ist als die Rate der Sterbefälle.

*Kommentar Schritt für Schritt*

**Schritt 1**
F 45
Anhand der oberen Hälfte von F45 die Kursteilnehmer raten lassen, was die Bilderfolge bedeuten könnte; dabei unbekannte Wörter klären.

**Schritt 2**
Cassette 12A1 dazunehmen, Notizen machen lassen.
Gemeinsam diskutieren, was man verstanden hat. F45 beim Rekonstruktionsversuch zu Hilfe nehmen.

**Schritt 3**
Den Text gemeinsam im LB, S. 61, lesen. AB 12A Ü1: Einen kurzen Text zum Bilderrätsel verfassen.

**Schritt 4**
Grammatikübersicht LB, S. 70, gemeinsam studieren.
12B Ü1 und AB 12A Ü2 bearbeiten.

### 12A2 Sie müssen den Pullover zurücknehmen!

*Variationsmöglichkeiten*

a) Die Szene S. 62 zunächst anspielen (Lehrer/Lehrerin als Verkäufer; Kursteilnehmer/innen als Kunden).
b) Bei Kursen im Inland: Zunächst den „Fall" erzählen und die Kursteilnehmer aus eigenen Erfahrungen beim Einkauf fehlerhafter Waren berichten lassen.
c) Bei Kursen im Ausland: In der Muttersprache besprechen: *Gibt es im eigenen Land Regelungen/Gesetze, die den Verbraucher schützen?* Den „Fall" von 12A2 erzählen: *Was würde im eigenen Land in solch einem Fall passieren?*

# 12A2

*Neuer Wortschatz*

| 12A2 | *Kunde, der | Garantieschein, der | *Schuhgeschäft, das |
|---|---|---|---|
| | Käufer, der | | zurückbringen |
| *Fehler, der | Preisnachlaß, der | 12A Ü2 | *Reparatur, die |
| zurücknehmen | Rabatt, der | | *Schreibmaschine, die |
| zurückhaben | *geben | Tonband, das | *gehen |
| *gehen | fehlerhaft | | *selbst |
| *Recht, das | behalten | 12A Ü3 | *helfen |
| *Verkäufer, der | *kostenlos | | |
| *neu | *einverstanden | *prüfen | 12A Ü4 |
| *Ware, die | Garantiezeit, die | *Fall, der | |
| *bar | betragen | *Paar, das | Tierhandlung, die |

*Durchgang auf einen Blick*

1. Zeichnung S. 62 besprechen.
2. Cassette 12A2, Teil 1, hören.
3. Text: Recht im Alltag in Partnerarbeit. Gemeinsam auswerten.
4. AB 12A Ü3.
5. Zusatzdialog auf der Cassette: AB 12A Ü4 a) und b) und c).
6. 12A Ü3: Fälle besprechen.
7. 12A Ü4 / F45 (untere Hälfte): Fälle besprechen; Sprechblasentexte erfinden.
8. AB 12A Ü5.
9. AB 12B Ü1.

*Landeskundliche Information*

In der Bundesrepublik gibt es ein Gesetz, das die Rechte der Verbraucher schützt. Es regelt u.a. den in 12A2 genannten Fall.
Es gibt auch einen Verbraucherschutz-Verband, an den man sich wenden kann, wenn man Rechtsberatung braucht (sie ist kostenlos). In vielen Städten gibt es Beratungsdienste für Verbraucher, bei denen man sich z.B. über Test-Ergebnisse zur Qualität bestimmter Waren informieren kann. Ein wichtiges Mittel der Verbraucher-Information ist die Veröffentlichung von Vergleichstests zu bestimmten Waren, die von unabhängigen Instituten durchgeführt werden (z.B. von der „Stiftung Warentest").

*Kommentar Schritt für Schritt*

Zeichnung LB, S. 63, gemeinsam besprechen *(Wer? Wo? Wo liegt das Problem?)* oder eine kurze Szene anspielen, die der Lehrer mit einer Kursteilnehmerin vorbereitet hat. Die „Kundin" verliert das Spiel. — **Schritt 1**

Das Gespräch von der Cassette hören (Teil 1). — **Schritt 2**
Das Verhalten des Verkäufers diskutieren: *Hat er recht? Was kann die Frau machen?*

Den Text „Recht im Alltag" in Partnerarbeit lesen lassen; notieren, welche Möglichkeiten man hat, „wenn die Ware einen Fehler hat"; gemeinsam besprechen, welche Möglichkeiten es gibt; Ergebnisse an der Tafel festhalten (oder in 12A2 Ü1) — **Schritt 3**

Tafelanschrift:
*Die Ware hat einen Fehler:*
*Der Pullover hat ein Loch.*
*Das Geschäft muß:*
*1.*
*2.*
*3.*
*…*

**12A2**

| | | |
|---|---|---|
| Schritt 4 | | AB 12A Ü3 schriftlich. |
| Schritt 5 🗅 | | Erarbeitung des Zusatzdialogs auf der Cassette 12A2 (12A2 Ü2): AB 12A Ü4: Zunächst den Text a) lesen; dann das Gespräch gemeinsam hören und Notizen machen; gemeinsam das Gespräch rekonstruieren (ggf. die Cassette noch einmal – abschnittweise – anhören). |
| Schritt 6 | | 12A Ü3: 3 Fälle; die Texte der Reihe nach lesen und besprechen. Lösungen festlegen. |
| Schritt 7 F 45 | | 12A Ü4: Die drei auch auf F45 (untere Hälfte) skizzierten Situationen führen mit skurriler Phantasie Konfliktsituationen vor, die zunächst besprochen werden sollten:<br>1. Eine Frau hat in einer Tierhandlung einen Hasen gekauft. Sie stellt zu Hause fest, daß der Hase nur drei Beine hat und auf Krücken geht. Sie bringt ihn zur Tierhandlung zurück.<br>2. Eine Frau hat einen Laib Brot gekauft und bringt ihn wieder ins Geschäft zurück, weil auf ihm bereits Pilze wachsen (*Pilz* = Schimmel[pilz]).<br>3. Ein Kunde (groß) wird mit einem Verkäufer (klein) handgreiflich. (Es könnte auch umgekehrt sein.)<br>Nach der Klärung der Situation jeweils Texte für die Sprechblasen erfinden. |
| Schritt 8 | | AB 12A Ü5: Gegenargumente schriftlich formulieren; gemeinsam auswerten. |
| Schritt 9 | | Zum Abschluß eine Grammatikübung: AB 12B Ü1. |

**12A3**  *Ein schwerer Fehler*

*Neuer Wortschatz*

| 12A3 | | | 12A Ü7 |
|---|---|---|---|
| | *feststellen | *Führerschein, der | |
| | *Unfall, der | *Schein, der | Vorfahrtsstraße, die |
| *schwer | *schuld sein | *gut | *zuletzt |
| *Fehler, der | Autostraße, die | überzeugt sein | |
| entgegenkommen | *Strafe, die | *Rad, das | 12A Ü9 |
| umstürzen | *zahlen | verhaften | |
| *Glück, das | *Fall, der | *dumm | *eng |
| *zum Glück | *behaupten | Witze machen | *Fußgänger, der |
| *verletzen | *überraschen | | *lassen |

*Durchgang auf einen Blick*

1. Bild LB, S. 64 oben, besprechen.
2. Text gemeinsam lesen; mit AB 12A Ü6 in einen Bericht umformen (ohne *weil*-Sätze zu verwenden!).
3. 12A Ü6: Geschichte weitererzählen.
4. Grammatik 12 B2; AB 12A Ü5; 12B Ü2, AB 12B Ü2 und Ü3.
5. AB 12A Ü7.
6. 12A3 Ü7 und Ü8; AB 12A Ü8.
7. F46: Verkehrszeichen besprechen.

*Landeskundliche Information*

Landeskundlich interessant ist weniger, daß Oskar mit dem Rollbrett (Skateboard) auf einer Autostraße gefahren ist und einen Unfall verursacht hat, sondern die subtile Art der Komik in dem Cartoon (der „Schwache" hat den „Starken" zu Fall gebracht und stellt sich angesichts der Polizei dumm). Es könnte sein, daß Kursteilnehmer aus nichteuropäischen Kulturkreisen den „Witz" der Situation nur schwer verständlich finden.
Auf der Bildleiste (F46 oben) zu Ü8, in Ü7 und in AB 12A Ü8 werden typische Situationen im Straßenverkehr gezeigt, die mit der Vorfahrtsregelung zu tun haben.

**12A3**

Sie sind einem Vorbereitungsheft zur Führerscheinprüfung entnommen. Ähnliche Aufgaben gehören zum theoretischen Teil dieser Prüfung.

*Kommentar Schritt für Schritt*

Das Bild LB, S. 64 oben, besprechen; Personen benennen (links ist Herr Meier, in der Mitte ein Polizist, rechts ist Oskar). *Was ist hier passiert?* Wortschatz klären. — **Schritt 1**

Den Text gemeinsam lesen und dann mit Hilfe von AB 12A Ü6 in einen Bericht umformen (ohne *weil*-Sätze zu benutzen!). — **Schritt 2**

12A Ü6: *Wie geht die Geschichte weiter?* — **Schritt 3**

Grammatik 12B2 besprechen; dazu 12A Ü5, 12B Ü2 und AB 12B Ü2 und 3. — **Schritt 4**

AB 12A Ü7: Situation beschreiben: *Was machen die einzelnen Verkehrsteilnehmer falsch?* — **Schritt 5**
Motorradfahrer: Fährt zu schnell und ohne Helm.
Radfahrer: Fährt in der Einbahnstraße in falscher Richtung.
Auto: Parkt in falscher Richtung/auf der falschen Straßenseite und auf dem Bürgersteig.
Radfahrer (alter Mann): Darf auf dem Gepäckträger des Fahrrads keine sperrigen Gegenstände transportieren.
Mädchen: Spielt auf der Straße Ball und paßt nicht auf.

12A3 Ü7: *Wer hat die Vorfahrt?* — **Schritt 6**
Nach deutschem Verkehrsrecht ist die Vorfahrt durch viele Vorschriften geregelt (trotzdem – oder gerade deshalb! – gibt es wegen der Nichtbeachtung der Vorfahrt viele Unfälle).
Der Text zum Verkehrsbild dient als Modell für die Lösung der Aufgabe Ü8.
Bild 1: Wenn die Vorfahrt nicht durch Verkehrszeichen geregelt ist, gilt der Grundsatz „rechts vor links hat Vorfahrt". Nach dieser Regelung könnte der Motorradfahrer (3) als erster fahren, dann das Auto Nr. 2 und zum Schluß das Auto Nr. 1. Abfolge: 3 – 2 – 1.
Anmerkung: Auch im deutschen Straßenverkehr setzen sich nicht selten die stärkeren, größeren, schnelleren Verkehrsteilnehmer bei der Vorfahrt durch (wie dies in anderen Ländern gängige Praxis ist). Der Motorradfahrer muß sich deshalb gut überlegen, ob es einen Sinn hat, die Vorfahrt zu erzwingen, auch wenn er im Recht ist.
Bild 2: Die Autos Nr. 1 und 2 bewegen sich auf einer doppelspurigen Durchgangsstraße und haben deshalb grundsätzlich Vorfahrt. Auto Nr. 3 hat Vorfahrt vor Auto Nr. 2, da es geradeaus fährt (d.h. die Richtung nicht ändert). Abfolge: 3 – 1 – 2.
Bild 3: Hier ist die Vorfahrt durch Verkehrszeichen geregelt. Außerdem haben Schienenfahrzeuge (wie z.B. die Straßenbahn) unter normalen Umständen ohnehin Vorfahrt. Abfolge: 2 – 1 – 3.
AB 12A Ü8
Bild links: Die Straßenbahn hat Vorfahrt, dann darf der Motorradfahrer fahren, dann das Auto. Abfolge: 2 – 1 – 3.
Bild Mitte: Die beiden Radfahrer dürfen zuerst fahren, das Auto muß warten (Richtungsänderung).
Bild rechts: Der Radfahrer im Kreisverkehr hat Vorfahrt vor dem Auto.

F46: Die Bedeutung der 6 Verkehrszeichen besprechen (= 12A3 Ü9); ggf. weitere Verkehrszeichen einbeziehen (Ausland: auch solche Verkehrszeichen, die von den international gebräuchlichen abweichen: Wie könnte man sie einem Fremden erklären?) — **Schritt 7** **F 46**
Im Folienkommentar zu F46 (S. 17) finden Sie weitere Arbeitsmöglichkeiten zum Thema „Verkehrszeichen".

## 12A4

**12A4** *Rotkäppchen*

*Variationsmöglichkeiten*

a) Auf der Cassette ist das Märchen vom „Rotkäppchen" ganz erzählt (12 A4); im AB, S. 58, findet sich der ganze Lesetext (verwürfelt). In Klassen, die gutes Hörverständnis entwickelt haben, könnte man deshalb mit dem Hörtext beginnen.
b) In Klassen mit Interesse an Märchen kennt vielleicht jemand das Märchen vom „Rotkäppchen" und kann es zusammenfassend erzählen (in muttersprachlich homogenen Klassen auch in der Muttersprache).
c) Auch der Einstieg über das Lesen des ganzen Märchentextes ist möglich, wenn man die Texte im AB, S. 58, richtig ordnet: b – i – d – j – k – f – e – a – l – h – c – g.

*Neuer Wortschatz*

| 12A4 | *(ein)treten | *Vorhang, der | *packen |
|---|---|---|---|
| | *vorkommen | zurückziehen | *entsetzlich |
| Rotkäppchen, das | seltsam | Haube, die | Maul, das |
| *besuchen | darin | *tief | Wolf, der |
| *Großmutter, die | *so..., daß | *Gesicht, das | kaum |
| *wundern, sich | *ängstlich | *setzen | einen Satz tun |
| *aufstehen | zumut(e) sein | wunderlich | verschlingen |
| Stube, die | darauf | *was für | *arm |

*Landeskundliche Information*

Das Märchen vom „Rotkäppchen" gehört zu den bekanntesten Märchen der Sammlung der Gebrüder Grimm (um 1812–1820). Es wurde in der Nähe von Kassel aufgezeichnet. Die Motive dieses Märchens finden sich in ähnlicher Form in den Märchensammlungen vieler Völker.
Auf Erwachsene wirken Märchen wie „Rotkäppchen" grausam (der Wolf frißt zwei Menschen auf; sein Bauch wird aufgeschlitzt usw.), jedoch scheinen Kinder anders auf solche Märchen zu reagieren. Sie werden offensichtlich mehr von den symbolischen Handlungskonstellationen gepackt (Verführung, Gefahr, Errettung, Strafe für den Bösen usw.), die im Märchen in einem realistischen Kontext erscheinen.

*Kommentar Schritt für Schritt*

| Schritt 1 | Das Bild im LB, S. 66 oben, besprechen. Vielleicht erkennt jemand das Märchen und kann es erzählen, sonst müßte der Lehrer den Anfang der Geschichte erzählen. |
|---|---|
| Schritt 2 | Den Text im LB, S. 66, gemeinsam lesen, unbekannte Wörter klären. |
| Schritt 3 | Grammatik 12B3 ansehen (ggf. 12B Ü3 anschließen sowie AB 12B Ü4). |
| Schritt 4 | 12A4 Ü10: Die entsprechenden Sätze aus dem Text herausschreiben. |
| Schritt 5 | Das Märchen gemeinsam zu Ende erzählen oder den Märchentext AB 12A Ü9 ordnen und dann lesen. Entscheidend beim Lesen ist nicht, daß jedes Detail verstanden wird, sondern daß zunächst der Fortgang der Handlung erfaßt wird (Stichwörter notieren!). Eine Aufgabe nach dem Lesen könnte sein: Alle Textstellen sammeln, in denen Rotkäppchen genauer beschrieben wird. |
| Schritt 6 | Den ganzen Text von der Cassette hören. |
| Schritt 7 | AB 12A Ü10: Eine „moderne" Bildversion des Märchens beschreiben und dazu eine „moderne" Version des Märchens verfassen. (Es gibt viele solche „moderne" – und andere – Parodien auf die Märchen.) |

## Der Kleine Prinz  12A5

*Neuer Wortschatz*

| 12A5 | *tief | *sich erkundigen | sich verschließen |
|---|---|---|---|
|  | Schwermut, die | bedauern | *endgültig |
| Prinz, der | stumm | sich schämen | Schweigen, das |
| Kapitel, das | *Reihe, die | gestehen | verschwinden |
| *nächst- | *voll | *senken | bestürzt |
| Planet, der | antreffen | *weshalb? | entschieden |
| bewohnen | *trinken | *Wunsch, der |  |
| Säufer, der | düster | saufen |  |
| tauchen | Miene, die | enden |  |

*Landeskundliche Information*

Die Erzählung „Der Kleine Prinz" ist als Schullektüre im Original (Französisch) weit verbreitet und hat in deutscher Übersetzung viele Auflagen erlebt. Erzählt wird die Geschichte von einem kleinen Jungen, der auf seiner Reise von Planet zu Planet vielen Leuten begegnet.

*Kommentar Schritt für Schritt*

Das Bild rechts neben dem Text (LB, S. 67) besprechen, dabei wichtige Wörter erklären (Säufer – Flaschen – trinken – saufen).  **Schritt 1**

Den Text gemeinsam lesen, unbekannte Wörter klären.  **Schritt 2**

Ggf. noch einmal Grammatik wiederholen (LB, S. 72, 12B3).  **Schritt 3**

12A5 Ü12: Das Gespräch zwischen dem Prinzen und dem Säufer rekonstruieren; den Text mit Hilfe der Stichwörter von AB 12A Ü11 schriftlich zusammenfassen.  **Schritt 4**

## Der Zweckdiener  12A6

*Neuer Wortschatz*

| Zweckdiener, der | *Musik, die | *turnen | *Feind, der |
|---|---|---|---|
| *eine Frage stellen | Grammophonkasten, der | *Kraft, die | *kräftig |
| folgend- | *hören | benötigen | erschlagen |

*Hinweis:* Der Text ist wegen seiner vertrackten Logik nicht leicht zu erschließen. Falls Sie ihn für zu schwierig halten, lassen Sie ihn weg und konzentrieren sich auf die Grammatik (B2; B3).

*Landeskundliche Information*

In seinen „Geschichten von Herrn K." (Keuner) gibt Brecht – oft in einer überraschenden Wendung – Denkanstöße zum Verhalten seiner Mitmenschen.
In der vorliegenden Geschichte handelt es sich um einen Mann, der seine Handlungen, sein Verhalten, sein Leben einem bestimmten Ziel unterstellt (er „dient" einem bestimmten „Zweck"). Das Ziel seiner Handlungen: *Weil er essen will* bedeutet: weil er leben/überleben will (wenn er all die Handlungen nicht ausführt, hat er nichts zu essen/leben). Herrn K.s Frage: *Warum ißt er?* bezieht sich also auf den „Daseins-Zweck" dieses Mannes (Warum lebt er?) und macht deutlich, daß dieses Daseins-Ziel sehr verschwommen formuliert wird, während die alltäglichen Handlungsrituale (was man tun muß) sehr klar vorgeschrieben sind.

*Kommentar Schritt für Schritt*

Den Text gemeinsam lesen, die Stufen seiner Handlungen (*Warum? – Weil*) in Stichwörtern notieren (AB 12A Ü12), unbekannte Wörter erklären.  **Schritt 1**

**12A7**

**Schritt 2**   Den „Sinn" der Geschichte diskutieren (vgl. landeskundliche Information).
Die Geschichte kann zunächst verwirrend wirken, da eine gegenläufige Kausalwirkung verfolgt wird: ② ist verantwortlich für ①, ③ für ② usw.: eine instrumentelle Basishandlung wird erklärt durch die Angabe darüber, welchen Zweck man damit erreichen will. Der erste Abschnitt ist deshalb verwirrend, weil er eine Scheinkausalität aufbaut. Das wird im zweiten Abschnitt quasi korrigiert.
Jetzt erklärt sich der Titel „Zweck-Diener", weil er sich selbst gesetzten Zielen/Zwecken unterordnet: Der finale Sinn ist mit einem Willenselement verbunden (keine „Naturkausalitäten"!): *Er macht Musik, weil er turnen will!* Hier stimmt das Finalverhältnis wieder.


**12A7**    *Herr Böse und Herr Streit*

*Variationsmöglichkeiten*

a) Einstieg über das Bild auf F46 (unten).
b) Einstieg über den Hörtext (Cassette 12A7) – empfehlenswert nur für Kurse mit gut entwickeltem Hörverständnis.
c) Einstieg über den Lesetext LB, S. 69.

*Neuer Wortschatz*

| 12A7 | heimzahlen | *tragen | *oft |
|---|---|---|---|
|  | *das heißt | umschlagen |  |
| Apfelbaum, der | *tun | Axt, die | 12A7 Ü16 |
| gutgehen | *wohl | *von da an |  |
| reif | pflücken | *sich treffen | *untersuchen |
| Leiter, die | *obwohl | *häufig | *dann |
| heimlich | *grün | Äpfelkaufen, das |  |
| *leise | Rosine, die |  | 12A Ü17 |
| abpflücken | abschlagen | 12A7 Ü15 |  |
| ernten | Blüte, die |  | fertigschreiben |
| *einzig- | Frucht, die | *stehen |  |

*Landeskundliche Information*

Vielen Besuchern deutschsprachiger Länder fällt auf, daß hier die Grundstücke und Gärten oft mit hohen Zäunen eingefaßt sind (Besitzabgrenzung; Wahrung der Privatatmosphäre als Gründe).
„Herr Böse und Herr Streit" ist eine „Geschichte mit einer Moral": Wer anderen nichts gönnt, hat zum Schluß selbst auch nichts.
Wegen der vielen Zäune sind Grenzstreitigkeiten nicht selten.

*Kommentar Schritt für Schritt*
(Vgl. dazu A2.1.1, S. 6ff., der vorliegenden Handreichungen!)

**Schritt 1**   Betrachtung des Bildes auf F46 (Mitte): 2 Männer (*Herr Böse / Herr Streit*), die grimmig
F46   schauen. Wortschatz: *Apfelbaum, Äpfel, Früchte, Wann sind die Äpfel reif?* – Oktober (Monatsnamen wiederholen), *(ab)pflücken, ernten.*
Der Apfelbaum steht auf der Grenze zwischen dem Garten von Herrn Böse und dem von Herrn Streit.

**Schritt 2**   Den ersten Abschnitt der Geschichte im LB, S. 68 oben, lesen; Vermutungen anstellen, wie die Geschichte weitergeht.

**Schritt 3**   Das Bild links in der unteren Reihe auf F46 betrachten: *(Nacht, Leiter, abpflücken)* Was
F46   macht Herr Böse?

| | 12AW |
|---|---|
Den Abschnitt LB, S. 68 Mitte, lesen: Reaktion von Herrn Streit (Bild rechts neben dem Text) besprechen. **Schritt 4**
*Was macht Herr Streit wohl?*

12A7 Ü15: Den Text weiterlesen bis zum Ende des nächsten Abschnitts; *obwohl* erklären: *Die Äpfel waren noch nicht reif; aber Herr Streit pflückte sie (trotzdem).* **Schritt 5**
Beim Weiterlesen Abschnitt für Abschnitt Notizen an der Tafel festhalten:

1. Jahr – Oktober:     Herr Böse        ⎫                               ⎧ (reif)
2. Jahr – September:   Herr Streit      ⎪                               ⎪ (nicht reif)
3. Jahr – August:      Herr Böse        ⎬  pflückt die Äpfel.           ⎨ (grün und hart)
4. Jahr – Juli:        Herr Streit      ⎪                               ⎪ (grün, hart und so klein)
5. Jahr – Juni:        Herr Böse        ⎭                               ⎩ (klein wie Rosinen)
6. Jahr – Mai:         Herr Streit schlägt die Blüten ab: keine Früchte.
7. Jahr – April:       Herr Böse schlägt den Baum mit einer Axt um.
8. Jahr: Herr Böse und Herr Streit treffen sich beim Äpfelkaufen im Laden.

Grammatikbetrachtung 12B4, dann 12A7 Ü16 und Ü17. **Schritt 6**

Den ganzen Text von der Cassette hören und frei nachzuerzählen versuchen. **Schritt 7**

12B Ü4 und AB 12B Ü5 und Ü6 zum Abschluß. **Schritt 8**

### *Wortschatzwiederholung* 12AW

AB, S. 60 und 61: Kreuzworträtsel (Lösung im AB, S. 129).

# Wiederholungsübungen 9–12

*Wiederholungsübungen zu Kapitel 9–12*                                9–12W

| Übersicht | Lehrbuch | Arbeits-buch | Folien | Cassette 1B/1 |
|---|---|---|---|---|
| 9–12W Wiederholungsübungen | | S. 64–68 Ü1–13 | | 9A1 |

 AB, S. 64–68: Zu den 13 Übungen gibt es – wo immer möglich – genauere Angaben, auf welche Abschnitte sie sich beziehen; zu Ü1 gibt es einen Hörteil auf der Cassette. Lösungsschlüssel zu den Übungen im AB, S. 129f.

**Kontrollaufgaben zu Kap. 9–12**                                    9–12K
(Lösungen im AB, S. 130.)

| Übersicht | Lehrbuch | Arbeits-buch | Folien | Cassette 1B/1 |
|---|---|---|---|---|
| Kontrollaufgaben zu Kap. 9–12 | | S. 69–72 | | |
| A Wörter | | S. 69 | | |
| B Grammatik | | S. 70 | | |
| C Orthographie | | S. 71 | | |
| D Lesen | | S. 71 | | |
| E Schreiben | | S. 72 | | |

*Zur Bewertung*

| | Punkte | | Notenschlüssel (Vorschlag) Punkte | |
|---|---|---|---|---|
| Abschnitt A Wörter | 12 | | 72–80 | sehr gut |
| | | | 64–71 | gut |
| Abschnitt B Grammatik | 12 | | 56–63 | befriedigend |
| | | | 48–55 | ausreichend |
| | | | 40–47 | mangelhaft |
| Abschnitt C Orthographie | 18 (= 36 × ½) | | 0–39 | ungenügend |
| Abschnitt D Lesen | 20 (= 40 × ½) | | | |
| Abschnitt E Schreiben | | | | |
| 1. Brief schreiben | 8 (= 4 × 2) | | | |
| 2. Märchen erzählen | 10 | | | |
| insgesamt: | 80 Punkte | | | |

## Singen und Spielen
(LB, S. 75–76)

| Übersicht | Lehrbuch | Arbeits-buch | Folien | Cassette 1B/1 |
|---|---|---|---|---|
| *Singen und Spielen*<br>Kanon: Froh zu sein …<br>1 Die Wort-Treppe<br>2 Wörter, die in anderen Wörtern stecken<br>3 Kofferpacken<br>4 „Ich sehe was, was du nicht siehst"<br>5 Personen raten<br>6 Pantomime: ein Wort erraten<br>7 Scharade<br>8 Einen Satz erraten | S. 75–76 | | | Singen u. Spielen |

Zum Kanon „Froh zu sein" gibt es eine Cassettenaufnahme.
Die „Spiele mit Wörtern" und die „Ratespiele" sind zur Auflockerung des Unterrichts
gedacht (zwischendurch zu verwenden, nicht als Block).

### Neuer Wortschatz

Froh zu sein

Kanon, der
bedürfen
\*froh
König, der
volkstümlich

1 Die Wort-Treppe

Wort-Treppe, die
letzt-
\*Lied, das

2 Wörter,
 die in anderen
 Wörtern stecken

\*stecken
Kreisel, der
auslassen
Reihenfolge, die

vertauschen
\*Eis, das
Esel, der
\*Krise, die
Keil, der
Mauerstein, der
\*versuchen
\*aussuchen

3 Kofferpacken

Kofferpacken, das
Kursteilnehmer, der
weitermachen
\*verlieren

4 „Ich sehe was,
 was du nicht siehst"

Ratespiel, das
\*Gegenstand, der
Klassenzimmer, das

\*lang
Streifen, der
Büchertasche, die
erraten
\*sich merken

5 Personen raten

\*Geschichte, die
General, der
Franzose, der
ausdenken

6 Pantomime:
 ein Wort erraten

Pantomime, die
Teekessel, der
\*Zettel, der
darstellen
\*ziehen

7 Scharade

Scharade, die
pantomimisch
vorspielen
Verliebte, der/die
Rendezvous, das
\*erklären
\*meistens
besprechen
\*Mißverständnis, das
auftreten

8 Einen Satz erraten

\*vorbereiten
\*sich etwas brechen
hereinholen
\*führen
wörtlich
\*Ende, das

## Kapitel 13

Neu wird in diesem Kapitel das Grammatikpensum *Passiv* eingeführt. Bei den Verständigungsbereichen geht es um *Zwang/Notwendigkeit/Abhängigkeit*. Dieser Bereich ist mit den Sprechintentionen *bitten/befehlen/raten/anleiten/erklären* und im Grammatikbereich mit *Imperativ/Konjunktiv mit „würd-"/Fragesatz/Aussagesatz im Aktiv und Passiv/Infinitiv* verbunden. Charakteristisch für die Konstellation von Grammatik/Notionen und Sprechintentionen sind die Textsorten: *Handlungsanleitung/Rezept* (mündlich und schriftlich)/*Gebrauchsanweisung/Ratschläge/Verkehrsdurchsage*.
Ein Schwerpunkt in diesem Kapitel ist das *Hörverstehen*straining.

| Übersicht | | Lehrbuch | Arbeitsbuch | Folien | Cassette 1B/1 |
|---|---|---|---|---|---|
| 13A1 | Feuer für den Chef! | S. 77 Ü1–Ü2 | | F47 | 13A1 13A1 |
| 13A2 | Machen Sie mit! | S. 78 Ü3 | S. 73 Ü1 | | |
| 13A3/4 | So wird Püree zubereitet | S. 79 Ü4–Ü7 | S. 74–75 Ü2–3 | F47 | 13A4 Ü5 |
| 13A5 | EP 50 | S. 80 Ü8–10 | S. 76–77 Ü4–5 | | 13A5 |
| 13A6 | Sie sollten die verkehrsreichen Tage meiden | S. 81 Ü11–Ü13 | S. 78–79 Ü6–Ü8 | | 13A6 Ü12 |
| 13A7 | Ein schöner Tag | S. 82–83 Ü14–Ü16 | S. 80 Ü9–10 | F48 | |
| 13AW | Wortschatzwiederholung | | S. 80–81 Ü1 | | |
| 13B1 | Der Imperativ | S. 84 S. 89, Ü1a | S. 82 Ü1–3 | | |
| 12B2 | Der Konjunktiv mit „würd-" | S. 84 S. 89, Ü1b | S. 82 Ü3 | | |
| 13B3 | Das Passiv: Form | S. 85 S. 89, Ü2 | S. 82 Ü4 | | |
| 13B4 | Das Passiv: Präsens | S. 85 S. 89, Ü2 | S. 83 Ü5 | | |
| 13B5 | Passiv ↔ Aktiv: Bedeutung | S. 86 S. 89, Ü3 | S. 83 Ü6 | | |
| 13B6 | Passiv mit „Agens"-Nennung | S. 86 S. 89, Ü4 | | | |
| 13B7 | Aktiv mit Indefinitpronomen | S. 87 S. 89, Ü4 | | | |
| 13B8 | Passiv bei Modalverben | S. 87 S. 89, Ü5 | S. 84 Ü7 | | |
| 13B9 | Passiv im Nebensatz | S. 87 S. 89, Ü6 | S. 84 Ü8 | | |
| 13B10 | Aufforderungen | S. 88 | | | |

**13A1**

## Feuer für den Chef!

*Neuer Wortschatz*

\*Feuer, das  \*geben  nix (= nichts)

*Landeskundliche Information*

Die Bilderfolge versucht den Zusammenhang von Sozialstatus und Sprachgebrauch zu verdeutlichen: Für dieselbe Sprechabsicht (einen Wunsch äußern) werden ganz unterschiedliche sprachliche Formeln verwendet.

*Kommentar Schritt für Schritt*

Die Bilderfolge auf F47 oben zeigen; als Impuls: *Der Chef möchte eine Zigarre rauchen. Er braucht Feuer.*
Die einzelnen Positionen gemeinsam erörtern und beschriften (*Chef/Boss/Leiter; Büroangestellter/Beamter/Buchhalter; Meister/Facharbeiter/Vorarbeiter; Lehrling/Auszubildender; Arbeiter/Hilfsarbeiter/„Gastarbeiter"*).
*Was sagen die einzelnen Leute?* Ggf. Hilfen geben:
Chef: betont höflich (Fragesatz)
Buchhalter: höfliche Anweisung
Meister: kurze Anweisung
Lehrling: knappe Aufforderung

**Schritt 1**
F47

Gemeinsam die Sprechblasen ausfüllen, dann im LB, S. 77, die Vorlage vergleichen und von der Cassette 13A1 hören, wie die verschiedenen Aufforderungen klingen. Nachsprechübungen mit ausgeprägter Satzintonation!

**Schritt 2**

13B1 Imperativ und 13B2 Konjunktiv mit *würd-* besprechen.

**Schritt 3**

13A1 Ü1: Variationen der Sprechkette, dazu: AB 13B Ü1.

**Schritt 4**

### 13A1 Uwe Timm: Erziehung

**Schritt 5**

*Neuer Wortschatz*

| 13A1 | \*hinbringen | \*machen | 13A Ü2 |
|---|---|---|---|
|  | \*hören | \*schmutzig |  |
| \*Erziehung, die | \*herholen | vollschmieren | \*höflich |
| \*lassen | \*anfassen | \*fühlen |  |
| \*herkommen | \*wegstellen |  |  |

Das Gedicht gemeinsam lesen, Wortschatz klären und Umschreibungsformen für die einzelnen Aufforderungen zu formulieren versuchen.

Das Gedicht von der Cassette hören und besprechen, wie diese Art von „Erziehung" klingt: Sie besteht nur aus Aufforderungen (Imperativformen) und Verboten (auch im Imperativ), der Erziehende gibt Befehle, die der „Zögling" auszuführen hat. Erziehung ist also Befehlen und Gehorchen (wie beim Militär).
Timm prangert durch die Aneinanderreihung von Geboten und Verboten diesen Erziehungsstil an.

**Schritt 6**

**13A2**

**13A2**     *Bitte machen Sie mit!*

*Neuer Wortschatz*

| 13A2 | *Seitenlänge, die | gegenüberliegen |
|---|---|---|
|  | *Linie, die | *Fläche, die |
| *mitmachen | nebeneinanderliegen |  |
| Figur, die | *über | 13A2 Ü3 |
| *bemalen | *je |  |
| *ausschneiden | *malen | Zeichenspiel, das |
| zusammenfalten | *Körper, der | Lehrerhandreichung(en), die |
| Pappe, die | *außen | *Beschreibung, die |
| Quadrat, das | *zeigen | Originalbild, das |

Vorbereiten: leere Blätter; blaue, rote, grüne Farbe; Schere; Klebstoff; Lineal.

*Kommentar Schritt für Schritt*

**Schritt 1**    Leere Blätter austeilen und die Aufgabe erklären. *(Sie sollen eine Figur zeichnen.)* Dann selbständig (Einzel-, Partnerarbeit) die Zeichenanleitung (1–4) lesen und ausführen.
Ergebnis der Zeichenaktion überprüfen und besprechen (Es muß ein Würfel entstehen, bei dem die blauen, roten und grünen Flächen einander gegenüberliegen).

**Schritt 2**    13A2 Ü3 Ein Zeichenspiel: Ein Kursteilnehmer erklärt den anderen das folgende Bild (er darf es ihnen nicht zeigen!). Jeder malt für sich, zum Schluß werden die Ergebnisse verglichen.

**Schritt 3**    Grammatikübungen 13B Ü1 und Ü2; AB 13B Ü3.
**Schritt 4**    AB 13A Ü1: Ablauf erkären und schriftlich festhalten.

**13A3**     *So wird Püree zubereitet*

*Neuer Wortschatz*

| 13A3 | *enthalten | *verwenden | 13A3 Ü4 |
|---|---|---|---|
|  | *Kaffeelöffel, der | vorschreiben |  |
| zubereiten | *Salz, das | einrühren | Kartoffelpüree, das |
| Püree, das | aufkochen | quellen | *schmecken |
| Beutel, der | *Topf, der | *Kochlöffel, der | Anweisung, die |
| Flockenpüree, das | Kochstelle, die | durchrühren |  |
| Packung, die | zugeben | *schlagen |  |

*Landeskundliche Information*

Kartoffeln – in allen möglichen Verarbeitungsweisen (insbesondere als Pommes frites und als Bratkartoffeln) – gehören zu den Grundnahrungsmitteln in der deutschen Küche (weshalb in manchen Ländern die Deutschen auch „Kartoffeldeutsche" hei-

**13A4**

ßen!). Neben dem Kartoffelpüree, dessen Zubereitung im vorliegenden Abschnitt beschrieben wird, Pommes frites und Bratkartoffeln gibt es gekochte Kartoffeln, Pellkartoffeln (gekocht, aber noch ungeschält; Pelle = Haut), gratinierte Kartoffeln (mit Sahne und Käse überbacken), Kartoffelsalat und viele andere Zubereitungsweisen. Auch die deutschen Eßgewohnheiten haben sich mehr und mehr an das „vorgefertigte Essen" (aus dem Beutel; aus der Tiefkühltruhe usw.) angepaßt. Im Lehrbuch werden deshalb eine „schnelle" Zubereitungsart von Kartoffelpüree einer Art der Zubereitung gegenübergestellt, bei der alle Zutaten noch einzeln aufbereitet werden (13A3 – 13A4).

*Kommentar Schritt für Schritt*

| | |
|---|---|
| Das Foto im LB, S. 79 rechts oben, besprechen, den Begriff „Kartoffelpüree" erläutern: *Wie schmeckt das?* Bei Kursen im Inland: Eine Packung mitbringen und vorzeigen. | **Schritt 1** |
| Zubereitungsanleitung (links oben) lesen, besprechen, Texte und Fotos zuordnen. Dann den Ablauf mit eigenen Worten erklären. | **Schritt 2** |

**Frisches Püree!**  13A4

*Neuer Wortschatz*

| 13A4 | *geben | pressen | *Zeichnung, die |
|---|---|---|---|
| | *Arbeitsschritt, der | *heiß | |
| *Küchenchef, der | schälen | Muskat, der | |
| *Landhaus, das | *Stück, das | *gießen | |
| *einfach | *Salzwasser, das | | 13A Ü5 |
| *Gericht, das | anschließend | | |
| *Mühe, die | Kartoffelpresse, die | *machen | |

*Kommentar Schritt für Schritt*

| | |
|---|---|
| *Kartoffelpüree selbst machen!* *Was muß man machen?* Mit Hilfe von F47 (untere Hälfte) den Ablauf besprechen und an der Tafel festhalten: *Zuerst:* Kartoffeln schälen. *Dann:* Kartoffeln in Stücke schneiden. *Danach:* Kartoffeln in Salzwasser kochen. *Darauf:* Kartoffeln durch eine Kartoffelpresse pressen. *Zuletzt:* Darüber heiße Milch mit Butter, Salz und Muskat geben und umrühren. | **Schritt 1** |
| Grammatik 13B3 und 4 besprechen. Tafelanschrift: *Was passiert?* *Die Kartoffeln werden geschält.* *Die Kartoffeln werden in Stücke geschnitten.* ... | **Schritt 2** |
| Grammatik 13B5: Unterschied zwischen Aktiv und Passiv erläutern; 13B6 „Agens"- Nennung und 13B7 Ersatzform dazunehmen. | **Schritt 3** |
| Text: „Frisches Püree!" im LB, S. 79, lesen. 13A Ü5 bringt eine Rückumformung der Passivformen. | **Schritt 4** |
| Das Interview abschnittweise von der Cassette hören und Notizen dazu machen (AB 13A Ü2). | **Schritt 5** |
| In Partnerarbeit AB 13A Ü2c erledigen. | **Schritt 6** |

**13A4**

| | |
|---|---|
| **Schritt 7** | AB 13A Ü2d erfordert genaues Hinhören (eine Art Lückendiktat), ebenso AB 13A Ü2e. |
| **Schritt 8** | Diskussion: 13A4 Ü6 |
| **Schritt 9** | Grammatikübungen: 13B Ü2–Ü4; AB 13B Ü4–Ü5; dazu AB 13A Ü3 „Suppen-Festival". |
| **Schritt 10** | 13A Ü7: Beschreibung eines einfachen Gerichts. Dazu einige Beispiele aus einem Kurs des Goethe-Instituts Madrid: |

SANGRIA REZEPT

1) 1 L. Wein wird in ein großes Glas gegossen.
2) Dann werden Pfirsiche, Ananas, Birnen, Apfelsinen und Zitronen geschält.
3) Dann werden die Früchte klein geschnitten.
4) Dann wird alles in einen großen Wasserkrug gegossen.
5) Anschließend wird den Zimt zugegeben.
6) Schließlich wird umgerührt und die Sangria wird kaltgestellt.

Spanisches Omelett

Die Kartoffeln werden geschält und in kleine Stücke geschnitten.
Das Öl wird in eine Pfanne gegossen und anschließend die Kartoffeln (werden) in der Pfanne zugegeben.
Wenn die Kartoffeln gebraten sind, nehmen wir sie heraus.
Jetzt schlagen wir zwei Eier und wir mischen die Kartoffeln mit die Eier und wir legen sie in die Pfanne.
Wenn das fertig ist, drehen wir alles um.
Das ist ein Spanisches Omelett.

EINE EINFACHE PAELLA

Zuerst wird das Öl in eine Paella-Pfanne gegossen, und auf die Kochstelle gestellt.
Dann werden 2 kleine Zwiebeln in kleinen Stücke geschnitten.
Dann wird das Hähnchen zugegeben und gedünstet.
Anschließend werden vier Gläser von Reis zugegeben.
Schließlich wird das Doppelt so viel Reis wie Wasser und Salz zugegeben.
Die Paella wird eine halbe Stunde gekocht.
Fakultativ: Wir können Meeresfrüchte darauf legen.

EIN SCHÖNER SALAT!

• Wir brauchen Kartoffeln, Oliven, Salat, Tomaten, Zwiebeln, Eier und eine Dose Thunfisch. Öl und Essig.
Zuerst Kartoffeln und Eier (werden) in einem Topf mit Wasser gekocht. Anschließend werden die geschält und in kleinen Stücke geschnitten. Dann werden Tomaten und Salat gewaschen und mit Zwiebeln geschält.
Jetzt nehmen wir einen großen Teller: darauf werden alle Sachen gelegt und mit einem Kochlöffel durchgerührt.

*In diesem schönen Moment wird die Thunfischdose geöffnet. Dann wird der Thunfisch auf den Teller zugegeben.*
*Dann werden das Öl und der Essig auf die Tomaten, den Salat, die Eier, die Kartoffeln, die Zwiebeln, die Oliven, den Thunfisch gegossen.*
ENDLICH WIRD ES GEGESSEN.
PROST!

AB 13B Ü6: Das Gedicht besprechen und diskutieren.  Schritt 11

## EP 50

*Variationsmöglichkeiten*

Die Bedienungsanleitung eines komplizierten Gerätes ist eine schwierige Textsorte. Man sollte diesen Abschnitt deshalb nur durchnehmen, wenn man etwas Zeit hat, die Sprachkompetenz des Kurses gut ist und sich die Kursteilnehmer für technische Abläufe interessieren.
Falls Sie den Abschnitt auslassen, müssen Sie 13B8 und die dazu gehörenden Übungen 13B Ü5 (mit anderen Beispielen) und Ü6 besprechen.
Zur Vorübung: *Wie funktioniert ein Tageslichtprojektor / ein Cassettenabspielgerät?*
Gerät in den Unterricht mitbringen und die Kursteilnehmer bitten, Erklärungsversuche zur Bedienungsanleitung zu machen. In muttersprachlich homogenen Klassen kann man zunächst auch eine Bedienungsanleitung in der Muttersprache besprechen, damit allen Lernenden der technische Ablauf klar ist.

*Neuer Wortschatz*

13A5

* normal
  Kopienbedarf, der
  Normalpapier-Kopierer, der
* Büro, das
  kurzum
* Bedienung, die
* klar
  übersichtlich
  anordnen
  farbig
  kennzeichnen
  Funktionstaste, die
  Start-Taste, die
  orangefarben
  Unterbrecher-Taste, die
  Lösch-Taste, die
  Kopienvorwahl-Taste, die
  Kontrastregler, der
  Ziffernanzeige, die
  vorwählen
* Kopienzahl, die

* Stück, das
  Kopiertaste, die
* Druck, der
  Taste, die
  Kopiervorgang, der
  auslösen
  Bedienungselement, das
  Anzeigelampe, die
* einmalig
* Drücken, das
  Mehrfachkopierablauf, der
* stoppen
  nochmalig
* Anzeige, die
* zurücksetzen
  Stopp-Taste, die
  vermindern
* erhöhen
  Belichtungsregler, der
  Kontrast, der
  Wiedergabe, die
* einstellen
* Stellung, die
* passen

Vorlage, die
* Richtung, die
  verschieben

13A5 Ü8

* Kopie, die
* produzieren
  Kopierer, der

13A5 Ü9

* Erklärung, die
* Fachmann, der
  betriebsbereit
* bedeuten

13A5 Ü10

* Original, das
  kopieren
* hell
* blaß

**13A6**

Kommentar Schritt für Schritt

**Schritt 1**  Foto LB, S. 80, oben gemeinsam betrachten: Wortschatzerläuterung *Wie heißt das Gerät? Was kann man damit machen? Braucht man dazu besonderes Papier?* (Text im Kopierer rechts oben lesen.) *Wo braucht man das Gerät?*

**Schritt 2**  Im Text links seitlich unterhalb des Fotos zunächst nur die großgeschriebenen Wörter heraussuchen und besprechen (Tafelanschrift):
*Die Bedienung – Klar – Funktionstasten – Minolta EP 50 – Start-Taste – Unterbrecher- bzw. Lösch-Taste – Kopien-Vorwahl-Tasten – Kontrastregler – Ziffernanzeige – Kopienanzahl*

|  |  |
|---|---|
| Start- | Taste |
| Funktions- |  |
| Unterbrecher- |  |
| Lösch- |  |
| Kopien-Vorwahl- |  |

**Schritt 3**  *Welche Taste hat welche Farbe?*

**Schritt 4**  *Was macht man mit den einzelnen Tasten?* Mit eigenen Worten Funktionsbeschreibung versuchen lassen, dann die neben den Tasten stehenden Texte lesen. Anschließend AB 13A Ü4 ausfüllen.

**Schritt 5**  *Wie viele Kopien produziert der Kopierer im Augenblick? –* (19).

**Schritt 6**  Grammatikdarstellung 13B8 besprechen, dazu 13B Ü5. Dazu AB 13B Ü7 als Hausaufgabe.

**Schritt 7**  Die (z. T. schwierig formulierten Original-)Erläuterungen von der Cassette 13A7 hören und dabei den Text in AB 13A Ü5 mitlesen. Ziel ist globales Hör- und Leseverständnis: *Über welche Taste spricht der Fachmann gerade?*

**Schritt 8**  Zwei Aufgaben für Leute, die alles verstanden haben und auf deutsch erklären können: 13A5 Ü10: *Was machen Sie?*

**13A6**  ***Sie sollten die verkehrsreichen Tage meiden***

Neuer Wortschatz

| 13A6 | Staugebiet, das | Stau, der |
|---|---|---|
|  | *Nebenweg, der | quälend |
| *verkehrsreich | ausweichen | Stop-and-go-Fahrt, die |
| meiden | demnach | sich etwas antun |
| *der-, die-, dasselbe | *starten | *wählen |
| *Verkehrsproblem, das | Urlaubsreisende, der/die | Fahrtroute, die |
| Stau-Prognose, die | wohlverdient | befahren |
| Behinderung, die | Familienrat, der | einschließen |
| *vor allem | *beschließen | *unser |
| *Autobahn, die | *Urlaubsort, der | Tip, der |
| Baden-Württemberg | Fahrzeug, das | genießen |
| Bayern | ansteuern | *der-, die-, dasjenige |
| *rechnen mit | auf jeden Fall | Motorrad, das |
| graphisch | Autobahnnetz, das | *Bahnreise, die |
| *Übersicht, die | mittlerweile | *sich entscheiden |
| *zeigen | *rund | empfehlen |
| ADAC, der | Baustelle, die | Obhut, die |
| Stau-Strecke, die | *Urlaubszeit, die | Deutsche Bundesbahn, die |
| *Fahrt, die | *aufheben | sich begeben |
| ratsam | *Ferienzeit, die | *Bahn, die |

**13A6**

* Autoreisezug, der
* nur
  Anfahrt, die
  zusätzlich
  Urlaubsentspannung, die
  vielfach
* Kosten, die
  gezielt
  wahrnehmen
* Rat, der
  gegebenenfalls

* Fachleute, die
* Eisenbahn, die
* informieren
* sicher
* Angehörige, der/die
  Bundesminister, der

13A Ü11

zähflüssig

13A Ü12

Rundfunkdurchsage, die
Verkehrsstau, der
* Beginn, der

13A Ü13

* Verkehrsminister, der
  Ratschlag, der
  Empfehlung, die
* raten
* Minister, der

*Landeskundliche Information*

Die hohe Verkehrsdichte führt in der Bundesrepublik trotz gut ausgebauter Straßen immer wieder zu Staus, vor allem auf den Autobahnen. Dies führt insbesondere bei Ferienbeginn zu einem Verkehrschaos mit Staus bis zu 50 Kilometern, wenn Hunderttausende von Urlaubern zur selben Zeit nach Italien oder Jugoslawien fahren wollen. Die Automobilclubs (z.B. der Allgemeine Deutsche Automobil-Club ADAC) geben deshalb sog. „Stau-Karten" heraus, die die „heißen" Tage und die besonders staugefährdeten Strecken angeben (vgl. Karte im LB, S. 81 oben). In den Rundfunkanstalten gibt es eigene Verkehrsfunk-Redaktionen, die sich mit ihren Meldungen zur aktuellen Verkehrslage in die laufenden Sendungen einschalten.

*Kommentar Schritt für Schritt*

Bei der Arbeit mit den Hör- und Lesetexten in diesem Abschnitt geht es nicht um das Verständnis aller Details – die Texte enthalten eine Fülle neuer Vokabeln! –, sondern um selektive, d.h. ganz gezielte Informationsentnahme, insbesondere um das Erfassen von Orts- und Zeitangaben.

Gemeinsam die Landkarte im LB, S. 81, besprechen: *Was könnten die Linien und ihre unterschiedliche Stärke bedeuten? An welchen Stellen / zwischen welchen Orten sind die Linien besonders stark?*
Erläutern: Zeichen für *zähflüssigen Verkehr* und für *große Staugefahr.*
Am 16. Juni beginnen in Baden-Württemberg die Ferien. Dann fahren viele Familien in Urlaub (nach Italien/Jugoslawien).     **Schritt 1**

Den Text rechts von der Stau-Karte lesen und anhand der Fragen von 13A6 Ü11 auswerten (Partnerarbeit; dann Ergebnisse gemeinsam besprechen).     **Schritt 2**

Zur Vorbereitung der Rundfunkdurchsage AB 13A Ü6a (= Wortschatzerläuterungen) erarbeiten. Dann die Durchsage mehrfach hören (in Abschnitten) und die Fragen von 13A Ü6b zu beantworten versuchen. Die Angaben in die Landkarte AB, S. 79, eintragen (AB 13A6 Ü6c), die Fragen gemeinsam diskutieren (dabei muß die Durchsage wahrscheinlich immer wieder Abschnitt für Abschnitt gehört werden).     **Schritt 3**

13A6 Ü13: Zunächst die Formeln für „Ratschläge/Empfehlungen" besprechen und diese dann im Text „Liebe Urlaubsreisende!" unterstreichen.
*Welche Vorschläge macht der Minister?* Was haben die Kursteilnehmer beim ersten Lesen mitbekommen?     **Schritt 4**

Den Text lesen, dabei die Worterklärungen im AB 13A Ü7 neben den Text legen und die wichtigsten Gedanken mitnotieren.     **Schritt 5**

In Partnerarbeit eine vereinfachte Version des Textes zu erstellen versuchen. Arbeitsergebnisse vergleichen (AB 13A Ü8).     **Schritt 6**

## 13A7

**Schritt 7**  AB 13B Ü8: Lückentext ausfüllen; dabei ggf. noch einmal die Grammatikdarstellung 13B9 besprechen.

## 13A7

*Ein schöner Tag*

*Variationsmöglichkeiten/Landeskundliche Information*

Statt mit der Geschichte könnte man mit der Besprechung der vier Fotos auf F48: Freizeitaktivitäten beginnen. Sie zeigen typische Naherholungsgebiete in der Nähe von Großstädten/Ballungsgebieten.
Linkes Bild, Mitte: Typischer „Biergarten" in Süddeutschland.
Rechtes Bild, Mitte: Windsurfer an einem See in Großstadtnähe.
Linkes Bild, unten: Campingplatz mit fest installierten Wohnwagen im Ruhrgebiet. Solche Wohnwagen haben in den letzten Jahren mehr und mehr die Wochenendhäuschen mit Garten abgelöst.
Rechtes Bild, unten: Familie beim Spaziergang am Seeufer.

*Neuer Wortschatz*

| 13A7 | *frisch | *nervös | gönnen |
|---|---|---|---|
|  | *gesund | Schlange, die | *stören |
| *weiterlesen | *sorgen | aufhalten | Heimfahrt, die |
| *groß | sich langweilen | brüllen | Nerv, der |
| *Teil, der | *denken | toben | *melden |
| *verschieden | pennen | *beruhigen | Chaos, das |
| *zweimal | *Schwimmbad, das | bewilligen | *Richtung, die |
| *Bildseite, die | *Party, die | *sauer | Ruhrgebiet, das |
| *unangenehm | abends | verderben |  |
| Feder, die | *gehen | Lokal, das | 13A Ü14 |
| losgehen | *Ordnung, die | *soviel |  |
| Hetze, die | opfern | Geduld, die | Wendung, die |
| flink | *frei | *verlangen | Tempo, das |
| decken | zügig | *frei | *Bewegung, die |
| rasch | vorangehen | *Natur, die | Stopp, der |
| drängen | abstellen | *Wetter, das |  |
| *hupen | *Gas, das | Rand, der | 13A Ü15 |
| *fällig | verpesten | sich niederlassen |  |
| *wozu? | *weinen | *tief | *direkt |
| rauskommen | fluchen | Schlaf, der | Handlung, die |

*Kommentar Schritt für Schritt*

**Schritt 1**  Gemeinsame Besprechung erst der linken, dann der rechten Zeichnung auf F48 oben
**F48**  (Mann in Hetze/Mann in Ruhe).
*Was tut der Mann? Was hat er vor? Woran erinnern Sie die Bilder?*

**Schritt 2**  Bildcollage LB, S. 82, dazunehmen; dazu die Fragen S. 82 unten besprechen.

**Schritt 3**  Die Geschichte abschnittweise gemeinsam lesen, unbekannte Wörter erklären, dabei die Stichwörter-Liste von AB 13A Ü9 auffüllen.

**Schritt 4**  13A7 Ü14–Ü16 bearbeiten. Die Passage Zeile 10–18, in der über die verschiedenen Personen berichtet wird, gehört nicht unmittelbar zur Handlung.

**Schritt 5**  AB 13A Ü10: Die Geschichte mit Hilfe der Stichwörter zusammenfassen.

**13AW**  Wortschatzübung AB 13AW Ü1 (S. 80/81). Ein Wörterrätsel; Lösungswort: *Kartoffelpüree.*

**Kapitel 14**

Im Mittelpunkt dieses Kapitels stehen bei den Verständigungsbereichen *Vergleiche* (Entsprechung/ Unterschiedlichkeit) quantitativer und qualitativer Art. Im Bereich der Sprechintentionen treten dazu die *subjektive Meinungsäußerung* (Bewunderung/Vorliebe), im Bereich der *Themen:* Schönheitskonkurrenz; deutschsprachige Länder; Deutsche – Franzosen ; Frauen – Männer. Entsprechend ist im *Grammatik*bereich einer der Schwerpunkte: *Komparativ/Superlativ*. Weitere Grammatikpensen sind: reflexive Verben; Verbativergänzung beim Verb.
Ein weiterer Schwerpunkt der Spracharbeit liegt in der Informationsauswertung und -bewertung von (Lese)Texten, wie sie typisch für Zeitungsmeldungen sind.

| **Übersicht** | *Lehrbuch* | *Arbeitsbuch* | *Folien* | *Cassette 1B1* |
|---|---|---|---|---|
| 14A1 *Die Schönheit des menschlichen Körpers* (Komparation) | S. 90 Ü1 | | F49 | 14A1 |
| 14A2 *Rockissima, Rockissimo* | S. 91 Ü2 | S. 85 Ü1–2 | F49 | |
| 14A3 *Deutschsprachige Länder* | S. 92–93 Ü3–4 | S. 86–87 Ü3–4 | F50–53 | |
| 14A4 *Wie sind die Deutschen?* | S. 94 Ü5 | | | |
| 14A5 *5 Texte über die Bundesrepublik* | S. 94–96 Ü6–14 | S. 88–91 Ü5–11 | | |
| 14A6 *Franzosen und Deutsche* | S. 97 Ü15–16 | S. 91–92 Ü12–13 | | |
| 14A7 *Frauensache–Männersache?* | S. 98 Ü17–18 | S. 92–93 Ü14 | | |
| 14A8 *Seltsamer Spazierritt* | S. 99 Ü19 | | | 14A8 |
| 14AW *Wortschatzübungen* | | S. 93–94 Ü1–4 | | |
| 14B1 *Die Graduierung des Adjektivs: Formen* | S. 100–101 S. 104, Ü1 | | | |
| 14B2 *Der Vergleich* | S. 101–102 S. 104, Ü2–4 | S. 94–95 Ü1–3 | | |
| 14B3 *Reflexive Verben* | S. 103 S. 104, Ü5 | S. 96, Ü4 | | |
| 14B4 *Das Verb und seine Ergänzungen: Verbativergänzung* | S. 103 | S. 96, Ü5 | | |

## 14A1

**14A1** *Die Schönheit des menschlichen Körpers*
*oder: die Komparation im Deutschen*

*Neuer Wortschatz*

| 14A1 | anderthalb | sich behaupten |
|---|---|---|
| | Pokal, der | Amateur-Europameister, der |
| *Schönheit, die | Europa, - | Brite, der |
| *menschlich | *hoffentlich | Stechen, das |
| *Körper, der | *kriegen | Landsmann, der |
| Komparation, die | *dafür | sich durchsetzen |
| Sieger, der | Muskelfrau, die | Profi-Body-Builder, der |
| bravo! | *holen | siegen |
| wunderschön | Titel, der | Preisgeld, das |
| Spitzenklasse, die | Freiburgerin, die | knapp |
| schauen | Europameisterin, die | *erhalten |
| sagenhaft | Body-Builder, der | |
| *genau | *gewinnen | 14A1 Ü1 |
| *doppelt | Europameisterschaft, die | |
| aufsetzen | *Samstagabend, der | Body-Building, das |
| *höchstens | Muskelschau, die | Amateur, der |
| | | Profi, der |

*Landeskundliche Information*

Die Darstellung von nackten oder halbnackten Menschen kann in manchen Kulturkreisen anstößig wirken (Tabu-Zone).
Im abendländischen Kulturkreis, in dem der Mensch als „das Maß aller Dinge" bezeichnet wurde, hat die Darstellung des männlichen oder weiblichen Körpers eine lange Tradition in der Kunst. Bodybuilding erfreut sich inzwischen auch in der Bundesrepublik im Rahmen der wiederentdeckten „Körperkultur" wachsender Beliebtheit. Dem Schönheitsideal des „Muskel-Mannes" gesellt sich das der „Muskel-Frau" hinzu – beide nicht jedermanns oder jeder Frau Geschmack, aber doch ein Ideal neben anderen.
Wir verwenden das Thema ausdrücklich (vgl. den Untertitel!), um den Komparativ/Superlativ einzuführen, und kommentieren es durch das Gespräch, das Rocko und Rocka führen, aber auch durch die Gegenüberstellung mit unseren beiden Marsmenschen (14A2).

*Kommentar Schritt für Schritt*

**Schritt 1** Mit Hilfe von F49 die beiden Gestalten beschreiben (groß, muskulös, athletisch usw.) und kommentieren: *Wie finden die Kursteilnehmer so etwas? Wie finden sie Bodybuilding?*

**Schritt 2** Das Gespräch zwischen Rocko und Rocka von der Cassette hören. *Was wurde verstanden – Mann/Frau?*

**Schritt 3** Den Dialog im LB, S. 90, lesen und auswerten: *Was wird über den Mann, was über die Frau gesagt?*

**Schritt 4** Den Text „Deutsche Muskelfrau holte den Titel" in Partnerarbeit lesen und die Informationen in die Tabelle eintragen: 14A1 Ü1.

**Schritt 5** 14B1 Grammatiktabelle gemeinsam durchgehen.

**Schritt 6** Grammatikübung: 14B Ü1.

**14A2**

*Rockissima, Rockissimo*

*Neuer Wortschatz*

| 14A2 | * Hautfarbe, die | * gut | * Gewicht, das |
|---|---|---|---|
| | tiefblau | * wenig | * Geschwindigkeit, die |
| Miss, die | * lieben | * schwach | * Aussehen, das |
| Universum, das | umgekehrt | * blau | * Charakter, der |
| irgendein- | Sprung, der | | Stärke, die |
| * dünn | * nichts tun | 14A2 Ü2 | * Tier, das |
| * Menschenarm, der | * schließlich | | |
| * Menschenbein, das | * am besten | * Körperteil, der | |

*Kommentar Schritt für Schritt*

Wir fangen diesmal mit der Grammatik an: 14B2 durchsehen. **Schritt 1**

Den Text (LB, S. 91) gemeinsam lesen. AB 14A Ü1: In Partnerarbeit die Tabelle **Schritt 2**
ausfüllen, gemeinsam die Ergebnisse vergleichen.

LB 14A Ü2, LB 14B Ü2 und Ü4, AB 14A Ü2 durcharbeiten. **Schritt 3**
 **F49**

*Deutschsprachige Länder* **14A3**

*Variationsmöglichkeiten*

a) Mit Hilfe einer Europakarte die deutschsprachigen Länder und ihre Nachbarstaaten lokalisieren.
b) Was wissen die Kursteilnehmer über die 4 Länder? An der Tafel in Tabellenform Informationen sammeln, Erfahrungen austauschen, Erlebnisse erzählen lassen.
c) Zunächst die 4 Folien zu den deutschsprachigen Ländern (F50–53) besprechen. Im Folienkommentar, S. 20f., finden Sie ausführliche Angaben zu den Abbildungen auf den Folien.

*Neuer Wortschatz*

| 14A3 | * jährlich | Rätoromanisch |
|---|---|---|
| | Bevölkerungswachstum, das | * Landessprache, die |
| Superlativ, der | Däne, der | anerkennen |
| Lebenserwartung, die | Sinti, der | Christkatholik, der |
| * Fläche, die | Roma, der | Jude, der |
| Quadratkilometer, der | Italiener, der | Sorbe(n), der |
| Jahresdurchschnittstemperatur, | Jugoslawe, der | Berlin (Ost) |
| die | Spanier, der | Österreicher, der |
| * Einwohner, der | * Staatssprache, die | Kroate, der |
| * je | Protestant, der | Slowene, der |
| * städtisch | Katholik, der | |
| * Bevölkerung, die | Mohammedaner, der | 14A3 Ü4 |
| Prozent, das | * Hauptstadt, die | |
| Analphabet, der | Amtssprache, die | Statistik, die |

*Landeskundliche Information*

LB, S. 92/93: Jedem der Länder sind vier, Österreich fünf Fotos zugeordnet:
Bundesrepublik:  Alte Menschen im Park.
 Der „Roland" in Bremen, Wahrzeichen für Marktfreiheit und Handelsprivilegien in mehreren norddeutschen Städten.

**14A4**

|  |  |
|---|---|
|  | Spielende Kinder auf der Straße. |
|  | Schwebebahn in Wuppertal. |
| Schweiz: | Erker an altem Bürgerhaus. |
|  | Uhrturm in Bern. |
|  | Schitour auf einem Gletscher. |
|  | Alpenlandschaft. |
| DDR: | Marktplatz in einer Kleinstadt. |
|  | Straßenszene. |
|  | Datschen-Siedlung (Datsche = Wochenend-, Ferienhäuschen). |
|  | Karl-Marx-Büste. |
| Österreich: | Denkmal für Johann Strauß in Wien. |
|  | Alpengipfel. |
|  | Fiaker in Wien. |
|  | Weinlokal in Grinzing (Wien). |
|  | Schifahrer. |

*Kommentar Schritt für Schritt*

| | |
|---|---|
| **Schritt 1** <br> F51–53 | Bilder in LB, S. 92/93, und die Folien 50–53 besprechen. |
| **Schritt 2** | 14A Ü3 durchgehen; ähnliche Vergleiche selbst durchführen lassen. |
| **Schritt 3** | AB 14A Ü3a und b. |
| **Schritt 4** | AB 14A Ü4: Selektives Lesen im Hinblick auf die Informationen, auf die sich die Fragen beziehen. <br> AB 14A Ü4a, dann b, dann c. |

**14A4**   *Wie sind die Deutschen?*

*Neuer Wortschatz*

| 14A4 | *fleißig | *Tafel, die | *nennen |
|---|---|---|---|
|  | frech | *schimpfen | Zuhörer, der |
| ernst | *konservativ | *glauben | *bitten |
| *dumm | progressiv | *duschen |  |
| sensibel | *interessant | *sich ärgern | 14A4 Ü5 |
| plump | *Vortrag, der | sich ernähren |  |
| nüchtern | Deutschlehrerkongreß, der | sich kratzen | grammatisch |
| phantasievoll | Referent, der | sich plagen | korrekt |

*Landeskundliche Information*

Aus der Vorurteilsforschung wissen wir, daß das Bild, das man von sich selbst hat, immer positiver ist als das Bild, das man von den „Fremden" hat (vgl. die Texte 14A5d und 14A6). Andererseits ist es für uns selbst immer wieder faszinierend zu entdecken, wie „die anderen" uns sehen.

*Kommentar Schritt für Schritt*

| | |
|---|---|
| **Schritt 1** | Gemeinsam reflexive Verben sammeln (Tafelanschrift) und 14B3: Grammatikdarstellung der reflexiven Verben besprechen; dazu 14B Ü5 und AB 14B Ü4. |
| **Schritt 2** | Tafelanschrift: <br> *Der Deutsche* \| ..... \| *nicht, er* \| ..... \| *sich.* <br> Gemeinsam mit der Klasse die Lücken auszufüllen versuchen. |
| **Schritt 3** | Den Text im LB, S. 94, lesen und Ü5 besprechen. |

**14A5**

**14A5a–e**

Die 5 Texte werden in der Klasse auf Kleingruppen verteilt. Die Gruppen sollen den jeweiligen Text für eine gemeinsame Auswertung in der Klasse vorbereiten. Das bedeutet:
- Den Text gemeinsam lesen; Notizen machen.
- Die wichtigsten inhaltlichen Informationen zusammenfassen und den anderen Kursteilnehmern erklären.
- Beim gemeinsamen Lesen der Texte in der Klasse auf elementare Verständnisschwierigkeiten eingehen.

*Neuer Wortschatz* **14A5a**

| 14A5a | | | 14A5a Ü6 |
|---|---|---|---|
| | *stehen | Klammer, die | |
| | *damit | Position, die | |
| verdrängen | ununterbrochen | *Vorjahr, das | *bevor |
| *Gesellschaft, die | *Stelle, die | Bub, der | neugeboren |
| *Sprache, die | *diesmal | | beliebt |
| *Ergebnis, das | *vor | | *Plakat, das |
| *mitteilen | *Platz, der | | *geben |
| | abrutschen | | *Mitschüler, der |

Die Kleingruppe erklärt das Thema und gibt zusammenfassend Informationen zum Text. **Schritt 1**

Die Kleingruppe führt durch 14A5a Ü6. **Schritt 2**

In Partnerarbeit AB 14A Ü5 vorbereiten, dann gemeinsam auswerten. **Schritt 3**

*Neuer Wortschatz* **14A5b**

| 14A5b | | | 14A5b Ü8 |
|---|---|---|---|
| | Sozialwissenschaft, die | Anpassung, die | |
| | befragen | ideal | |
| *Ordnungsliebe, die | Eigenschaft, die | | *vorher |
| Fleiß, der | ebensoviel- | 14A5b Ü7 | |
| Haupterziehungsziel, das | Selbständigkeit, die | | |
| Bundesbürger, der | *frei | *Artikel, der | |
| *heute | Vorrang, der | *ordnen | |
| *Erziehungsziel, das | Folgsamkeit, die | bilden | |
| angewandt | | | |

*Kommentar Schritt für Schritt*

Die Kleingruppe erklärt, was an wichtigen Informationen im Text steht. **Schritt 1**

Die Kleingruppe führt durch 14A5b Ü7 und Ü8. **Schritt 2**

In Partnerarbeit AB 14A Ü6, Satz 1–4, ausfüllen, dann gemeinsam besprechen. **Schritt 3**

*Neuer Wortschatz* **14A5c**

| 14A5c | | |
|---|---|---|
| | begehen | *Amt, das |
| | Großbritannien | *berücksichtigen |
| Einbruchstatistik, die | *liegen | *Tote, der |
| französisch | darüberliegen | Hochwasser, das |
| Informationszentrum, das | Quote, die | |
| Dokumentationszentrum, das | *hinter | 14A5c Ü9 |
| *Versicherung, die | Berechnung, die | |
| Durchschnitt, der | sämtlich | Wortzusammensetzung, die |
| Einbruch, der | Diebstahl, der | |

**14A5**

*Kommentar Schritt für Schritt*

Schritt 1    Die Kleingruppe berichtet über den Text.
Schritt 2    Gemeinsam Ü9 und AB 14A Ü6, Satz 5 und 6 besprechen.

**14A5d**    *Neuer Wortschatz*

| 14A5d | | |
|---|---|---|
| entdecken | *Verhalten, das | reserviert |
| Humor, der | *gegenüber | verschlossen |
| *ordentlich | hilfsbereit | *unpersönlich |
| diszipliniert | bezeichnen | *kühl |
| *genau | Aussage, die | *meist- |
| spontan | negativ | *finden |
| *offen | *feststellen | freundschaftlich |
| *herzlich | vermissen | *eng |
| Meinungsbild, das | *Gast, der | *Kontakt, der |
| Auswertung, die | Disziplin, die | *herstellen |
| Stiftung, die | *Zuverlässigkeit, die | |
| ergeben | *Genauigkeit, die | 14A5d Ü12 |
| *Erfahrung, die | *Sparsamkeit, die | |
| Wissenschaftler, der | Phantasie, die | genannt |
| zusammenfassen | Flexibilität, die | sortieren |
| überwiegend | Risikofreudigkeit, die | vorhanden |
| | | *Landsleute, die |

*Kommentar Schritt für Schritt*

Schritt 1    Gemeinsam mit der Klasse das Assoziogramm „ein sympathischer Mensch" erstellen (14A5d Ü11).
Schritt 2    Die Gruppe erläutert die wichtigsten Ergebnisse der Umfrage.
Schritt 3    Den Text gemeinsam lesen, 14A5d Ü12 bearbeiten.
Schritt 4    In Kleingruppen die 5 Wortfamilien von AB 14A Ü7 bearbeiten, Ergebnisse gemeinsam besprechen.
            AB 14 Ü8, Ü9 und Ü10 in Partnerarbeit, dann gemeinsam besprechen.

**14A5e**    *Neuer Wortschatz*

| 14A5e | | |
|---|---|---|
| | beispielsweise | *Ansicht, die |
| Duzen, das | *Zeichen, das | *bauen |
| Siezen, das | Solidarität, die | zwischenmenschlich |
| zueinander | *Lehrerzimmer, das | *leicht- |
| *Du, das | siezen | umgehen mit |
| *unter | stets | *bekommen |
| übergehen | vorherrschen | |
| steif | Lehrkraft, die | 14A5e Ü13 |
| vertraut | oftmals | |
| *Sie, das | Du-Muffel, der | *Unterschied, der |
| Kulturwissenschaftler, der | überdies | Anrede, die |
| Phänomen, das | zulassen | duzen |
| *untersuchen | *Schüler, der | nachlesen |
| empfinden | ernten | |
| Student, der | *Protest, der | 14A5e Ü14 |
| | Schulamt, das | klingen |

*Kommentar Schritt für Schritt*

| | |
|---|---|
| Gemeinsam mit der Klasse 14A5d Ü13 zur Vorbereitung auf den Text besprechen. | **Schritt 1** |
| Die Gruppe erläutert, was im Text steht. | **Schritt 2** |
| 14A5d Ü14 besprechen. | **Schritt 3** |
| In Partnerarbeit AB 14A Ü11 erledigen, dann gemeinsam Ergebnisse besprechen. | **Schritt 4** |

**Franzosen und Deutsche** 14A6

*Variationsmöglichkeiten*

Man könnte – bevor man das Beispiel „Franzosen und Deutsche" bspricht – mit der Klasse das Eigenbild und das Fremdbild von den Deutschen ermitteln lassen (AB 14A Ü13). Die zu erwartenden Ergebnisse (das Bild, das man von sich selbst und seinem Land hat, ist etwas positiver als das Bild, das man vom anderen Land entwickelt) könnten zu einem vertieften Verständnis der Umfrage bei Deutschen und Franzosen beitragen.

*Neuer Wortschatz*

| | | | |
|---|---|---|---|
| *Reihe, die | angeben | tolerant | streitsüchtig |
| Tabelle, die | Fragebogen, der | intolerant | kultiviert |
| jeweilig- | zutreffen | phantasielos | primitiv |
| *Gegenteil, das | *setzen | *zuverlässig | warmherzig |
| ankreuzen | *je ... desto | unberechenbar | *kalt |
| *selbst | sich ergeben | *großzügig | *demokratisch |
| *mutig | Mittelwert, der | kleinlich | *undemokratisch |
| *erst | schwerfällig | geistreich | Parallel-Umfrage, die |
| Umfrage, die | bescheiden | humorlos | *Urteil, das |
| anhand | anmaßend | aufrichtig | *Nachbarvolk, das |
| Gegensatz-Paar, das | tapfer | *falsch | |
| Skala, die | feige | friedlich | |

*Landeskundliche Information*

Es ist interessant zu sehen, daß das Bild der Franzosen von den Deutschen zwiespältiger (ausgeprägte Zickzacklinie!) ist als das Bild der Deutschen von den Franzosen. Das hat sicher mit negativen historischen Kriegserfahrungen zu tun (hier wirkt sich sicher die hohe Einschätzung von „Tapferkeit" und „Mut" der Deutschen aus). Die Deutschen beurteilen die Franzosen insgesamt etwas positiver als die Franzosen die Deutschen, sie haben auch eine höhere Meinung von sich selbst als die Franzosen über sich.

*Kommentar Schritt für Schritt*

| | |
|---|---|
| Erarbeitung der Adjektivlisten: Zuerst die linke Spalte (positive Eigenschaften); Erläuterung durch den Lehrer oder Nachschlagen im Wörterbuch. Bei der Erarbeitung der rechten Spalte (negative Eigenschaften), auf die Wortbildung zum Ausdruck von Gegensätzen *(un-, in-, -los)* hinweisen. | **Schritt 1** |
| Interpretation der beiden Tabellen; hierbei werden die Kursteilnehmer vermutlich schon ihre eigene Meinung einbringen (Ü15). | **Schritt 2** |
| AB 14A Ü12 als Hausaufgabe. | **Schritt 3** |
| AB 14A Ü13: Tabelle einzeln ausfüllen, dann gemeinsam auswerten (Ü13a und b). | **Schritt 4** |
| Diskussion: AB 14 Ü13c schriftlich vorbereiten und gemeinsam besprechen. Abschließend 14A6 Ü16. | **Schritt 5** |

**14A7**

**14A7** *Frauensache – Männersache?*

*Variationsmöglichkeiten*

Zur Einführung in den Text könnte man mit den Kursteilnehmern über geschlechtsspezifische Rollen in den verschiedenen Herkunftsländern (bei Kursen im Inland) bzw. im eigenen Land (bei Kursen im Ausland) sprechen. *Welches sind typische Arbeiten/Berufe? Wo treffen sich Männer/Frauen? Welches Verhalten ist akzeptiert/nicht akzeptiert?*

*Neuer Wortschatz*

| 14A7 | Jahrgang, der ausschließlich | *Haushalt, der ferner |
|---|---|---|
| Frauensache, die | Hauptlast, die | |
| Männersache, die | *weiblich | 14A7 Ü17 |
| Forscher, der | Geschlecht, das | |
| *Waschen, das | Staubwischen, das | *Geschirr, das |
| *Kochen, das | Hauptaufgabe, die | *spülen |
| *Sache, die | *Autowaschen, das | *abtrocknen |
| *Aufgabe, die | Leerung, die | *trocknen |
| Domäne, die | Mülleimer, der | bügeln |
| erstellen | *ansehen | *saubermachen |
| Forschungsarbeit, die | *dagegen | *Schulaufgabe, die |
| Verbraucherdienst, der | *meist(ens) | *putzen |
| *Grundlage, die | abwechselnd | Steuererklärung, die |
| *Untersuchung, die | *Geburt, die | |

*Landeskundliche Information*

Trotz der in der Bundesrepublik vieldiskutierten „Emanzipation der Frau" scheint nach der im Text erwähnten Umfrage die Rollenzuweisung bei den alltäglichen Arbeiten zwischen Mann und Frau doch sehr klar zu sein. Anzumerken ist dazu, daß in den 70er und 80er Jahren die Zahl der Eheschließungen um fast die Hälfte zurückgegangen ist, daß die Scheidungsrate im selben Zeitraum gestiegen ist und daß heute alternative Formen des Zusammenlebens (Wohngemeinschaft, Lebensgemeinschaft ohne „Trauschein", allein leben [Single]) immer häufiger vorkommen.
Die Aussagen im Text (LB, S. 98) gelten nur für verheiratete Männer und Frauen.

*Kommentar Schritt für Schritt*

| | |
|---|---|
| Schritt 1 | Einführendes Gespräch |
| | Ein Forscher sagt: *Auch heute ist in der Bundesrepublik Waschen und Kochen noch immer eine Aufgabe, die Frauen erledigen.* |
| | Bei Kursen im Inland: Fragen an die Kursteilnehmer: *Welche Beobachtungen haben Sie dazu gemacht? Stimmt das? Was ist nach Ihrer Beobachtung noch „Frauensache", was „Männersache" in der Bundesrepublik?* |
| | Bei Kursen im Ausland: *Ist Waschen und Kochen im eigenen Land auch Frauensache? Was ist dann Männersache?* |
| Schritt 2 | Den Text gemeinsam lesen, Wortschatz erklären, Statistiken (an der Tafel) anlegen: Frauen/Männer/Frauen und Männer. |
| Schritt 3 | AB 14A Ü14. |
| Schritt 4 | Diskussion: Vergleich der Textinformation mit den Gegebenheiten in den Herkunftsländern/im Herkunftsland der Kursteilnehmer. |
| Schritt 5 | 14A7 Ü17 und Ü18: Persönliche Vorlieben besprechen. |

**14A8**

## Seltsamer Spazierritt

*Variationsmöglichkeiten*

Es gibt Länder, in denen die Geschichte vom „seltsamen Spazierritt" in der eigenen Erzähltradition gut bekannt ist (z. B. in der Türkei). Dort könnte man mit dem Anhören der Cassette beginnen und dann mit den Kursteilnehmern besprechen, was sie verstanden haben.

*Neuer Wortschatz*

| 14A8 | Wandersmann, der | kurios | *weit |
|---|---|---|---|
|  | Bursche, der | Geselle, der | recht machen |
| Spazierritt, der | *Strecke, die | zusammenbinden | *diskutieren |
| nebenher | Unverstand, der | *vorder- | *Überlegung, die |
| *laufen | Kerl, der | *hinter- | *komisch |
| Wanderer, der | *Stock, der | durchziehen |  |
| *recht | hinabjagen | Baumpfahl, der | 14A8 Ü19 |
| Glied, das | absteigen | heimtragen |  |
| herabsteigen | selbdritt | Achsel, die | Station, die |

*Landeskundliche Information*

Johann Peter Hebel (1760–1826), evangelischer Geistlicher; als Schriftsteller vor allem bekannt durch seine volkstümlichen Geschichten und Anekdoten, die 1811 als „Schatzkästlein des Rheinischen Hausfreunds" gesammelt herausgegeben wurden. Die Geschichte vom „Seltsamen Spazierritt" ist auch in anderen Ländern bekannt. In der Türkei z. B. gehört sie zum Kreis der Nasreddin-Hodscha-Geschichten (vgl. *Deutsch aktiv*, LB 1A, S. 115).

*Kommentar Schritt für Schritt*

| | |
|---|---|
| Teil 1 der Geschichte (bis zur Bildleiste) lesen (rechts unten neben dem Text stehen Anmerkungen zum Wortschatz). *Wie geht die Geschichte wohl weiter?* (Die Situation wiederholt sich). *Wie könnte das Ende der Geschichte aussehen?* | Schritt 1 |
| Die Geschichte Abschnitt für Abschnitt zu Ende lesen und von der Cassette hören. | Schritt 2 |
| Grammatikarbeit 14B4; dazu AB 14B Ü5 in Partnerarbeit oder als Hausaufgabe. | Schritt 3 |
| 14A8 Ü19 bearbeiten: Die Geschichte analysieren, dann mit eigenen Worten nacherzählen. Selbst eine ähnliche Geschichte schreiben. | Schritt 4 |

*Wortschatzwiederholung* — **14AW**

AB 14AW Ü1: Gegensatzpaare von Adjektiven ordnen.
AB 14AW Ü2–4: Ergänzung eines Textes mit Vergleichssätzen. Die einzelnen Zeilen besprechen, mit anderen Worten zu erklären versuchen. Wenn dies möglich ist, selbst einen ähnlichen Text machen.

**15A1**

**Kapitel 15**

*Schwerpunkte*
*Grammatik:* Futur I und II; Konjunktiv II.
*Intentionen:* Überzeugung, Vermutung, Zweifel, Nichtwissen in bezug auf Personen und Handlungsweisen, Witterungsverhältnisse ausdrücken.
*Situationen:* Party; Beobachtung eines Fremden/Bekannten auf der Straße; Start zu einer Urlaubsreise; ausländische Gäste zu Besuch.
*Textsorten:* Gespräche; Zeitungsnotiz; Wetterbericht; Bildergeschichte.

| **Übersicht** | | *Lehrbuch* | *Arbeitsbuch* | *Folien* | *Cassette 1B/1* |
|---|---|---|---|---|---|
| 15A1 | *Ob wir den wohl erkennen?* | S. 105–106 Ü1–2 | S. 97 Ü1–2 | F54 | 15A1 |
| 15A2 | *Wie willst du das wissen?* | S. 107 | S. 98 Ü3–4 | | 15A2 |
| 15A3 | *Einbrecher kam während der Party* | S. 107–109 Ü3–10 | | F55 F56 | |
| 15A4 | *Ist das etwa Lehmann? – Nein, glaub ich nicht* | S. 110 Ü11–12 | S. 98–99 Ü5 | | 15A4 |
| 15A5 | *Es soll kalt bleiben* | S. 111 Ü13 | S. 99–101 Ü6–7 | | 15A5 |
| 15A6 | *Zählung soll Klarheit schaffen* | S. 112 Ü14–16 | S. 102 Ü8–9 | | |
| 15A7 | *Blaschkes haben ausländischen Besuch* | S. 113 Ü17 | | F57 | |
| 15AW | *Wortschatzwiederholung* | | S. 103, Ü1 | | |
| 15B1 | *Futur I und II: Formen* | S. 114 S. 116 Ü1–5 | | | |
| 15B2 | *Konjunktiv II der Modalverben: Formen* | S. 114 S. 116, Ü6 | S. 106 Ü6 | | |
| 15B3 | *Futur I und II: Bedeutung und Gebrauch* | S. 115 S. 116 Ü1–5 | S. 104–106 Ü1–5 | | |
| 15B4 | *Konjunktiv II der Modalverben: Bedeutung und Gebrauch* | S. 115 S. 116, Ü6 S. 117, Ü7 | | | |

**15A1**   *Ob wir den wohl kennen?*

Wir haben in diesem Kapitel eine „mysteriöse Geschichte" erfunden (sie erstreckt sich über 15A1, A2 und A4), die zu vielfältigen Vermutungen und Gesprächen Anlaß gibt: die Geschichte von Brillanten-Ede, der – trotz Vorwarnung – Frau von Kopra bei einer Party um ihre Perlenkette erleichtert.

## 15A2

*Neuer Wortschatz*

| 15A1 | *Haar, das | ausladen | *Bescheid sagen |
|---|---|---|---|
|  | Schnurrbart, der | *gegen | huch! |
| *ob | Berliner | *Musiker, der | klar! |
| *erkennen | Akzent, der | engagieren |  |
| *laden | Fischgrätenmuster, das | *Teil, der | 15A1 Ü1 |
| Gastgeberin, die | quergestreift | *welch- |  |
| Brillant, der | *Gruß, der | *Einladung, die | *Vermutung, die |
| *Gast, der | *Kuß, der | Inspektor, der |  |
| lockig | absagen | *scharf |  |

*Kommentar Schritt für Schritt*

Einführung: Herr und Frau von Kopra haben zu einer Party eingeladen. Mittags findet Frau von Kopra einen Zettel unter der Tür!   **Schritt 1**

F54: Den aus Zeitungsausschnitten zusammengeklebten Zettel gemeinsam entziffern. Was bedeutet der Zettel? Wie sieht „Brillanten-Ede" aus? Wer hat den Zettel wohl zusammengeklebt und unter die Tür geschoben? Was sollen die Kopras jetzt machen? Die Party absagen? Die Polizei rufen? Einen Detektiv miteinladen?   **Schritt 2** **F54**

Das Gespräch zwischen Herrn und Frau von Kopra von der Cassette hören, dazu: AB 15A Ü1.   **Schritt 3**

Den Text mit verteilten Rollen lesen. Gespräch frei nachzuspielen versuchen (Redemittelkasten LB, S. 105 unten, zu Hilfe nehmen).   **Schritt 4**

F54 unterer Teil: Wir sehen die Gäste der Party: 15A1 Ü1 *Wer ist Brillanten-Ede?* (Noch einmal die Merkmale durchgehen.) *Wer könnte es sein? Wer ist Frau von Kopra? Wer Herr von Kopra? Welcher Mann ist der Inspektor?*   **Schritt 5** **F54**

15A1 Ü2: Die Einzelgespräche der Reihe nach von der Cassette hören. *Wer spricht mit wem?* (Die Gespräche kommen in der Reihenfolge der im Bild vermerkten Zahlen.) *Wer sind die einzelnen Personen? Woran erkennt man Brillanten-Ede beim Sprechen?* Dazu: AB 15A1 Ü2a (Zuordnungsübung) und Ü2b (Versuch einer wörtlichen Mitschrift).   **Schritt 6**

### Wie willst du das wissen?   15A2

*Neuer Wortschatz*

| *sich verabschieden | *merken | *sich unterhalten | runterfallen |
|---|---|---|---|
| *Instrument, das | *mehrere | mysteriös | *abmachen |
| Rundgang, der | *gerade | *bemerken | *jemand |
| *Aufregung, die | *Mode, die | naiv |  |
| *umsonst | geschmacklos | Perlenkette, die |  |

*Kommentar Schritt für Schritt*

Zunächst den Einführungstext gemeinsam lesen. *Was ist auf der Party passiert?*   **Schritt 1**

Das Gespräch von der Cassette hören, dazu: AB 15A Ü3 als Verstehenskontrolle. AB 15A Ü4: Versuch einer Zusammenfassung: *Was ist auf der Party wirklich passiert?* Versuch, das Gespräch frei nachzuspielen.   **Schritt 2**

89

## 15A3

### 15A3 Einbrecher kam während der Party

*Neuer Wortschatz*

**15A3**
- \* Geschäftsmann, der
- Villa, die
- Landkreis, der
- erleichtern
- \* Mauer, die
- Grundstück, das
- \* unbemerkt
- Hausherr, der
- Zugang, der
- \* Schlafzimmer, das
- verschaffen
- Brillantring, der
- \* vermuten
- \* sich vorstellen
- \* Schrank, der
- vermutlich
- möglicherweise
- Kette, die
- reißen
- Perle, die
- verstreut
- \* Boden, der
- umlegen
- Ausschnitt, der
- rutschen
- \* Ausziehen, das
- wiederfinden

**15A3 Ü4**
- \* Behauptung, die
- Bankdirektor, der
- \* sparsam
- \* lieben
- Luxus, der
- Schmuck, der
- elegant
- \* Zahl, die
- \* um
- Mittelpunkt, der
- ein Leben führen
- Drohbrief, der
- Lektion, die
- erteilen
- \* tun
- \* darum
- enden
- \* Angestellte, der/die
- \* Bank, die
- \* bestellen
- \* außerdem
- Zauberkünstler, der
- \* Begrüßung, die
- \* blitzschnell
- \* abnehmen

**15A3 Ü6**
- \* Foto, das

**15A3 Ü7**
- \* meiner Meinung nach

**15A3 Ü8**
- Nahtransport, der
- Ferntransport, der
- Schnellumzug, der

**15A3 Ü9**
- nachlassend
- \* Interesse, das
- Erlernen, das
- \* Bericht, der
- vorliegen
- Auswärtige Amt, das
- Verbreitung, die
- Bundeskabinett, das
- \* sich beschäftigen mit
- weltweit
- \* zurückgehen
- \* während
- Konzept, das
- \* Sprachpolitik, die
- \* Bundesregierung, die

*Kommentar Schritt für Schritt*

**Schritt 1** Den Text „Einbrecher kam während der Party" lesen, Stichwörter ergänzen und den Inhalt dann mit Hilfe der Stichwörter am Rand zusammenfassen. *Was hat dieser Text mit der Party bei Kopras zu tun? Hat Brillanten-Ede auch die Brillanten gestohlen?*

**Schritt 2** LB, S. 108 oben: „So kann man im Deutschen Vermutungen ausdrücken" gemeinsam besprechen.
Dann 15A2 Ü4–Ü6.

**Schritt 3** Zu Ü7 gibt es eine eigene Folie (F55) mit zusätzlichen Bildern (Informationen dazu im
[F55] Folienkommentar!)

**Schritt 4** Ü8–Ü10.

**Schritt 5** Auf F56 finden Sie weitere Fotos mit ‚rätselhaften' Situationen.
[F56]

### 15A4 Ist das etwa Lehmann? – Nein, glaub ich nicht.

*Neuer Wortschatz*

- \* etwa
- kriechen
- \* sich irren
- hinfallen
- \* Ding, das
- \* Unsinn, der
- Murmel, die
- glänzen
- wetten

*Kommentar Schritt für Schritt*

| | |
|---|---|
| Vermutungen über Brillanten-Ede: *Wo könnte er wohnen? Welchen Beruf könnte er haben? Was macht er mit den Perlen/Brillanten?* | **Schritt 1** |
| Das Bild LB, S. 110 oben, gemeinsam besprechen: *Ist das Brillanten-Ede?* (Merkmale noch einmal durchgehen.) *Was macht er?* | **Schritt 2** |
| Das Gespräch der beiden Gestalten im Fenster anhören/mitlesen. *Was sagen sie? Kennen sie ihn? Für wen halten sie ihn? Wie geht die Geschichte weiter?* | **Schritt 3** |
| 15A4 unten: Redemittelkasten besprechen, dann Ü11 und Ü12 anschließen. Zum Schluß AB 15A Ü5. | **Schritt 4** |

## Es soll kalt bleiben 15A5

*Variationsmöglichkeit*

Inland: Über Erfahrungen der Kursteilnehmer mit dem Wetter in Deutschland reden. Das Klima/Wetter des Herkunftslandes mit dem Wetter in Mitteleuropa vergleichen.

*Neuer Wortschatz*

| 15A Ü13 | veränderlich | Alpennordseite, die | *sicher |
| | bewölkt | *Höhe, die | erstmal |
| *Reisewetter, das | schauerartig | *minus | sich totfrieren |
| Nordseeküste, die | Niederschlag, der | Südseite, die | Mensch! |
| Ostseeküste, die | gewittrig | Aufheiterung, die | nee! |
| *wechselnd | Hochschwarzwald, | *kaum | *dick |
| Bewölkung, die | der | sonnig | *fürchten |
| Schauer, der | Südbayern | *nachmittags | *zweifeln |
| Grad, der | *stark | *einzeln- | regnerisch |
| Ostfriesland, - | zeitweise | *Norden, der | abbrechen |
| Durchzug, der | *Regen, der | *später | dagegen sein |
| *Regengebiet, das | Südfrankreich | *zunehmend | |
| örtlich | Portugal | *sich erkälten | 15A5 Ü13 |
| *Gewitter, das | heiter | *dünn | |
| mäßig | wolkig | *besser werden | *Reisewetterbericht, der |
| böig | *darüber | *glauben an | |
| Südwestwind, der | *Insel, die | *Wetterbericht, der | |

*Landeskundliche Information*

Das Wetter (vor allem das schlechte!) ist – wie überall in Mitteleuropa – ein beliebter Gesprächsstoff.
Zu jeder Nachrichtensendung im Radio und in den Fernsehprogrammen gibt es einen Wetterbericht. In den Sommermonaten kommt dazu ein ausführlicherer „Reisewetterbericht", der die wichtigsten Ferienregionen des Inlands und des europäischen Auslands umfaßt. Außerdem erscheint der Wetterbericht jeden Tag – mit Wetterkarte – in der Zeitung.

*Kommentar Schritt für Schritt*

| | |
|---|---|
| Den Text „Reisewetter" in Partnerarbeit studieren. Raster anlegen und Information eintragen (selektives Lesen) | **Schritt 1** |

**15A6**

| Region | Temperatur | Wetter |
|---|---|---|
| Nord- und Ostseeküste | 15–19 Grad | schlechtes Wetter Regen, Gewitter, Wind |
| ... | ... | ... |

Ergebnisse gemeinsam besprechen. AB 15 Ü6 anschließen.

**Schritt 2** — Bild LB, S. 111 oben, besprechen: Mann im Auto hat Winterkleider an, die jungen Leute tragen leichte Sommerkleider. *Worüber sprechen sie wohl?*

**Schritt 3** — Gespräch von der Cassette hören (Teil 1). Dann Dialog mit verteilten Rollen lesen; mit Hilfe des Redemittelkastens frei nachzuspielen versuchen.

**Schritt 4** — Gespräch (Teil 2) von der Cassette hören: die drei sind jetzt in Jugoslawien: *Wie ist dort das Wetter? Was wollen sie machen? Was machen sie wohl weiter – zurückfahren oder in Jugoslawien bleiben?*

**Schritt 5** — Zur Vorbereitung auf den Hörtext zu 15A5 Ü13: im AB 15A Ü7a Worterklärungen lesen; dann Ü7b.

**Schritt 6** — Cassette abschnittweise anhören und die Angaben zu den einzelnen Ländern in Stichwörtern festhalten.

**Schritt 7** — AB Ü7c: Eine europäische Reisewetterkarte nach den Angaben der Durchsage zeichnen.

**Schritt 8** — AB Ü7d: Die Angaben zu den einzelnen Ländern mit eigenen Worten zusammenfassen.

**15A6**    *Zählung soll Klarheit schaffen*

*Neuer Wortschatz*

15A6

Prognose, die
*Zählung, die
*Klarheit, die
*schaffen
*abnehmen
*jetzig-
*Bevölkerungsentwicklung, die
 anhalten
 aktualisiert
 hervorgehen
*verabschieden
*danach

derzeit
*deutlich
*Volkszählung, die
*ungünstig
 ausfallen
*annehmen
*tatsächlich
*Bevölkerungszahl, die
*niedrig
*bisher
 ausgehen von
*ausländisch
*zunehmen
*Gesamtbevölkerung, die

geringfügig
Rückgang, der
*Einwohnerzahl, die
Modellrechnung, die
*es heißt (, daß)

15A6 Ü14

Zahlenangabe, die

15A6 Ü15

Formulierung, die

*Landeskundliche Information*

Die Volkszählung, die im Jahr 1987 in der Bundesrepublik durchgeführt wurde, hat zu intensiven Auseinandersetzungen über Fragen des Datenschutzes geführt. Es gab Aufrufe zum Boykott der Volkszählung.
Die Prognose geht von einem dramatischen Rückgang der deutschen Wohnbevölkerung und einer entsprechenden Zunahme der ausländischen Wohnbevölkerung in den nächsten 40 Jahren aus. Da aber 1988 die Zahl der Geburten nicht so stark abnahm, wie man noch 1986 angenommen hatte, könnte der Rückgang der deutschen Bevölkerung langsamer als prognostiziert verlaufen. So oder so: „Die Deutschen sterben aus!" –

**15A7**

wie es eine Boulevardzeitung im Anschluß an die Prognose formuliert hat.
Ähnliche Entwicklungen gibt es in allen hochindustrialisierten Ländern.

*Kommentar Schritt für Schritt*

| | |
|---|---|
| Die Begriffe *Prognose* und *Volkszählung* klären; dann Graphik LB, S. 112 oben, gemeinsam besprechen. | **Schritt 1** |
| Grammatik 15B1–4 besprechen (Schwerpunkt auf 15B1 und 3). | **Schritt 2** |
| Den Text lesen. Vorschlag: Jeder Kursteilnehmer liest zunächst den Text für sich durch und unterstreicht alle Wörter und Wendungen, die er sicher kennt. Anschließend gemeinsame Besprechung und gegenseitige Hilfe bei einzelnen Wörtern. Dann die wichtigsten Wörter in den „weißen Stellen" im Text gemeinsam besprechen. | **Schritt 3** |
| AB 15A Ü8: Die Umformungen erkennen und zuordnen (Partnerarbeit). | **Schritt 4** |
| 15A Ü14 und 15 machen, dazu AB 15A Ü9: Wortfamilien ergänzen. | **Schritt 5** |
| 15B Ü1–7; dazu AB 15AW Ü1 und AB 15B Ü1–6. | **Schritt 6** |

## *Blaschkes haben ausländische Gäste* — 15A7

*Variationsmöglichkeit*

Zur Vorbereitung des Themas im Inland könnte man die Kursteilnehmer von ihren Erlebnissen beim Besuch deutscher Familien erzählen lassen: Wo gab es „interkulturelle" Probleme? (Einladung; Essen und Trinken; Verhalten).

*Neuer Wortschatz*

| 15A7 | | | 15A7 Ü17 |
|---|---|---|---|
| | * ratlos | * falsch | |
| | * danken | * öfter | |
| zulangen | abdecken | * auffordern | * Gedanke, der |
| * Besuch bekommen | * gerade | * wiederkommen | * sich fragen |
| * zu wenig | satt | | * einfach |
| * anbieten | peinlich | | Gastgeber, der |
| | | | * berichten |

*Landeskundliche Information*

In der Geschichte gibt es zwei interkulturell bedingte Mißverständnisse:
a) Die ausländischen Gäste wissen nicht, daß man, wenn man in eine deutsche Familie eingeladen ist, nicht einfach noch mehr Leute mitbringen kann (vor allem, wenn man zum Essen eingeladen ist).
b) Die deutschen Gastgeber wissen nicht, daß es in bestimmten Ländern zum Höflichkeitsritual gehört, sich mehrmals zum Zulangen auffordern zu lassen, ehe man sich bedient.

Da man sich aus den Konventionen der eigenen kulturellen Tradition keine Erklärung für das „merkwürdige" Verhalten des Gegenüber machen kann, kann es leicht zu Abwehrreaktionen (die „anderen" sind merkwürdig, die anderen machen alles falsch!), zu Minderwertigkeitsgefühlen (so wie ich es mache, ist es falsch) und damit zu Aggression oder Rückzug kommen (Kulturschockreaktionen). Dagegen hilft nur: mit den „anderen" jeweils über die Dinge reden, bei denen man sich unsicher fühlt. Es kann also gut sein, daß bei diesem Thema im Kurs die Emotionen hochgehen, weil unverarbeitete Erlebnisse zur Sprache kommen. Es lohnt sich deshalb, auf alle Hinweise einzugehen, die von den Kursteilnehmern kommen und ihre Erfahrungen in der Gruppe zu besprechen.

## 15A7

*Kommentar Schritt für Schritt*

**Schritt 1**  Die Geschichte vorlesen; dazu F57 auflegen, damit die Kursteilnehmer die einzelnen
**F57**     Stationen der Geschichte verfolgen können.

**Schritt 2**  Gemeinsames Gespräch: *Wo gibt es an diesem Abend Mißverständnisse* (Bild 1 und Bild 3)?

**Schritt 3**  Die Kommentare der einzelnen Leute 1–9 lesen und besprechen: *Welche Meinung erscheint plausibel?*

**Schritt 4**  Die beiden Anlässe zu Mißverständnissen besprechen
(zusätzliche Freunde mitbringen/nicht essen, weil man nicht oft genug dazu aufgefordert worden ist).
*Welche anderen Mißverständnisse hat man schon persönlich erlebt?*
*Welche Konventionen gibt es im eigenen Land, die z.Z. ein Besucher aus Deutschland falsch verstehen würde?*
*Was kann man tun, wenn man in eine solche Situation gerät?*
(Höflich bemerken, daß man sich nicht auskennt, vielleicht gerade etwas falsch macht und den Gesprächspartner bitten, dazu etwas zu sagen.)

# Kapitel 16

Dieses Kapitel dient im wesentlichen der Wiederholung und Abrundung der Lernpensen von Band 1B:
*Verständigungsbereiche:* Identität, Qualität, Zeitrelationen, Merkmale, Eigenschaften, Wertungen, Qualität, Vergleich.
*Grammatik:* Präpositional- und Genitivergänzungen beim Verb, Wortbildung.
*Textsorten:* Zeitungsbericht, Statistik, Informationsblatt, Interview, Kurzgeschichte, Reportage
Einer der Arbeitsschwerpunkte in diesem Kapitel liegt im Bereich der *Weiterentwicklung des Leseverständnisses* und *des Verstehens authentischer Hörtexte.*

| Übersicht | Lehrbuch | Arbeitsbuch | Folien | Cassette 1B1 |
|---|---|---|---|---|
| 16A1  *Steffi Graf* | S. 117–118 Ü1–5 | S. 107–110 Ü1 | | 16A1 |
| 16A2  *Nach 400 000 Kilometern … ohne Führerschein* | S. 119 Ü6 | S. 110 Ü2 | | |
| 16A3  *Warum nicht deutsch?* | S. 119 Ü7 | S. 111 Ü3–4 | | |
| 16A4  *Essen und Trinken* | S. 120 Ü8–9 | S. 111–112 Ü5–6 | | |
| 16A5  *Der Kinderschutzbund* | S. 121 Ü10–14 | S. 112–113 Ü7–8 | | 16A5 |
| 16A6  *Der Verkäufer und der Elch* | S. 122 | S. 113–114 Ü9–12 | | |
| 16B1  *Präpositionalergänzung* | S. 123 | S. 115, Ü1 | | |
| 16B2  *Genitivergänzung* | S. 123 | | | |
| 16B3  *Wortbildung* | S. 124 | | | |
| 16B4  *Wortbildung* | S. 124 S. 126, Ü1 | | | |
| 16B5  *Wortbildung* | S. 124 S. 126, Ü1 | S. 115–116 Ü2–3 | | |

## *Steffi Graf*  16A1

Dieser Abschnitt ist in drei Unterabschnitte gegliedert:
a) ein Zeitungsbericht, in dem St. G. porträtiert wird;
b) eine Passage aus einer Original-Radio-Reportage von einem Tennisspiel;
c) ein Zeitungsbericht, der die Stimmen der internationalen Presse zum Spiel wiedergibt.

**16A1a**

**16A1a**  *Neuer Wortschatz*

| 16A1a | Filzkugel, die | Vorhand, die | 16A1 Ü1 |
|---|---|---|---|
| | draufhauen | Dampfhammer, der | |
| Reporter, der | Schläger, der | grinsen | Merkmal, das |
| *loben | krachen | Tennisplatz, der | positiv |
| fröhlich | Ball, der | Killer, der | *begründen |
| *Art, die | Rotation, die | | |
| Tennis, das | Top-Spin, der | | 16A1 Ü2 |
| *schmal | zischen | | |
| blicken | Rakete, die | | Lieblingssportlerin, die |
| bösartig | Netz, das | | Lieblingssportler, der |

*Landeskundliche Information*

Durch Boris Becker (vgl. *Deutsch aktiv Neu,* Band 1A) und Steffi Graf wurde das Tennisspiel in der Bundesrepublik insbesondere bei jungen Leuten zu einem sehr populären Sport. Beide sind sehr früh Personen des „öffentlichen Lebens" geworden und einem gewaltigen Star-Rummel ausgesetzt, den sie unterschiedlich gut verkraften. Da solche Sport-Idole immer „top" sein müssen, reagieren die Medien auf Formschwankungen entsprechend negativ, nicht zuletzt auch deshalb, weil beide sehr viel Geld verdienen und man dafür eine entsprechende Leistung verlangt. Einen vergleichbaren Star-Kult gibt es in der Bundesrepublik nur im Profi-Fußball (gelegentlich auch in anderen, weniger populären Sportarten wie Leichtathletik, Schwimmen, Reiten usw., wenn Sportler Ausnahmeleistungen vollbringen).

*Kommentar Schritt für Schritt*

**Schritt 1**   Foto Steffi Graf (LB, S. 117) gemeinsam besprechen; dabei wichtigen Wortschatz für Tennis klären. *Welche Eigenschaften könnte man mit der jungen Dame verbinden?*

**Schritt 2**   Den Text lesen, in Partnerarbeit die Charakterisierungen der Tennisspielerin unterstreichen (selektives Lesen) und nach sympathischen/unsympathischen Eigenschaften ordnen; gemeinsam die Zuordnung diskutieren.

**Schritt 3**   Falls möglich, den eigenen Lieblingssportler/die eigene Lieblingssportlerin beschreiben (16A1 Ü2).

**Schritt 4**   Falls keine Hemmungen bestehen: 16A1 Ü3.

**16A1b**   *Hinweis:* Die Original-Radio-Reportage sollte nur mit solchen Kursen durchgenommen werden, die sich für Tennis interessieren und deren Hörverständnis relativ gut entwickelt ist (Zusatztext).

*Neuer Wortschatz*

| 16A1b | Gegnerin, die | Spielerin, die | Damentennis, das |
|---|---|---|---|
| | *Punkt, der | Amerika | |
| Radioreportage, die | Endspiel, das | schwärmen | 16A Ü4 |
| Florida | Matchball, der | Tenniswunder, das | |
| Finale, das | *dazwischen | Bessere, der/das/die | unheimlich |

*Kommentar Schritt für Schritt*

**Schritt 1**   Die Worterklärungen AB 16A Ü1a besprechen.

**Schritt 2**   Die Reportage von der Cassette hören – zunächst ganz, um einen Eindruck von der Atmosphäre zu bekommen, dann Abschnitt für Abschnitt und dabei AB 16A Ü1b bearbeiten (Fragen beantworten) und die Aussagen des Reporters zu St. G. notieren (LB 16A Ü4).

Die Fotos im LB, S. 118 Mitte, besprechen.  **Schritt 3**

*Neuer Wortschatz* — 16A1c

| | | | |
|---|---|---|---|
| *Presse, die | komplett | grandios | Königin, die |
| sich einig sein | wegfegen | Tenniskönigin, die | *Art, die |
| *kommend- | stellvertretend | *schlagen | Weise, die |
| Orkan, der | *allgemein | *klar | *Platz, der |
| *bestehend | Tenor, der | *Urteil, das | fegen |
| Hierarchie, die | *Pressestimme, die | *Lachen, das | begeistern |
| | | | *Werbung, die |

### Kommentar Schritt für Schritt

Den Text lesen und die Eigenschaften/Charakterisierungen herausschreiben, die St. Graf zugeschrieben werden. Z. 16: ... *das letzte Lachen* bezieht sich auf ein Sprichwort: „Wer zuletzt lacht, lacht am besten."  **Schritt 1**

### Nach 400 000 Kilometern ohne Führerschein ...  16A2

*Neuer Wortschatz*

| 16A2 | *besitzen | Autonarr, der | 16A2 Ü6 |
|---|---|---|---|
| | Schöffengericht, das | Fahrerlaubnis, die | |
| verurteilen | Verkehrssünder, der | auffallen | Zeitungsartikel, der |
| zurücklegen | Freiheitsstrafe, die | lediglich | Zeitraum, der |
| chauffieren | Bewährung, die | Geldstrafe, die | *nachher |
| unfallfrei | *innerhalb | kassieren | |
| zeitlebens | erwerben | | |

### Landeskundliche Information

In der Bundesrepublik ist es nicht ganz leicht, einen Führerschein zu erwerben. Man muß dazu in eine Fahrschule gehen und theoretischen und praktischen Unterricht (mindestens 20 Fahrstunden) nehmen und zum Schluß eine schriftliche Prüfung und eine praktische Fahrprüfung ablegen. Das kostet etwa 1500 DM. Den Führerschein für Pkw kann man ab 18 Jahren erwerben.

### Kommentar Schritt für Schritt

Den Text gemeinsam lesen, Wörter erklären; nach Bearbeitung von Ü6 den Inhalt des Berichts mit eigenen Worten wiederzugeben versuchen.  **Schritt 1**

AB 16 Ü2: Lückentext ergänzen.  **Schritt 2**

### Warum nicht deutsch?  16A3

*Neuer Wortschatz*

| | | |
|---|---|---|
| *politisch | *unmöglich | ignorieren |
| Rechenschaftsbericht, der | chinesisch | Gelehrte, der/die |
| Stichwort, das | *Hochschullehrer, der | Anfall, der |
| Beziehungen, die *(Pl.)* | Professor, der | Wachsamkeit, die |
| *finden | Visumsverlängerung, die | Pflichteifer, der |
| *zum Beispiel | *abschließen | *wenden |
| *Visum, das | Asiat, der | *jene- |
| erlernen | Asiatin, die | büffeln |
| *Sprachkenntnisse, die | zuständig | *Fall, der |
| *verbessern | *Beamte, der | einigermaßen |

**16A4**

| | | |
|---|---|---|
| beherrschen | Biertrinkende, der/die | *glücklich |
| Probe, die | erläutern | *versuchen |
| Exempel, das | Absicht, die | Vereinsvorsitzende, der/die |
| *machen | Kalifornien, - | *darauf |
| äußern | begeistert | *aufmerksam |
| *gelegentlich | zustürzen | Verständnis, das |
| *Verein, der | soundso | zusammenhängen |
| ermitteln | *Deutschkenntnisse, die | passabel |
| Vorsitzende, der/die | *gern(e) | *so |
| inmitten | *ein wenig | erstaunt |
| Runde, die | Südkalifornien, - | anblicken |

*Landeskundliche Information*

Der Text ist eine satirische Glosse auf die „Sturheit" der Deutschen, die nicht verstehen können, daß es Leute gibt, die gut Deutsch gelernt haben – wobei die geschilderten Fälle sicher nicht untypisch sind (Vorurteil 1: Alle Ausländer sind „Gastarbeiter", die sowieso nicht richtig Deutsch können und die man deshalb in „einfachem" Deutsch ansprechen muß; Vorurteil 2: Amerikaner/Engländer können besser Englisch als Deutsch; da alle Deutschen Englisch können, läuft die Konversation automatisch auf englisch.)

*Kommentar Schritt für Schritt*

**Schritt 1** Zur Einführung in das Thema mit den Kursteilnehmern besprechen, ob sie – in deutschsprachigen Ländern oder im eigenen Land – schon eine ähnliche Situation erlebt haben: Man spricht einen Deutschen auf deutsch an, aber er antwortet auf englisch/in der eigenen Sprache oder mit einem „Gastarbeiterkauderwelsch", als ob er selbst nicht richtig Deutsch sprechen könne? (Ggf. vorspielen.)

**Schritt 2** Den Text abschnittweise lesen und besprechen (Z. 1–9/Z. 10–17/Z. 18–46), wobei es nicht darum geht, daß jedes einzelne Wort verstanden wird, sondern daß die Situation/ das Problem/die Pointe erfaßt und wiedergegeben werden kann.

**Schritt 3** 16A3 Ü7: Diskussion über das Verhalten der Deutschen, das sich in den beiden Fällen zeigt.

**Schritt 4** AB 16A Ü3: Originaltext und Text im AB vergleichen, Fehler markieren und korrigieren (Partnerarbeit, dann gemeinsam vergleichen).

**Schritt 5** Die Geschichte „Erstes Beispiel" (Z. 10–17) im Präteritum erzählen (AB 16 Ü4).

**16A4** *Essen und Trinken*

*Variationsmöglichkeit*

Mit Kursen im Inland kann man zur Einführung in das Thema „Essen und Trinken" Erfahrungen sammeln: *Was ist aufgefallen? Welche Speisen mag man/mag man nicht? Welche Unterschiede in Speisen und Getränken gibt es im Vergleich zum eigenen Land? Welche Speisen sind gesund? Welche Speisen machen dick? Welche Erfahrungen hat man mit Alkohol gesammelt?*

*Neuer Wortschatz*

| | | |
|---|---|---|
| *Nahrungsmittel, das | verzehren | ernährungsbedingt |
| *Fett, das | Flüssigkeit, die | *Krankheit, die |
| *Mehl, das | *dazu | *führen |
| *Fleisch, das | weitaus | weitgehend |
| Südfrüchte, die | Ernährung, die | konstant |
| Pro-Kopf-Verbrauch, der | Grundnahrungsmittel, das | *Veränderung, die |
| *Getränk, das | aufnehmen | Getränkeverbrauch, der |
| Fruchtsaft, der | Zusammensetzung, die | alkoholhaltig |
| Bohnenkaffee, der | *Mahlzeit, die | *leicht |
| Erfrischungsgetränk, das | *sich ändern | *verlieren |
| Speisezettel, der | *Menge, die | *stark |
| vergangen | Übermaß, das | |
| durchschnittlich | genießen | |

*Landeskundliche Information*

Die Graphik bestätigt einige Klischees über die Konsumgewohnheiten der Deutschen: Sie sind die Bier- und Kaffeetrinker. Sie differenziert aber bei den Eßgewohnheiten: Die Deutschen werden als die „Kartoffelesser" bezeichnet, obwohl sie eigentlich „Obstesser" genannt werden müßten. Deutlich wird jedoch auch, daß die Speisen und Getränke, die zu Übergewicht führen (Zucker; Fett; Eier; Fleisch – meist nicht gerade mageres Schweinefleisch – und Bier), in großen Mengen konsumiert werden!

*Kommentar Schritt für Schritt*

| | |
|---|---|
| Die Graphik und den Text gemeinsam erarbeiten *(Nahrungsmittel – Getränke* als Oberbegriffe; *Kilogramm/Liter; Verbrauch „pro Kopf"* (= 1 Person) *pro Jahr; Grundnahrungsmittel; Obst/Gemüse/Kartoffeln/Fleisch/Eier/Zucker/Fett.)* | **Schritt 1** |
| 16A4 Ü8: Die Tabelle gemeinsam ausfüllen. | **Schritt 2** |
| 16A4 Ü9: Diskussion; weiterführendes Gespräch über Eßgewohnheiten im eigenen Land und in Deutschland. | **Schritt 3** |
| AB 16A Ü5: Wortfamilien ergänzen.<br>AB 16A Ü6: Wörter erklären. | **Schritt 4** |

*Der Kinderschutzbund*

Auch in diesem Abschnitt geht es nicht darum, den (Original-)Text und das dazu gehörende (Original-)Interview in allen Einzelheiten zu erfassen, sondern beim Lesen/Hören solcher Texte „mitzubekommen", worum es inhaltlich geht (globales Verstehen), und ganz bestimmte Informationen, die man interessant findet, im Text wiederzufinden und genauer nachzulesen (selektives Lesen).

*Neuer Wortschatz*

| | | |
|---|---|---|
| Kinderschutzbund, der | *sozial | *zu kurz kommen |
| Ortsverband, der | Ungerechtigkeit, die | vernachlässigen |
| Kinderschutz, der | Bildungsbarriere, die | unterdrücken |
| Kinderschutzarbeit, die | Herkunftsbarriere, die | mißhandeln |
| *dienen | gesellschaftlich | Heim, das |
| materiell | Randgruppe, die | elterlich |
| Lebensumstände, die *(Pl.)* | *daneben | Fürsorge, die |
| *günstig | *persönlich | Freiheitsraum, der |
| *Chance, die | Bereich, der | *sich kümmern um |
| gestalten | *Ehe, die | *überall |
| Schattenseite, die | intakt | *direkt |

| | | |
|---|---|---|
| *nebenan | Verwöhnung, die | 16A5 Ü11 |
| Nachbarschaft, die | *hart | |
| überreizt | *Bestrafung, die | *schlecht |
| streßgeschädigt | *folgen | *behandeln |
| überfordert | *daraus | *schlagen |
| *berufstätig | *entstehen | 16A5 Ü13 |
| *leiden | *Schaden, der | |
| Doppellast, die | lebensprägend | *Wörterbuch, das |
| Berufstätigkeit, die | *gesamt- | 16A5 Ü14 |
| sich widmen | Dasein, das | |
| vorrangig | versagen | *Programm, das |
| *sich scheiden lassen | verhaltensgestört | *Hilfe, die |
| Zeitpunkt, der | aggressiv | Hauptschwierigkeit, die |
| Zuwendung, die | Produkt, das | Projekt, das |
| Elternteil, der | *Umwelt, die | Kinderbetreuung, die |
| *Kindererziehung, die | *Erzieher, der | Sorgentelefon, das |
| sich abspielen | *Gebiet, das | Pflege, die |
| Extrem, das | folgenschwer | Adoption, die |
| übertrieben | *handeln | Kleiderbasar, der |
| | | Babysitterdienst, der |

*Landeskundliche Information*

In der Bundesrepublik ist die Zahl der Geburten im Verlauf der letzten 20 Jahre fast um 50% gesunken (von ca. 1 Million auf etwas mehr als ½ Million). Die Folge ist eine Überalterung der Wohnbevölkerung. Viele Städte und Wohnviertel sind gut auf den Autoverkehr eingestellt, aber für Kinder fehlt oft der „Spielraum". Im Text werden einige Gründe für die Vernachlässigung von Kindern genannt.
Daß es in der Bundesrepublik viel mehr Hunde und Katzen (Haustiere als Kinderersatz!) als Kinder gibt, ist nicht neu. Daraus folgt, daß auch im Tierschutzverein viel mehr Mitglieder sind als etwa im Kinderschutzverein.

*Kommentar Schritt für Schritt*

**Schritt 1** 16A5 Ü10: Gemeinsam besprechen: „Kinder-Schutz-Bund" – was ist das? Welche Ziele hat dieser Verein wohl? Warum braucht man überhaupt einen solchen Verein?

**Schritt 2** 16A5 Ü11: Die Leitfragen, die hier gestellt werden, gemeinsam besprechen. Dann in Partnerarbeit (linke Spalte, untere Hälfte) durchgehen und diejenigen Stellen herausschreiben, die Hinweise zu den Leitfragen geben; Ergebnisse gemeinsam vergleichen.

**Schritt 3** 16A5 Ü12: Gründe sammeln, warum es diesen Kindern (rechte Spalte, obere Hälfte) schlecht geht (Partnerarbeit, dann gemeinsame Auswertung).

**Schritt 4** 16A5 Ü13: Den letzten Absatz des Textes auswerten.

**Schritt 5** 16A5 Ü14: Das Interview gemeinsam von der Cassette zunächst ganz hören und besprechen, was man verstanden hat; AB 16A5 Ü7 dazu.

**Schritt 6** Der Interviewer hat folgende Fragen gestellt:
1. *Kinderschutz heute – ist das nötig?*
2. *Wie sieht Ihr Programm* (das des Kinderschutzbundes) *aus?*
3. *Wie viele Kinder brauchen Hilfe?*
Das Interview in Abschnitten hören (mehrmals), dazu Notizen machen und an der Tafel in die Tabelle S. 121 unten eintragen.

**Schritt 7** Einen Aspekt des Textes *(Welche Schwierigkeiten haben Kinder? Wo liegen die Ursachen? Was kann man tun?)* herausgreifen und einen Kurzvortrag vorbereiten (Notizen oder schriftliche Ausarbeitung).

| | |
|---|---:|
| | **16A6** |
| AB 16A5 Ü8: Zwei Texte, die Beobachtungen ausländischer Studentinnen widerspiegeln, gemeinsam lesen und diskutieren, ob es im eigenen Land ähnliche Verhaltensweisen gibt/ob man schon selbst ähnliche Beobachtungen gemacht hat. | Schritt 8 |
| Grammatikarbeit: 16B1 (Präpositionalergänzung) und 16B2 (Genitivergänzung); dazu AB 16B Ü1 (zu den Präpositionalergänzungen). | Schritt 9 |

## *Der Verkäufer und der Elch*    16A6

„Der Verkäufer und der Elch" ist ein fiktionaler Text, der ein Sprichwort („Dem Elch eine Gasmaske verkaufen", d.h. jemand etwas verkaufen, was er absolut nicht braucht) ausführt.
Der Text „Der spannende Teil folgt im Labor" ist ein fakultativer Zusatztext, der sprachlich schwierig ist und nur mit Klassen gelesen werden sollte, die sich für Fragen des Umweltschutzes interessieren und entsprechende Sprachkompetenz haben: Es geht um die Folgen der Atomreaktorkatastrophe von Tschernobyl für Schweden und die Elche, die in der nordschwedischen Tundra leben. Der Text – aus dem Jahr 1987 – ist ein makabrer Kommentar auf die Geschichte von F. Hohler, der deutlich macht, daß die Realität auch die absurdesten Geschichten einholen kann.

*Der Verkäufer und der Elch*

Neuer Wortschatz

| | | |
|---|---|---|
| Elch, der | *weit | Höflichkeitsformel, die |
| Sprichwort, das | *Norden, der | *Glück, das |
| Gasmaske, die | heutzutage | *Tausend, das |
| tüchtig | wahnsinnig | *übrigens |
| *Zahnbürste, die | *giftig | schweizerisch |
| Bäcker, der | Abgas, das | schwedisch |
| *Blinde, der/die | Schornstein, der | *verwechseln |
| *Fernsehapparat, der | Qualitätsware, die | |

*Kommentar Schritt für Schritt*

| | |
|---|---:|
| Was könnte das bedeuten: „Einem Elch eine Gasmaske verkaufen"? (S. 122 unten ist ein Elch mit Gasmaske zu sehen). | Schritt 1 |
| Die Geschichte gemeinsam lesen, Wortschatz so weit klären, daß der Ablauf der Handlung verstanden wird. | Schritt 2 |
| Die Geschichte mit Hilfe von AB 16A Ü9 zusammenfassen. | Schritt 3 |
| AB 19A Ü10: Eine Parallelgeschichte schreiben. | Schritt 4 |

*Der spannende Teil folgt im Labor*

Neuer Wortschatz

| | | | |
|---|---|---|---|
| Labor, das | passioniert | entfernt | *Gebiet, das |
| Elchjagd, die | Jäger, der | *Mitglied, das | *Spaß, der |
| Schweden | *naßkalt | *Gruppe, die | *jagen |
| Cäsium, das | *Oktobernacht, die | dabeisein | schätzen |
| beherrschen | zum erstenmal | *wegen | *Fleischbedarf, der |
| *Autostunde, die | Pirsch, die | kommentieren | decken |
| *nördlich | hinweisen | achselzuckend | *messen |
| Jagd, die | überdeutlich | lichten | *Wert, der |
| *nehmen | Folge, die | Region, die | makaber |
| *Freude, die | Reaktorkatastrophe, die | *zahlreich | anmuten |

**16A6**

| | | | |
|---|---|---|---|
| *Rechnung, die | Höchstwert, der | *stattfinden | Kadaver, der |
| veranlassen | gelangen | hochmodern | Wildfleisch, das |
| akzeptieren | Jagdzug, der | Innerei, die | umgehend |
| Becquerel, das | beenden | ausnehmen | vergraben |
| Eigenverzehr, der | kapital | Fleischprobe, die | *gelten als |
| Obergrenze, die | Elchkuh, die | Kommune, die | akzeptabel |
| radioaktiv | Kalb, das | deprimierend | |
| *Stoff, der | erlegen | *Untersuchung, | |
| *Handel, der | Beute, die | die | |

*Landeskundliche Information*

Durch die Atomreaktorkatastrophe in Tschernobyl im Mai 1987 wurde auch Schweden schwer betroffen (auch einige Teile der Bundesrepublik, z.B. Ostbayern). Der Text handelt von den Folgen der radioaktiven Verseuchung des Fleisches der Elche, die in Schweden gejagt werden.

*Kommentar Schritt für Schritt*

Da der Text eine sehr spezielle Thematik behandelt (Jagd/radioaktive Verseuchung), bringt er viel neuen Wortschatz. Er sollte als Zusatztext nur soweit überflogen werden, daß eine globale Aussage über den Inhalt gegeben werden kann.

**Schritt 1** Den Text Abschnitt für Abschnitt gemeinsam lesen und besprechen, was man verstanden hat. Zu jedem Abschnitt ein paar wichtige Stichwörter notieren (AB 16A Ü11). Ein Hinweis: In Sachtexten sind die Schlüsselinformationen sehr oft in den Nomina (großgeschriebenen Wörtern) zu finden. Deshalb lohnt sich bei einem etwas genaueren Lesen die Konzentration auf die großgeschriebenen Wörter!

**Schritt 2** AB 16A Ü12: *Was haben die beiden Texte miteinander zu tun?*

**Schritt 3** Wortbildung: 16B3: Kompositabildung/Nominalisierung
                16B4: Adjektivbildung
                16B5: Mehrfachableitung
Übungen: 16B Ü1; AB 16B Ü2 und Ü3.

Wiederholungsübungen 13–16

## Wiederholungsübungen zu Kap. 13–16

13–16W

| Übersicht | Lehrbuch | Arbeits-buch | Folien | Cassette 1B1 |
|---|---|---|---|---|
| 13–16W Wiederholungsübungen | | S. 117–121 Ü1–11 | | |

AB, S. 117–121
Zu Ü1–10 ist bei den einzelnen Übungsnummern vermerkt, auf welche Abschnitte der einzelnen Kapitel sie sich beziehen. Ü11 ist kapitelübergreifend angelegt.
Die Übungen konzentrieren sich auf
a) Differenzierung des Ausdrucks (Umschreibungen, Definitionen, Synonyme etc.),
b) thematische Gruppierung des Wortschatzes,
c) Wortbildung (Komposita).
Lösungsschlüssel zu den Übungen im AB, S. 133f.

## Kontrollaufgaben zu Kap. 13–16

13–16K

| Übersicht | Lehrbuch | Arbeits-buch | Folien | Cassette 1B1 |
|---|---|---|---|---|
| Kontrollaufgaben zu Kapitel 13–16 | | S. 122–125 | | |
| A Wörter | | S. 122 | | |
| B Grammatik | | S. 123 | | |
| C Orthographie | | S. 124 | | |
| D Lesen | | S. 124 | | |
| E Schreiben | | S. 125 | | |

*Zur Bewertung*

| | Punkte | Notenschlüssel (Vorschlag) Punkte | |
|---|---|---|---|
| Abschnitt A Wörter | 10 | 45,5–50 | sehr gut |
| | | 40–45 | gut |
| Abschnitt B Grammatik | 10 | 32,5–39,5 | befriedigend |
| | | 25–32 | ausreichend |
| | | 12,5–24,5 | mangelhaft |
| Abschnitt C Orthographie | 10 (= 20 × ½ Pkt.) | 0–12 | ungenügend |
| Abschnitt D Lesen | 10 | | |
| Abschnitt E Schreiben | 10 | | |
| insgesamt: | 50 Punkte | | |

# C Anhänge

## 1. Im Lehrbuch nicht abgedruckte zusätzliche Hörtexte (📼) der Cassette 1B/1

### 9A2

**Übung 2**

○ O je, die Tonne, wer hat die Tonne dahin gestellt?
　Pst, pst, nicht so laut!
　Blödes Ding! Mitten im Weg!
　Geht nicht, verflixt!
　Mensch, wo ist der Schlüssel? Den hab' ich doch gehabt!
　Auch nicht. Sowas Dummes! Ich muß klingeln.
　Nein, das ist ... Oha: Becker – total falsch!
　Nanu – Kaufmann. Was mach ich bloß! Auch falsch.
　Wir wohnen doch im 2. Stock!?
　Was ist denn hier los?
● Hallo!? Wer ist da?
○○ Haben Sie geklingelt? Mitten in der Nacht!
●● War das bei Ihnen?
△ Ja, bei uns hat es geklingelt.
● Bei uns auch.
○ Guten Abend.
△ Guten Morgen!
●● Aha, Burmeister – mal wieder!
● Die arme Frau.
△ Prost!
● Ich hole den Hausmeister.
○ Meine Damen und Herren – hups – es ist schon spät, ich gehe jetzt schlafen.
△ Gute Idee!
● Einen Gruß an Ihre Frau!
●● Gute Nacht!
○ Ja, gute Nacht auch!
　Langsam, langsam, mein Kleiner. So, jetzt los!
　4. Stock!
● Der ist eingeschlafen.
△ Ach was, der hat vergessen, wo er wohnt.
○○ Rufen Sie Frau Burmeister!

**Übung 3**

○ Ich versteh das nicht: Immer kommst du so spät nach Hause. Und gestern warst du auch noch betrunken! Alle Leute im Haus ...
● Es tut mir ja auch leid ...
○ Das hast du schon oft gesagt. Und gestern bist du auch noch mit dem Auto gefahren, das ist doch gefährlich ...
○○ Ja, das stimmt, das war gefährlich ...
○ Dich versteh ich überhaupt nicht, Fred! Warum bist du denn nicht gefahren?
○○ Wir haben beide zuviel getrunken!
○ Aha, und Willi fährt Auto, und du sitzt daneben und tust nichts. Du bist ein schlechter ...

○○ Ich habe zu Willi gesagt: Wir dürfen beide nicht fahren! Tu das nicht! Die Polizei!!! Das ist gefährlich.
○ Und warum bist du mitgefahren?
○○ Ja, was hätte ich denn ...
●● Und jetzt ist die Garage kaputt!
● Ja, das tut mir ja auch sehr leid!
●● Das bezahlen Sie! Das ist teuer! Das sage ich Ihnen!
　Und warum haben Sie so einen Krach gemacht? Gesungen haben ...
● Nein, nein, das stimmt nicht! Ich habe nicht ..
●● Fragen Sie die anderen Leute!! Alle haben das gehört! Und jetzt ist der Lift auch kaputt!
● Was?? Ich bin nicht mit dem Lift gefahren! Das habe ich nicht ...
●● Was sagen Sie? Sie wissen wohl gar nichts mehr! Sie sind 10, 20mal mit dem Lift rauf und runter und wieder ...
● Wie bitte? Ich bin zu Fuß ...
○ Nein, Willi, du bist mit dem Lift ...
●● Sehn Sie! Ich habe es doch selbst ...
○ Aber Fred, warum hast du nicht ein Taxi ...?

**Übung 4**

○ Haben Sie keinen Schlüssel?
● Nein, ich habe keinen Schlüssel.
○ Ist die Haustür zu?
● Ja, sie ist zu.
○ Dann werfe ich Ihnen einen Schlüssel runter.
● Warum?
○ Dann können Sie die Haustür aufmachen.
● Also gut, Sie wollen, daß ich die Haustür aufmache, dann werfen Sie mal Ihren Schlüssel runter!
○ Warum will ich das? Sie wollen doch ins Haus.
● Ich? Nein! Warum denn?
○ Wohnen Sie denn nicht hier?
● Ich? Nein! Wer sagt das?
○ Und warum wollen Sie dann den Schlüssel?
● Sie wollen doch, daß ich die Tür aufmache, dann brauche ich doch einen Schlüssel!
○ Ich will doch gar nicht, daß Sie die Tür aufmachen.
○○ Was soll denn dieses Schreien? Man kann ja nicht schlafen.
●● Wir müssen schreien, sonst verstehen wir uns nicht, ich und der Herr da oben im dritten Stock.
○○ Aber was will der Herr im dritten Stock denn?
●● Das weiß ich nicht. Zuerst will er mir den Schlüssel

runterwerfen. Er will, daß ich die Tür aufmache. Dann soll ich die Haustür wieder nicht aufmachen. Fragen Sie ihn doch mal! Auf Wiedersehen!

## 10A4

**Übung 8: Klaus Haase erzählt aus seinem Lebenslauf**

Ja, und zu meiner Ausbildung und beruflichen Tätigkeit kann ich Ihnen kurz etwas sagen:
Von 1966 bis 1969 habe ich in Berlin studiert an der Freien Universität, und zwar Germanistik und Anglistik. Und das Studium habe ich dann von 1969 bis 1971 in München an der Ludwig-Maximilians-Universität fortgesetzt. Dann habe ich mein Studium erst einmal unterbrochen und das nächste Jahr als Fremdenführer für das Amtliche Bayerische Reisebüro in München gearbeitet. Und von 1970 bis 1971 war ich dann Dolmetscher für die Bayerische Staatskanzlei und habe Staatsgäste in deren Auftrag betreut. Nebenher habe ich noch für den Südwestfunk gearbeitet und kleinere kulturelle Sendungen gemacht. Von 1972 bis 1977 war ich dann Dozent an der Volkshochschule in München und habe Deutsch als Fremdsprache, vor allem für Gastarbeiter, unterrichtet. 1977 habe ich dann mein Studium wieder aufgenommen und das Examen gemacht, den Magister artium. Und dann, von 1977 bis 1979, war ich freiberuflicher Lektor für Verlage und für Rundfunkanstalten. Und nebenher habe ich noch eine Schauspielausbildung gemacht an privaten Studios in Berlin und München.

## 11A5

**Übung 6**

○ Kann ich Ihnen helfen?
● Ich suche eine blaue Weste zu diesem Jackett.
○ Eine Weste, eine blaue Weste. Moment. Schauen wir mal. Ja, da sind sie – nein. Augenblick! Übrigens, probieren Sie doch mal diesen Pullunder.
● Ich möchte keinen Pullunder, ich suche eine Weste!
○ Ja, ja, ich weiß. Es ist nur wegen der Größe. Ich brauche Ihre Größe. Probieren Sie doch bitte mal! So, sehr schön, nicht wahr?
● Na ja, nicht schlecht. Aber jetzt zeigen Sie mir mal eine blaue Weste!
○ Neunundsiebzig Mark, reine Wolle, nicht teuer.
● Schön, das ist wirklich nicht zu teuer. Aber jetzt zeigen Sie mir eine blaue Weste! Oder haben Sie keine?
○ Ja, also, das ist so: Wir haben keine Westen mehr.
● Keine Westen mehr? Warum sagen Sie das nicht gleich?
○ Sehen Sie, Westen sind nicht mehr modern, besonders für junge Menschen nicht. Erst Herren ab 60, 70 …
Dieser Pullunder steht Ihnen wirklich gut.
● Ja, er gefällt mir ja auch.
○ Na also, der sitzt genau richtig, hat eine elegante weite Form, schöne Farbe … Oder wollen Sie noch einen anderen Pullunder probieren – oder eine helle Weste?
● Sie haben also doch Westen?!
○ Ja, für alte Herren ab 60, 70.
Ziehen Sie die mal an. Die kostet nur 49 Mark.
● Oh nein, die gefällt mir nicht, die steht mir nicht.
○ Sehen Sie, mein Herr, also doch ein Pullunder! Das habe ich gleich gewußt. Also, Sie nehmen diesen Pullunder?
● Ja, den nehme ich.
○ Neunundsiebzig Mark bitte. Und danke schön, mein Herr.
● Ich danke! Auf Wiedersehen!
○ Auf Wiedersehen!

## 11A9

**Übung 13**

○ Oh, war das langweilig!
● Aber die Wohnung ist wirklich hübsch.
○ Finde ich nicht.
● Doch, schön groß, und beide haben ein Arbeitszimmer. Das haben wir nicht. Und der Kleine hat auch …
○ Ein frecher Kerl! „Papa ist doof" – hast du das gelesen?
● Ja, ja, und hast du die Küche gesehen? So hell und freundlich! So eine möcht' ich auch haben.
○ Ich finde unsere viel schöner.
● Ach so, du bist doch nie in der Küche!
○ So, du findest ihre Wohnung also schön!?
● Ja, sehr schön!
○ Das kann ich wirklich nicht verstehen! Groß ist sie, aber alles andere ist ganz normal und langweilig.
● Was ist langweilig?
○ Die Möbel zum Beispiel!
● Aber wir sprechen doch von der Wohnung!
○ Die Möbel gehören zur Wohnung! Die sind sogar besonders wichtig!
● Und wie findest du unsere Möbel?

## 11A11

**Übung 15**

○ Hallo?
● Guten Tag, ich habe Ihre Annonce gelesen.
○ Ah ja!
● Ist das Zimmer noch frei?
○ Ja.
● Ich habe dazu ein paar Fragen.
○ Ja, bitte!
● Die Miete ist 260 Mark, plus Nebenkosten, wie hoch sind die ungefähr?
○ Heizung, Wasser: etwa 60 Mark im Monat.

- Das ganze Jahr? Auch im Sommer?
○ Ja, jeden Monat etwa 60 Mark.
- Und wie hoch ist die Mietsicherheit?
○ 2 Monatsmieten Kaution.
- Also 520. Und noch etwas: Da steht 31 m², ist das nur das Zimmer oder mit Kochnische und Bad zusammen?
○ Alles zusammen 31 qm.
- Wie weit ist es bis zur Stadtmitte? Ich arbeite nämlich im Zentrum.
○ Die Wohnung liegt direkt im Zentrum. Schuhstraße 28.
- Oh, das ist günstig. Wann kann ich mal vorbeikommen?
○ Haben Sie jetzt Zeit?
- Geht es heute nachmittag?
○ Auch gut, 15 Uhr?
- Ja, das paßt. Gut, bis heute nachmittag!
○ Ja, danke. Auf Wiederhören!

## 12A2

### Übung 2

○ Guten Tag. Diesen Pullover hab' ich bei Ihnen gekauft.
- Guten Tag. Ja, ich erinnere mich.
○ Sehen Sie, der hat einen Fehler.
- Oh – das können wir reparieren. Das ist kein Problem. Sehen Sie, das Loch ist nicht groß.
○ Nein, ich möchte doch lieber mein Geld zurückhaben. Oder haben Sie diesen Pullover noch mal?
- Augenblick – den hab' ich nur noch in Gelb. Aber auch eine sehr schöne Farbe.
○ Nein, nein, vielen Dank. Gelb, das steht mir nicht.
- Oder probieren Sie doch mal diesen hier. Ein ähnliches Modell.
○ Nein, ich habe diesen hier zu meinen anderen Sachen gekauft. Das paßt alles zusammen.
- Ja, das tut mir leid.
○ Dann bekomme ich mein Geld zurück!
- Nein, das geht nicht, gekauft ist gekauft!
○ Wie bitte? Sie dürfen mir keinen Pullover mit einem Fehler verkaufen!
- Warum haben Sie denn nicht gleich aufgepaßt?
○ Ich habe das erst zu Hause gesehen!
- Also war er hier noch heil und in Ordnung! Ich hab' nämlich auch nichts gesehen. Das ist bei Ihnen zu Hause passiert.
○ Dann möchte ich den Geschäftsinhaber sprechen.
- Das bin ich selbst. Ich bin hier der Chef.
○ Sie haben gesagt, Sie können das reparieren?
- Ja, das können wir.
○ Dann tun Sie das bitte! Aber ich sage Ihnen: Ich kaufe hier nichts mehr!
- Das ist Ihre Sache. – Also: eine Reparatur, wir machen das übrigens kostenlos.

## 12A4

### „Rotkäppchen" – ein Märchen nach Jacob und Wilhelm Grimm

Es war einmal eine kleine süße Dirne, die hatte jedermann lieb, der sie nur ansah, am allerliebsten aber ihre Großmutter, die wußte gar nicht, was sie alles dem Kinde geben sollte. Einmal schenkte sie ihm ein Käppchen von rotem Sammet, und weil ihm das so wohl stand und es nichts anders mehr tragen wollte, hieß es nur das Rotkäppchen. Eines Tages sprach seine Mutter zu ihm: „Komm, Rotkäppchen, da hast du ein Stück Kuchen und eine Flasche Wein, bring das der Großmutter hinaus; sie ist krank und schwach und wird sich daran laben. Mach dich auf, bevor es heiß wird, und wenn du hinauskommst, so geh hübsch sittsam und lauf nicht vom Weg ab, sonst fällst du und zerbrichst das Glas, und die Großmutter hat nichts. Und wenn du in ihre Stube kommst, so vergiß nicht, guten Morgen zu sagen, und guck nicht erst in alle Ecken herum."
„Ich will schon alles gut machen", sagte Rotkäppchen zur Mutter und gab ihr die Hand darauf. Die Großmutter aber wohnte draußen im Wald, eine halbe Stunde vom Dorf. Wie nun Rotkäppchen in den Wald kam, begegnete ihm der Wolf. Rotkäppchen aber wußte nicht, was das für ein böses Tier war, und fürchtete sich nicht vor ihm. „Guten Tag, Rotkäppchen", sprach er. „Schönen Dank, Wolf." „Wo hinaus so früh, Rotkäppchen?" „Zur Großmutter." „Was trägst du unter der Schürze?" „Kuchen und Wein: gestern haben wir gebacken, da soll sich die kranke und schwache Großmutter etwas zugut tun und sich damit stärken." „Rotkäppchen, wo wohnt deine Großmutter?" „Noch eine gute Viertelstunde weiter im Wald, unter den drei großen Eichbäumen, da steht ihr Haus, unten sind die Nußhecken, das wirst du ja wissen", sagte Rotkäppchen. Der Wolf dachte bei sich: „Das junge zarte Ding, das ist ein fetter Bissen, wird noch besser schmecken als die Alte: du mußt es listig anfangen, damit du beide erschnappst." Da ging er ein Weilchen neben Rotkäppchen her, dann sprach er: „Rotkäppchen, sieh einmal die schönen Blumen, die ringsumher stehen, warum guckst du dich nicht um? Ich glaube, du hörst gar nicht, wie die Vöglein so lieblich singen? Du gehst ja für dich hin, als wenn du zur Schule gingst, und ist so lustig haußen in dem Wald."
Rotkäppchen schlug die Augen auf, und als es sah, wie die Sonnenstrahlen durch die Bäume hin und her tanzten und alles voll schöner Blumen stand, dachte es: „Wenn ich der Großmutter einen frischen Strauß mitbringe, der wird ihr auch Freude machen; es ist so früh am Tag, daß ich doch zu rechter Zeit ankomme", lief vom Wege ab in den Wald hinein und suchte Blumen. Und wenn es eines gebrochen hatte, meinte es, weiter hinaus stände eine schönere, und lief danach, und geriet immer tiefer in den Wald hinein. Der Wolf aber ging geradewegs nach dem Haus der Großmutter und klopfte an die Türe. „Wer ist draußen?" „Rotkäppchen, das bringt Kuchen und Wein, mach auf." „Drück nur auf die Klinke", rief die Großmutter, „ich bin zu schwach

und kann nicht aufstehen." Der Wolf drückte auf die Klinke, die Türe sprang auf, und er ging, ohne ein Wort zu sprechen, gerade zum Bett der Großmutter und verschluckte sie. Dann tat er ihre Kleider an, setzte ihre Haube auf, legte sich in ihr Bett und zog die Vorhänge vor.

Rotkäppchen aber war nach den Blumen herumgelaufen, und als es so viel zusammen hatte, daß es keine mehr tragen konnte, fiel ihm die Großmutter wieder ein, und es machte sich auf den Weg zu ihr. Es wunderte sich, daß die Türe aufstand, und wie es in die Stube trat, so kam es ihm so seltsam darin vor, daß es dachte: „Ei, du mein Gott, wie ängstlich wird mir's heute zumut, und bin sonst so gerne bei der Großmutter!" Es rief „Guten Morgen", bekam aber keine Antwort. Darauf ging es zum Bett und zog die Vorhänge zurück: da lag die Großmutter und hatte die Haube tief ins Gesicht gesetzt und sah so wunderlich aus: „Ei, Großmutter, was hast du für große Ohren!" „Daß ich dich besser hören kann." „Ei, Großmutter, was hast du für große Augen!" „Daß ich dich besser sehen kann." „Ei, Großmutter, was hast du für große Hände!" „Daß ich dich besser packen kann." „Aber, Großmutter, was hast du für ein entsetzlich großes Maul!" „Daß ich dich besser fressen kann." Kaum hatte der Wolf das gesagt, so tat er einen Satz aus dem Bette und verschlang das arme Rotkäppchen.

Wie der Wolf sein Gelüsten gestillt hatte, legte er sich wieder ins Bett, schlief ein und fing an, überlaut zu schnarchen. Der Jäger ging eben an dem Haus vorbei und dachte: „Wie die alte Frau schnarcht, du mußt doch sehen, ob ihr etwas fehlt." Da trat er in die Stube, und wie er vor das Bette kam, so sah er, daß der Wolf darin lag. „Finde ich dich hier, du alter Sünder", sagte er, „ich habe dich lange gesucht." Nun wollte er seine Büchse anlegen, da fiel ihm ein, der Wolf könnte die Großmutter gefressen haben und sie wäre noch zu retten: schoß nicht, sondern nahm eine Schere und fing an, dem schlafenden Wolf den Bauch aufzuschneiden. Wie er ein paar Schnitte getan hatte, da sah er das rote Käppchen leuchten, und noch ein paar Schnitte, da sprang das Mädchen heraus und rief: „Ach, wie war ich erschrocken, wie war's so dunkel in dem Wolf seinem Leib!" Und dann kam die alte Großmutter auch noch lebendig heraus und konnte kaum atmen. Rotkäppchen aber holte geschwind große Steine, damit füllte sie dem Wolf den Leib, und wie er aufwachte, wollte er fortspringen, aber die Steine waren so schwer, daß er gleich niedersank und sich totfiel.

Da waren alle drei vergnügt; der Jäger zog dem Wolf den Pelz ab und ging damit heim, die Großmutter aß den Kuchen und trank den Wein, den Rotkäppchen gebracht hatte, und erholte sich wieder, Rotkäppchen aber dachte: „Du willst dein Lebtag nicht wieder allein vom Wege ab in den Wald laufen, wenn dir's die Mutter verboten hat."

# 13A4

### Übung 5: „Frisches Püree" – Interview mit Küchenchef Roscher

○ Eine Frage an Herrn Roscher, den Küchenchef des „Hoberger Landhauses" in Bielefeld: Wie bereitet man Kartoffelpüree?
● Ja, Kartoffelpüree. Wir sind der Meinung, daß man selbst ein Gericht wie das Kartoffelpüree, das man ... mittlerweile zur klassischen Küche gehört, daß man sich auch bei diesen Dingen sehr viel Mühe geben muß.
Es fängt für ... die hohe Qualität eines Gerichtes fängt bei der Auswahl der Zutaten an. Wir wählen also eine sehr festkochende, gelbfarbige Kartoffel wie die Granola oder vielleicht auch eine Hansa.
So, die wird natürlich erstmal geschält, sie wird in kleine Stücke geschnitten, damit die Garzeit nicht überzogen wird. Zu gleicher Zeit ... in leicht gesalztem Salzwasser wird die Kartoffel gekocht.
Zu gleicher Zeit setzen wir ein anderes Gefäß auf mit einer guten, frischen Milch, die versetzt wird mit einem guten Stück Butter. Man kann in diese Milch etwas Muskatnuß reiben und sie auch noch etwas leicht salzen.
So, wir warten also, bis die Kartoffel in etwa 18–20 Minuten gargekocht ist.
In der gleichen Zeit ist auch die Milch kurz unterm Siedepunkt.
Wir gießen das Kochwasser der Kartoffel gießen wir ab, lassen es noch etwas durchdämpfen, daß also der letzte Rest des Wassers auch nicht die Konsistenz beeinflußt.
Wir haben eine sogenannte Kartoffelpresse vorbereitet, durch die die gekochte Kartoffel gepreßt wird in ein vorbereitetes warmes Gefäß.
In dieses Gefäß, über die gepreßten Kartoffeln, wird die heiße Milch mit der zerlassenen Butter übergegossen. Nun nehmen wir einen Schneebesen, und erst vorsichtiges Unterrühren und zum Schluß richtiges Schlagen, damit also unter die ganze Masse auch etwas Luft kommt. Es wird etwas schaumig. Man sagt also nicht nur „Kartoffelpüree", man nennt es auch „Kartoffelschnee".
Und auf diese Weise erreichen wir die schöne Konsistenz – ist es zu fest, geben wir noch etwas Milch nach –, und so wird aus diesem Kartoffelpüree eine leckere Beilage zu sehr vielen guten Gerichten.
○ Vielen Dank, Herr Roscher.
● Vielen Dank für das Interview. Ich hab' noch eine Frage: Sie können jetzt wahrscheinlich nach meiner Anleitung ein Kartoffelpüree nachkochen?
○ Ohne weiteres.
● Jetzt hab' ich aber noch eine Frage: Wissen Sie, wie ein Reh mit Vornamen heißt?
○ Ein Reh mit Vornamen?
● Ja, das Reh.
○ Nein.
● Das ist ganz einfach: Kartoffelpü!!!

## 13A5

### Übung 9: Ein Fachmann erklärt den Fotokopierer EP 50

.. den Kompaktkopierer EP 50 möchte ich Ihnen einmal in Aktion vorstellen. Das beginnt damit, daß ich ihn an der linken Seite durch Knopfdruck einschalte. In weniger als dreißig Sekunden, wenn nämlich das Blinken dieser Lampe aufgehört hat, ist er betriebsbereit, und ich kann jetzt meine Kopien erstellen. Das Original lege ich in den rechten oberen Winkel auf die Anlege-Glasfläche und taste jetzt über die linke blaue Taste die gewünschte Stückzahl ein, indem ich die Summe nach oben hin addiere. Über die 2. Taste, die Sie hier rechts daneben sehen, über die Minustaste kann ich diese Auflage auch wieder reduzieren. Und mit der orangefarbenen Taste kann ich korrigieren, wenn ich eine Fehleingabe gemacht habe.
Die höchstmögliche Auflage beträgt 19 Fotokopien, die ich entweder von unten nach oben oder auch von oben nach unten ansteuern kann.
Ich werde jetzt 15 Kopien vorwählen, betätige die grüne Kopiertaste, und die Maschine beginnt jetzt, diese Kopien zu erstellen.
Die Kopiergeschwindigkeit beträgt 10 Kopien pro Minute. Die Maschine ist also ausreichend schnell, wenn es sich um kleinere Volumen handelt.
Im linken Bedienerfeld habe ich die Möglichkeit, die Belichtung zu verändern. Innerhalb der Skala, die von 1 bis 5 reicht und bei der der mittlere Wert 3 für fast alle Originale der richtige ist, kann ich jetzt bei extremen Vorlagen zum Dunkleren oder zum Helleren hingehen. Das bedeutet: Bei einer sehr schwachen Vorlage gehe ich um den entsprechenden Wert nach links, also zur 1 hin. Und wenn ich eine zu dunkle Vorlage habe, die ich in der Gesamterscheinung heller lassen werden will, bewege ich diesen Schalter bis zur 5.
Von der Bedienerseite her sind damit alle Funktionen erklärt, die derjenige beherrschen muß, der eine Fotokopie erstellen will.
Das Papier hat eine große Bedeutung beim Fotokopieren. Sie sollten deshalb ausschließlich gute, für das Fotokopieren hergestellte Papiere verwenden.

## 13A6

### Übung 12: Rundfunkdurchsagen zum Verkehr in den Osterferien

Eine Verkehrsdurchsage. Auf allen Fernstraßen in Richtung Süden dichter Reiseverkehr mit Stauungen.
Autobahn München–Salzburg, A 8: Zwischen den Anschlußstellen Hofoldinger Forst und Holzkirchen etwa 6 km Stau in Richtung Salzburg nach einem Unfall. Die Überholspur ist gesperrt. Achtung! An der Unfallstelle ist Benzin ausgelaufen. Bitte Vorsicht!
Autobahn Nürnberg–München, A 9: Zwischen dem Autobahndreieck Holledau und Allershausen ist die Autobahn nach mehreren Unfällen in beiden Richtungen gesperrt. Die Polizei leitet den Verkehr um.
Autobahn München–Garmisch, A 95: Dichter bis zähfließender Verkehr. Es kommt immer wieder zu Stauungen. Bitte fahren Sie vorsichtig. Es haben sich bereits mehrere Auffahrunfälle ereignet.
Vor Eschenlohe 5 km Stau an einer Baustelle.
An den Grenzübergängen zum Teil erhebliche Wartezeiten: Salzburg: 1 Stunde bei der Ausreise, 20 Minuten bei der Einreise. Mittenwald-Scharnitz: 45 Minuten bei der Ausreise.

## 15A1

### Übung 2: Gespräche auf der Party von Kopras

○ Also nie wieder Mallorca! Sowas Langweiliges! Nur Deutsche, furchtbar. Und diese Hitze!
● Die kann ich auch nicht vertragen. Darum fahren wir nach Norwegen. Jedes Jahr. Wir kennen das Land sehr gut.
○ Nehmen Sie mich doch mal mit!
● Ja, warum nicht! Das machen wir! Prost! Mein Mann freut sich. Dann können wir Skat spielen! Das Land ist nämlich ziemlich öde.

○ Schauen Sie mal da, Fischgrätenmuster! Das ist er!
● Psst!
○ Was sagen Sie?
● Pssst
○ Ich versteh nicht. Aber auf jeden Fall, das ist er!
● Pssssst!

○ Sie haben ein wunderschönes Haus! Ich gratuliere Ihnen.
● Danke, Danke, wir fühlen uns auch sehr wohl hier, es gefällt uns. Auch die Nachbarn sind nett. Leben Sie schon lange in dieser Stadt?
△ Nein, erst seit 5 Monaten. Da haben wir geheiratet. Mein Mann lebt schon lange hier. Ich komme aus Hannover.
○ Ah, wie interessant

○ Mein Gott, sind die reich! Woher kennen Sie die Kopras?
● Wir sind Geschäftsfreunde.
○ Ach so! Das Haus gefällt mir sehr. Elegant und geschmackvoll.
● Ich möchte hier nicht wohnen. Kalt, unpersönlich, viel zu groß.
○ Wirklich?

○ Etwas zu trinken, der Herr?
● Ja, was hamse denn?
○ Sherry, Whisky, Gin-Fizz ...
● Hamse watt ohne Alkohol? Ick fahr nämlich Auto ...

## 15A5

### Übung 13: Der Reisewetterbericht zum Wochende

... bei Durchzug eines Atlantischen Tiefdruckgebietes weiterhin Regen und für die Jahreszeit viel zu kühl.

**Österreich und die Schweiz:**
Bedeckt und regnerisch. Tagestemperaturen 9–13°, in 2000 Meter Höhe um 0°. Am Wochenende wechselnde Winde aus West bis Nordwest und kräftige Niederschläge. In allen Höhen sinkende Temperaturen, nur in den östlichen Landesteilen Österreichs gelegentlich aufgelockerte Bewölkung bei Temperaturen bis 18°.

**Südfrankreich, Oberitalien und Nordjugoslawien:**
Bewölkt bis bedeckt, häufig Regenschauer. Temperaturen tagsüber anfangs 10–14°, später von Süden her Wolkenauflockerung und langsame Erwärmung bis auf Temperaturen um 20°. Wassertemperaturen 18–20°.

**Mittelitalien, südliches Jugoslawien, Griechenland, Bulgarien und die Türkei:**
Wolkig bis heiter und niederschlagsfrei. Tagestemperaturen 25 bis 32°, im Verlauf des Wochenendes noch ansteigend. Hohe Luftfeuchtigkeit mit Neigung zu Hitzegewittern. Und die Wassertemperaturen liegen bei 22–25°.

**Portugal, Spanien und Balearen ...**

## 16A1

### Radio-Reportage aus Key Biscayne, Florida vom Tennis-Endspiel der Damen

So, meine Damen und Herren, nun hat's endlich geklappt! Wir sind beim Damenendspiel hier in Key Biscayne. Und das war der erste Punkt überhaupt in diesem Endspiel, und er ging an Steffi Graf. Ganz Amerika schwärmt vom deutschen Tenniswunder.
So stehen die Begegnungen gegeneinander – 6:1 für Chris Evert-Lloyd bisher. Der letzte Sieg aber, den hat Steffi Graf errungen. Sie wird in einem Atemzug genannt mit Boris Becker. Und noch nie hat's nach amerikanischer Meinung eine 17jährige gegeben, die so starkes Tennis spielt – trotz einer Tracy Austin.
0:30 – da geht immer gleich ein Raunen durch die Menge, wenn Steffi Graf ihre Vorhand zeigt, enorm verbessert in der Winterpause. Das war das letzte Spiel der beiden; '86 in Hilton Head hat Steffi Graf in 2 Sätzen gespielt. Es gab noch nie 3-Satz-Matches zwischen diesen beiden und auch noch nie Tie-breaks.
Also wollen wir hoffen, daß es heute ein spannendes Match wird und daß Steffi Graf die Erfolgsserie fortsetzen kann, die sie jetzt in Hilton Head begonnen hat.
Ball im Aus – 0:40 – gleich zwei Breakpunkte.
Chris Evert-Lloyd hat ja eine längere Tennispause hinter sich, 5 Monate nach einer Knieverletzung, nach den US-Open im September, hat dann ein Turnier vor Key Biscayne gespielt und schied in der zwoten Runde bereits aus.
15:40. – Auf dem Center Court mögen es gut und gern 10000 Zuschauer sein. 11200 faßt dieses Stahlrohr-Stadion, ein Provisorium wie die gesamte Anlage.
Fehler! – Ja, ihre Vorhand ist unheimlich. Steffi Graf ist ja ein sehr zierliches Mädchen, das mit unglaublich guter Technik und sehr viel Schwung spielt, die härteste Vorhand im Damentennis. Und gleich zu Beginn ein Break.
Die Erfolge der 17jährigen machen allen Angst, nur, Gott sei Dank, ihr selbst nicht. Ist in dieses Endspiel durchmarschiert wie nie zuvor, kein Satzverlust bisher; gab bis zum Viertelfinale – das muß man sich mal vorstellen! –, also 5 Runden, 13 Spiele nur ab. Dann kam dieses Wahnsinnsfinale gegen Martina Navratilova, die Nummer 1, das sie ganz glatt mit 6:3, 6:2 gewann.
Und wenn man ganz ehrlich ist, obwohl Chris Evert-Lloyd hier an 2 gesetzt ist, die Favoritin könnte nach der gegenwärtigen Form durchaus Steffi Graf sein.
So, Matchball für Steffi Graf!
...
Gespielt sind 57 Minuten. Ihr erster Matchball in einem der bedeutendsten Turniere der Welt.
Die ersten Zehn der Weltrangliste sind hier, 128 Mädels waren am Start.
Und Steffi Graf hat den ersten Matchball.
Es wäre ihr größter Sieg bisher. – Und jetzt nach vorne! Ist er ja ver...
Mit 6:1, 6:2 gewinnt Steffi Graf, für mich sensationell glatt, in bestechender Manier gegen die Nummer 3 der Welt, Chris Evert-Lloyd! Hat Martina Navratilova geschlagen, Chris Evert-Lloyd geschlagen. Die ersten Zehn waren hier am Start. Was Besseres kann man nicht spielen im Damentennis im Moment!
Steffi Graf mit dem größten Erfolg ihrer Karriere!

## 16A5

### Übung 14: Interview mit Frau Geisendorf vom Kinderschutzbund Hildesheim

○ Frau Geisendorf, sie arbeiten hauptamtlich im Kinderschutzbund Hildesheim. Kinderschutz heute – ist das nötig?

● Ja, also, meiner Meinung nach ist das besonders nötig, weil gerade in der heutigen Zeit durch die äußeren Lebensumstände schon sehr viel mehr Schwierigkeiten in den Familien sind als früher. Dazu gehört z. B. Arbeitslosigkeit. Das führt in den Familien zu einem Streß, der, je länger die Arbeitslosigkeit dauert, auch um so stärker wird und dadurch natürlich die Nerven sämtlicher Familienmitglieder strapaziert.

○ Wie sieht Ihr Programm aus?

● Hm, der Schwerpunkt unseres Programms besteht in Hilfe für Familien. Dazu gehören verschiedene Projekte. Im Kinderschutzbund Hildesheim ist das in erster Linie die Kinderbetreuung, die vormittags

stattfindet, wo Eltern stundenweise, ohne vorher ihre Kinder hier anzumelden, die hierher bringen können. Die werden betreut von 2 Betreuerinnen.
Ein weiteres Projekt ist das Sorgentelefon, wo Kinder und Jugendliche anrufen können, wenn sie Probleme mit Schule, Eltern, Freunden und ähnlichen Bezugspersonen haben.
Dazu gehört z. B. auch Kriminalität, also das ist auch ein Beispiel, was hier oft anfällt.
Dann haben wir einen Arbeitskreis Pflege und Adoption.
Das ist also eine Selbsthilfegruppe von Pflege- und Adoptiveltern, die sich zwecks Erfahrungsaustausch und Informationsweitergabe eben hier einmal im Monat treffen. Weiterhin veranstalten wir zweimal jährlich einen Kleiderbasar, wo Familien sehr günstig Kleider für ihre Kinder kaufen können und selber gebrauchte Kinderkleider verkaufen können. Das wird auch sehr gut angenommen.
Dann haben wir noch den Babysitter-Dienst, wo wir also Babysitter vermitteln. Das ist also nur eine reine Vermittlung.

Und all diese Projekte sollen im Prinzip dazu dienen, Familien zu entlasten, d. h. von den unterschiedlichsten Streßfaktoren zu befreien. Alleine, wenn 'ne Mutter ihr Kind hier vormittags für 3 Stunden herbringen kann, ist das also schon ne Entlastung. In der Zeit kann sie zum Arzt gehen oder einfach ihre Ruhe haben und so'n bißchen ihre Nerven schonen und hat dann wieder ganz andere Möglichkeiten, ruhiger auf das Kind einzugehen.

○ Was schätzen Sie, wie viele Kinder brauchen Hilfe, z. B. in einer Stadt wie Hildesheim mit 100 000 Einwohnern?

● Oh, das ist sicherlich schwer zu schätzen. Ich kann jetzt erstmal sagen, wer Hilfe bekommen hat von uns im letzten Jahr. Das waren also insgesamt 34 Familien, die sich auf eine relativ kurze Beratung eingelassen haben, die also hierher gekommen sind und so, ja sagen wir mal, 2–4 Gespräche hatten, in denen sie eben ihre Probleme schilderten und auch von uns Hilfe bekommen wollten. Längerfristig betreut wurden 12 Familien.

## 2 Alphabetisches Wortschatzregister zu den Lehrbüchern 1A und 1B

*Ziffern und Buchstaben bezeichnen die Kapitel
und Kapitelabschnitte*
\* = *Wortschatz des „Zertifikats Deutsch als Fremdsprache"*
DL = *Deutschsprachige Literatur im 20. Jahrhundert (1A)*
Mal = *Malerei im 20. Jahrhundert (1B)*
S/Sp (A) = *Singen und Spielen (1A)*
S/Sp (B) = *Singen und Spielen (1B)*
UV = *Unregelmäßige Verben (1B)*
WS = *Wiederholungsspiel (1A)*

### A
* \* ab 5A2, 11A10
* \* abbiegen 9BÜ2
* abbrechen 15A5
* abdecken 15A7
* Abend, der 2A1
* abend 5A7
* \* Abendessen, das 6A3
* abends 7A7, 13A7
* \* aber 1.4, 9A4
* \* Abfahrt, die 5A3
* Abflug, der 5A2
* Abgas, das 16A6
* Abgastest, der 7A4
* abgießen 13BÜ3
* \* abholen 13BÜ1
* Abitur, das 10A4
* Abklingen, das 4A3
* ablaufen 7A4
* Ablaut, der 6B3
* \* abmachen 15A2
* \* abnehmen 13BÜ4, 15AÜ4, 15A6
* abpflücken 12A7
* abputzen 9A5
* abrutschen 14A5a
* absagen 15A1
* abschlagen 12A7
* \* abschleppen 9A5
* \* abschließen 16A3
* Abschluß, der 10A4
* \* Absicht, die 16A3
* abspielen, sich 16A5
* absteigen 14A8
* abstellen 13A7
* abstreifen 9A5
* \* abtrocknen 14AÜ17
* abtun 10A5
* abwechselnd 14A7
* abziehen 10A5
* \* ach! 4A7
* Achsel, die 14A8
* achselzuckend 16A6
* ach so! 9BÜ5
* \* achten 13B9

* \* Achtung! 5A3
* ADAC, der 13A6
* Adjektiv, des 11B3
* Adoption, die 16AÜ14
* \* Adresse, die 1.3
* Afrika 15BÜ5
* Agens-Nennung, die 13B6
* aggressiv 16A5
* Agraringenieur, der 11AÜ9
* Ägypten Mal
* ah! 2A1
* aha! 4A2
* ah ja! 11A11
* \* ähnlich 10A3
* Ahnung, die 3A2
* Akademie, die Mal
* Akkusativ, der 3B4
* Akkusativergänzung, die 5B2
* Akteur, der 13B5
* Akteurin, die 13B6
* Aktion, die Mal
* Aktiv, das 6B2
* aktualisiert 15A6
* Akzent, der 15A1
* akzeptabel 16A6
* akzeptieren 16A6
* alkoholhaltig 16A4
* \* allein 2A4
* alleinstehend 11BÜ8
* allerfeinst- 10A5
* allerschönst- 14B2
* all- 3A4, 13A6
* \* allgemein 16A1c
* Alltag, der 10AÜ9
* Alpennordseite, die 15A5
* \* als 2A5, 10A5, 10BÜ3
* \* also 1.3, 9A4
* \* alt 2A4
* Altbau, der 11A10
* \* Alter, das 10AÜ16
* am 5A2

* Amateur, der 14AÜ1
* Amateur-Europameister, der 14A1
* Amerika 16A1b
* Amerikaner, der 9AÜ9
* \* Amt, das 14A5c
* Amtliche Bayerische Reisebüro (ABR), das 10A4
* Amtssprache, die 14A3
* \* an 7B3, 12A7
* Analphabet, der 14A3
* anbieten 15A7
* anblicken 16A3
* anbringen 13A5
* ander- 11A6
* \* ändern 16A4
* \* anders 15BÜ4
* anderthalb 14A1
* anerkennen 14A3
* Anfahrt, die 13A6
* Anfall, der 16A3
* \* Anfang, der 10AÜ11
* \* anfangen 3A8
* \* anfassen 13A1
* Angabe, die 10A4
* angeben, 14A6
* \* Angebot, das 11A10
* \* angehen 9AÜ5
* \* Angehörige, der/die 13A6
* angeln 3A3
* Angelschein, der 3A3
* \* Angestellte, der/die 15AÜ4
* angewandt 14A5b
* Angina, die 4A3
* Angina lacunaris, die 4A2
* Anglistik, die 10A4
* angreifen 10A1
* \* Angst, die 6A7
* \* ängstlich 12A4
* anhaben 10A5
* anhalten 9BÜ4

* anhalten 15A6
* Anhalter, der 5A4
* anhand 14A6
* \* ankommen 12BÜ4
* ankreuzen 14A6
* \* Ankunft, die 5A3
* Anleitung, die 13B10
* anmaßend 14A6
* \* anmelden 7A2
* anmuten 16A6
* Annahme, die 12B1
* \* annehmen 12B1, 15A6
* Annonce, die 11A11
* anordnen 13A5
* Anpassung, die 14A5b
* anprobieren 11A5
* Anrede, die 14AÜ13
* \* anrufen 5A2
* anrühren 13BÜ4
* anschließen, sich Mal
* anschließend 13A4
* anschnallen 9AÜ8
* \* ansehen 14A7
* \* Ansicht, die 14A5e
* Ansichtskarte, die 12BÜ1
* anständig 15BÜ4
* anstelle 16AÜ7
* ansteuern 13A6
* anstreichen 11A6
* antreffen 12A5
* antun, sich etwas 13A6
* \* Antwort, die 11AÜ15
* \* antworten 2A5
* Anweisung, die 13AÜ4
* Anwendung, die 4A3
* Anwendungsgebiet, das 4A3
* \* Anzeige, die 11AÜ14, 13A5
* Anzeigelampe, die 13A5
* \* anziehen 6A5
* \* anziehen, sich 6A6
* \* Anzug, der 11A2
* \* Apfel, der 3A4

Apfelbaum, der 12A7
Äpfelkaufen, das 12A7
Appartement, das 11A10
* April, der 5A5
Arabisch 2A4
* Arbeit, die 6A3, 11A2
* arbeiten 2A4
* Arbeiter, der 2A4
Arbeitsgruppe, die 14A5
Arbeitslose, der/die 15BÜ7
Arbeitsplatz, der 11A9
Arbeitsschritt, der 13A4
Arbeitszimmer, das 11A9
Architektur, die DL
Ärger, der 12BÜ3
* ärgern 9AÜ7
* ärgern, sich 14A4
Argument, das 11AÜ7
* Arm, der 4A1
* arm 7A1, 10A5, 12A4
Ärmel, der 10A5
* Art, die 3A7, 4A3, 16A1a, 16A1c
* Artikel, der 3B2, 14AÜ7
Arzneimittel, das 4A3
* Arzt, der 2A4
* Ärztin, die 2A5
Asiat, der 16A3
Asiatin, die 16A3
Asien 15BÜ5
Assistent, der 4A4
Ästhetik, die 11AÜ9
attributiv 11B4
* auch 2A1, 11A2
* auf 5A3, 7A3
aufbewahren 4A3
auffallen 16A2
Auffordern, das 13AÜ1
* auffordern 15A7
Aufforderung, die 2B5
* Aufforderungssatz, der 2B5
* Aufgabe, die 10BÜ3, 14A7
* aufgeben 9BÜ1
aufhalten 4A4, 13A7
* aufheben 13A6
Aufheiterung, die 15A5
* aufhören 9A2
auf jeden Fall 13A6
auf keinen Fall 12A3
aufkochen 13A3
* aufmachen 6A7
aufmerksam 16A3
aufnehmen 16A4
* aufpassen 7A6
* aufregen, sich 14BÜ5

* Aufregung, die 15A2
aufrichtig 14A6
Aufruf, der 5A3
aufschlagen 10BÜ2
aufschließen 10B2
aufschneiden 4A4
* aufschreiben 9AÜ4
aufsetzen 13BÜ3, 14A1
* aufstehen 6A6, 12A4
auftreten S/Sp (B)
* aufwachen 10BÜ5
auf Wiedersehen! 1.2
* Auge, das 1.1
* Augenblick, der 11A6
* August, der 5A5
* aus 1.2, 5A7
* Ausbildung, die 10A4
ausdenken, sich S/Sp (B)
* Ausdruck, der 10AÜ13
* ausdrücken 15BÜ1
* Ausfahrt, die 9A5
ausfallen 15A6
* ausfüllen DL
ausgeben 15BÜ3
ausgehen von 15A6
auskennen, sich 12BÜ2
* Auskunft, die 2A3, 9BÜ1
ausladen 15A1
* Ausland, das 7A6
* Ausländer, der 2A4
Ausländeramt, das 7A2
ausländisch 15A6
auslassen S/Sp (B)
auslösen 13A5
ausnehmen 16A6
ausräumen 6A7
Aussage, die 2B5, 14A5d
Aussagesatz, der 13B10
ausschließlich 14A7
ausschneiden 13A2
Ausschnitt, der 10A4, 15A3
Aussehen, das 14AÜ2
* aussehen S/Sp (A)
* außen 13A2
* außerdem 15AÜ4
äußern 16A3
* aussteigen 10BÜ2
* Ausstellung, die Mal
* aussuchen S/Sp (B)
Australien 1.4
Auswahl, die 6A2
Auswärtige Amt, das 15AÜ9
ausweichen 13A6
* Ausweis, der 3A3
auswendig lernen 13B10
auswerten 16AÜ8
Auswertung, die 14A5d

Ausziehen, das 15A3
* Auto, das 3A1
* Autobahn, die 13A6
Autobahnnetz, das 13A6
Autogramm, das 10BÜ7
Automarkt, der 7A4
Automechaniker, der 8A2
Autonarr, der 16A2
Autopanne, die 5A7
Autor, der 10AÜ9
Autoreisezug, der 13A6
Autoscheinwerfer, der 10AÜ9
Autostraße, die 12A3
Autostunde, die 16A6
Autowaschen, das 14A7
Autowerkstatt, die 5A7
Axt, die 12A7

B
* Baby, das 3A1
Babysitterdienst, der 16AÜ14
Bäcker, der 16A6
* Bad, das 6A6
Bademantel, der 11A9
Baden, das 10AÜ1
Baden-Württemberg 13A6
Badewanne, die 11A9
* Bahn, die 13A6
* Bahnhof, der 5A2
Bahnreise, die 13A6
* bald, 5A6
Balkon, der 11A8
Ball, der 16A1a
Band, das 10AÜ14
* Bank, die 6A1
Bank, die 15AÜ4
Bankdirektor, der 15AÜ4
Bar, die 9AÜ9
* bar 12A2
Bär, der 10A2
bärtig 10A3
Batterie, die 6A3
* Bauch, der 4A1
* bauen 10AÜ1
Bauer, der 14BÜ4
Bauhaus, das Mal
* Baum, der 8A4
Baumpfahl, der 14A8
Baustelle, die 13A6
Bayer, der 7A1
bayerisch 3A7
Bayerische Staatskanzlei, die 10A4
Bayern 13A6
* beachten 9BÜ4
* Beamte, der 16A3

bearbeiten 14A5
Becher, der 6A2
Becquerel, das 16A6
bedauern 12A5
bedecken 10A5
bedeuten 13AÜ9
* Bedeutung, die 13B5
* Bedienung, die 13A5
Bedienungsanleitung, die 13BÜ5
Bedienungselement, das 13A5
bedürfen S/Sp (B)
beenden 16A6
Beerdigung, die 11A2
befahren 13A6
Befehl, der 13B1
befragen 14A5b
begeben, sich 13A6
begegnen, einander (sich) 10A3
begehen 14A5c
begeistern 16A1c
begeistert 16A3
begeisterungsfähig 11AÜ9
* Beginn, der 13AÜ12
* beginnen 5A5
* begründen 16AÜ1
Begrüßung, die 15AÜ4
* behalten 12A2
* behandeln 16AÜ11
* Behandlung, die 4A3
* behaupten 12A3
behaupten, sich 14A1
Behauptung, die 15AÜ4
beherrschen 16A3, 16A6
Behinderung, die 13A6
* bei 2A4, 5A3
* beid- 9AÜ3
beige 11A2
Beilage, die 3A7
beim 6A1
* Bein, das 4A1
* Beispiel, das 2B5, 16A3
beispielsweise 14A5e
* bekannt DL
Bekleben, das 9A5
* bekommen 7A2, 12B2, 14A5e, 15A7
Belgien 1.4
Belichtungsregler, der 13A5
beliebig 13B9
beliebt 14AÜ6
bemalen 13A2
* bemerken 15A2
* bemühen, sich 14BÜ5
benehmen, sich 15BÜ4
benötigen 12A6

benutzen 3BÜ1, 9A5
Berater, der 10A4
Berechnung, die 14A5c
Bereich, der 16A5
bereiten 13B3
* Bericht, der 15AÜ9
* berichten 15AÜ17
Berliner 15A1
Berlin (Ost) 14A3
Berlin (West) 2A4
* berücksichtigen 14A5c
* Beruf, der 11AÜ9
* beruflich 10A4
* berufstätig 16A5
Berufstätigkeit die 16A5
Berufung, die Mal
* beruhigen 13A7
beruhigen, sich 14BÜ5
* berühmt 4A6
beschäftigen, sich 15AÜ9
* Bescheid, der 15A1
bescheiden 14A6
Bescheid sagen 15A1
* beschließen 13A6
beschönigen 16BÜ1
Beschönigung, die 16BÜ1
* beschreiben 1.4
* Beschreibung, die 13AÜ3
Beschwerden, die 4A3
Besen, der 7A5
Besenbinden, das 10A2
Besenbinder, der 10A2
* besetzt 5A4
besiegen 10BÜ4
Besitz, der 8B6
* besitzen 16A2
Besitzer, der 4A5
Besonderheit, die 14B2
* besonders DL
besprechen S/Sp (B)
* besser 5A6
Bessere, der/das/die 16A1b
besser werden 15A5
best- 14A2
* bestehen UV
bestehend 16A1c
* bestellen 12BÜ1, 15AÜ4
* bestellen, sich 10BÜ2
* bestimmt 3B2, 9A3
Bestimmungswort, das 16B3.1
Bestrafung, die 16A5
bestürzt 12A5
* Besuch, der 8A2, 15A7
* besuchen 5A4, 12A4
betätigen 13B10

beten 10A5
betonen 11B1
betragen 12A2
Betreuer, der 10A4
betriebsbereit 13AÜ9
betrunken 9A2
* Bett, das 9AÜ8
Bettchen, das 10A5
Bettruhe, die 4A2
Beute, die 16A6
Beutel, der 7A6, 13A3
* Bevölkerung, die 14A3
Bevölkerungsent-
  wicklung, die 15A6
Bevölkerungswachs-
  tum, das 14A3
Bevölkerungszahl, die 15A6
* bevor 14AÜ6
Bewährung, die 16A2
beweglich 11AÜ9
* Bewegung, die 7A7, 13AÜ14
bewilligen 13A7
bewohnen 12A5
bewölkt 15A5
Bewölkung, die 15A5
* bezahlen 3A3
bezeichnen 14A5d
Beziehung, die 16A3
biegen UV
Bienenhonig, der 6A2
* Bier, das 2A1
Biertrinkende, der/die 16A3
* bieten UV
Bikini, der 14BÜ1
* Bild, das 3A2
bilden 14AÜ7
Bildgeschichte, die 6A1
Bildseite, die 13A7
Bildungsbarriere, die 16A5
* billig 4A5
billigst 11A10
binden UV
Biographie, die DL
Birke, die Mal
* Birne, die 3A4
* bis 5A2, 5A4, 5A7, 11AÜ9
* bisher 15A6
* bißchen 9AÜ8
bissig 9AÜ8
Bitte, die 13B2
* bitte 1.3
* bitten 10AÜ13
* bitten um 10A5
blank 10A5
* blaß 13AÜ10

Blau, das 13A7
* blau 3A7, S/Sp (A)
Blaue Reiter, der Mal
Blechtrommel, die DL
* bleiben 2A4, 12BÜ3
* Bleistift, der 13BÜ1
blicken 16A1a
Blinde, der/die 16A6
blitzschnell 15AÜ4
blöd(e) 11A6
blond S/Sp (A)
bloß 8A1
* Blume, die 6A6
Blumenkohl, der 6A2
Blumentopf, der 7A3
* Bluse, die 11A2
Blüte, die 12A7
Blutorange, die 6A2
* Boden, der 15A3
Bodensee, der 11AÜ9
Body-Builder, der 14A1
Body-Building, das 14AÜ1
Bohnenkaffee, der 16A4
böig 15A5
bösartig 16A1a
Böse, das 12A7
* böse 6A2
Brasilien 1.4
* braten 3A7
Brathering, der 6A2
Bratwurst, die 3A6
* brauchen 5A4
* braun 11A2
brav 12BÜ1
bravo! 14A1
* brechen S/Sp (B)
* brechen, sich etwas S/Sp (B)
* Brief, der 3A8
* Briefmarke, die 9BÜ1
* Brieftasche, die 6A6
* Briefträger, der 8A2
Brillant, der 15A3
Brillantring, der 15A3
* Brille, die 12BÜ3
* bringen 9A2, 10BÜ5, 12A1, 13BÜ4
Brite, der 14A1
British Army, die 2A4
* Brot, das 3A6
* Brötchen, das 6A6
* Brücke, die 7A1
* Brücke die Mal
Bruder, der 10A3
brüllen 13A7
Brust, die 4A1
Bub, der 14A5a
* Buch, das 3A2
* buchen 12BÜ4

Bücherregal, das 11A9
Büchertasche, die S/Sp (B)
Buchkritik, die 10AÜ9
Buchmesse, die 5A4
Buchstabe, der S/Sp (A)
* buchstabieren 1.3
Buchstabiertafel, die 1.3
Bude, die 7A7
büffeln 16A3
Bügelbrett, das 7A5
Bügeleisen, das 7A5
bügeln 14AÜ17
Bundesbahn, die 5A3
Bundesbürger, der 14A5b
bundesdeutsch 10AÜ9
Bundeskabinett, das 15AÜ9
Bundesminister, der 13A6
* Bundesregierung, die 15AÜ9
Bundesrepublik Deutschland, die 1.4
bunt 7A1
Bürgersteig, der 9AÜ8
* Büro, das 13A5
Bursche, der 14A8
* Bürste, die 7A5
* Bus, der 5A4
Busen, der 4A1
* Butter, die 3A4

C
Cafehausphilosoph, der 10AÜ9
Cafeteria, die 2A1
campen 9AÜ1
Camping, das 9AÜ1
Cäsium, das 16A6
Cassette, die 3A1
* Chance, die 16A5
Chaos, das 13A7
* Charakter, der 14AÜ2
charmant 11AÜ9
chauffieren 16A2
* Chef, der 5A6
Chefarzt, der 4A4
Chinese, der 16AÜ7
chinesisch 16A3
Christbaum, der 8A4
Christkatholik, der 14A3
Christus, der 10A1
circa 11A11
City, die 3A1
Clown, der 3A1
Co. (= Compagnie) 6A1
Cola, die 2A1
Coladose, die 3A9

Computer, der 3A1
Conceptual Art, die Mal
Cornflakes, die 3A4

**D**
*da 1.2, 1.4, 9A1, 12A7
dabei 10BÜ1, 16A6
Dadaist, der Mal
dadurch 15BÜ5
dafür 13A7, 14A1
dagegen 14A7, 15A5
daheim 2A4
*daher 12B2
*damals 4A5
*Dame, die 11A7
Damentennis, das 16A1b
Damentoilette, die 9BÜ1
*damit 12B3, 13BÜ4, 14A5a
Dammtor, das 11A11
Dampfhammer, der 16A1a
danach 6A4, 15A6
Däne, der 14A3
daneben 16A5
Dänisch 2A5
*Dank, der 3A7
*danke! 1.3
*danken 15A7
*dann 1.4, 9A4, 12AÜ16
darauf 12A4, 16A3
daraus 16A5
darin 10A5, 12A4
Darm, der 4A2
darstellen S/Sp(B)
darüber 10A3, 15A5
darüberliegen 14A5c
*darum 15AÜ4
*das 1.1, 9A1
Dasein, das 16A5
daß 9A3, 12A4
*dasselbe 7A7
daß-Satz 9B4.3
Dativ, der 3B4
Dauer, die 4A3
dauern 5A2
dazu 3A7, 11A6, 11A11, 16A4
dazukommen 11A11
dazwischen 16A1b
DDR, die 14B2
*Decke, die 10BÜ6
decken 13A7, 16A6
Deklination, die 3B4
demnach 13A6
*demokratisch 14A6
Demonstrativpronomen, das 11B1

*denken 8A6, 11AÜ11, 13A7
*denn 4A2, 9A3
dennoch 12B4
dental 14B1
deprimierend 16A6
Derivation, die 16B5
derjenige 13A6
*derselbe 13A6
derzeit 15A6
*deshalb 5A5
*desto 14A6
*deutlich 15A6
Deutsch 2A1
deutsch 4A1
Deutsche, der/die 9AÜ9
Deutsche Bundesbahn, die 13A6
Deutsche Demokratische Republik, die 1.4
Deutsche Mark, die 11A10
Deutschkenntnisse, die 16A3
Deutschkurs, der 1.2
Deutschland 10AÜ9
Deutschlehrerkongreß, der 14A4
Deutschlernen, das 9BÜ5
deutschsprachig DL
*Dezember, der 5A5
Dialog, der 5A7
*dick 3A8, 15A5
*die 2A2, 9A3
Diebstahl, der 14A5c
diejenige 13A6
Diele, die 11A10
*dienen 16A5
Dienstag, der 5A6
*dies- 9A4
dieselbe 13A6
*diesmal 14A5a
*diktieren 6A1
*Ding, das 15A4
Diplomat, der 2A4
*direkt 5A2, 13AÜ15, 16A5
Direktivergänzung, die 5B2
Disko, die 7A4
*Diskussion, die 9AÜ7
*diskutieren 14A8
Disziplin, die 14A5d
diszipliniert 14A5d
*doch 8A1, 9A1
*Doktor, der 13BÜ4
Dokumentationszentrum, das 14A5c
Dollar, der 15BÜ7

Dolmetscher, der 10A4
Dolmetscherin, die 2A4
Domäne, die 14A7
Donau, die Mal
Donnerstag, der 5A6
Doppellast, die 16A5
*doppelt 10AÜ9, 14A1
*Dorf, das 10A2
*dort 10A6
*Dose, die 3A6
Dosierungsanleitung, die 4A3
Dozent, der 10A4
Drama, das DL
drängen 13A7
draufhauen 16A1a
*draußen 8A7
Drei-Zimmer-Wohnung, die 11BÜ8
dringen UV
*drinnen 8A7
Drohbrief, der 15AÜ4
*Druck, der 13A5
Drücken, das 13A5
Du, das 14A5e
*du 1.2
*dumm 12A3, 14A4
Du-Muffel, der 14A5e
*dunkel 8A7, 11A6
*dunkelblau 11A2
*dünn 6A6, 14A2, 15A5
durch DL, 7B5
durchrühren 13A3
Durchsage, die 5A3
Durchschnitt, der 14A5c
durchschnittlich 16A4
durchsetzen 14A1
durchziehen 14A8
Durchzug, der 15A5
*dürfen 9A1
*Durst, der 3A6
*durstig 10BÜ7
Duschbad, das 11A10
*Dusche, die 11A10
*duschen 14A4
düster 12A5
Duzen, das 14A5e
duzen 14AÜ13
dynamisch 11AÜ9

**E**
*ebenso 14B4
ebensoviel- 14A5b
*egal 3A3
*Ehe, die 16A5
ehebrechen 9A5
*Ehepaar, das 11BÜ8
eher 9AÜ7
*ehrlich 10A2
*Ei, das 3A4

ei! 4A7
Eiernudel, die 3A7
eigen- 10AÜ17
Eigenschaft, die 14A5b
*eigentlich 9AÜ9
Eigenverzehr, der 16A6
*Eile, die 5A7
*eilig 5A7
Eimer, der 7A5
*ein 2A1
*einander 10A3
Einbauküche, die 11A11
ein bißchen 2A1
Einbrecher, der 6A7
Einbruch, der 14A5c
Einbruchsstatistik, die 14A5c
*einfach 5A2, 11A5, 13A4, 15AÜ17, UV
einfahren 5A3
*Einfahrt, die 9A1
Einfluß, der Mal
eingenäht 7A6
Eingeweide, die 4A2
einige 6A8
einigermaßen 16A3
einig sein, sich 16A1c
Einkaufen, das 10AÜ9
*einkaufen 3A4
*einladen 7A5
*Einladung, die 15A1
*einmal 1.3, 10A5
*einmalig 13A5
Einmanntheater, das 10AÜ9
Einordnungsergänzung, die 5B2
*einpacken 6A5
einrühren 13A3
eins 10A5
einsam 14BÜ4
Einsamkeit, die 10AÜ9
*einschalten 13B8, 13BÜ5
einschließen 13A6
*einsteigen 5A3
*einstellen 13A5
einstmals 10AÜ9
eintippen 13BÜ5
eintreten 9BÜ2, 12A4
*Eintritt, der Mal
*einverstanden 12A2
*ein wenig 16A3
*Einwohner, der 14A3
*Einwohnermeldeamt, das 7A2
Einwohnerzahl, die 15A6
*einzeln 11AÜ14, 15A5
*einzig 12A7

* Eis, das S/Sp(B)
* Eisenbahn, die 13A6
Elch, der 16A6
Elchjagd, die 16A6
Elchkuh, die 16A6
* elegant 15AÜ4
Elektroherd, der 11A10
Elend, das 7A6
elterlich 16A5
* Eltern, die 7A4
Elternteil, der 16A5
emigrieren DL
empfehlen 13A6
Empfehlung, die 13AÜ13
empfinden 14A5e
Empfindungswort, das 4A7
Endbuchstabe, der 4B1
* Ende, das 10A3, 10BÜ2, S/Sp(B)
enden 12A5, 15AÜ4
* endgültig 12A5
* endlich 6A1, 10A5
Endspiel, das 16A1b
* eng 11A4, 12AÜ9, 14A5d
engagieren 15A1
engagiert 11AÜ9
England 1.4
Engländer, der 2A4
Engländerin, die 2A4
Englisch 2A1
entdecken 14A5d
entfernen 16B5
entfernt 16A6
* Entfernung, die 16B3.3
entgegenkommen 12A3
* entgehen 10AÜ9
* enthalten 13A3
entlanggehen 7A2
* entscheiden, sich 13A6
entschieden 12A5
Entschluß, der 14BÜ4
* entschuldigen 7A2
* entschuldigen, sich 15BÜ4
* Entschuldigung, die 7A2
* entsetzlich 12A4
* entsprechend UV
* entstehen 9AÜ9, 16A5
Entzündung, die 4A2
Environment, das Mal
* er 1.2
* Erde, die 10A6, 15BÜ5
* Erdgeschoß, das 7A1
* Ereignis, das 10AÜ16
* Erfahrung, die 14A5d
* Erfolg, der 4A6
erfrischen 16B5

Erfrischung, die 16B3.3
Erfrischungsgetränk, das 16A4
ergänzen 2B5
Ergänzung, die 14B4
ergeben 14A5d
ergeben, sich 14A6
* Ergebnis, das 14A5a
ergreifen 9AÜ9
* erhalten 14A1
* erhöhen 13A5
* erinnern 16B1
* erkälten, sich 15A5
* erkennen 15A1
* erklären S/Sp(B)
* Erklärung, die 13AÜ9
* erkundigen, sich 12A5
erläutern 16A3
Erlebnis, das 10AÜ16
* erledigen 15BÜ1
erlegen 16A6
erleichtern 15A3
Erlernen, das 15AÜ9
erlernen 16A3
ermitteln 16A3
ernähren, sich 14A4
Ernährung, die 16A4
ernährungsbedingt 16A4
ernst 14A4
ernten 12A7, 14A5e
erobern 10A1
erraten S/Sp(B)
* erreichen 13BÜ6
erringen UV
erschlagen 12A6
* erschrecken 10BÜ5
* erst 2A4, 11A2, 11AÜ16
* erst- 9AÜ9
erstaunt 16A3
erstellen 14A7
erstenmal, zum 16A6
erstmal 15A5
erteilen 15AÜ4
erwärmen 13B9
* erwarten 12B4
erwerben 16A2
erzählen 6A1
* Erzählung, die DL
Erzieher, der 16A5
Erzieherin, die 16B3.5
* Erziehung, die 13A1
Erziehungsziel, das 14A5b
* es 2A1
Esel, der S/Sp(B)
* Essen, das 3A5, 3A8
* essen 3A6
* Esser, der 10A6
Eßlöffel, der 13BÜ4

Eßplatz, der 11A8
Etage, die 7A1
* etwa 5A2, 15A4
* etwas 4A2, 9A3
euer 15A7
Europa 14A1
Europameisterin, die 14A1
Europameisterschaft, die 14A1
* evangelisch 10A4
Exempel, das 16A3
Expressionismus, der Mal
extra 3A5
Extrem, das 16A5

F
* Fabrik, die 10AÜ9
Fabrikbesitzer, der 11A7
* Fachleute, die 13A6
* Fachmann, der 13AÜ9
* fahren 5A2, 9AÜ3, 10AÜ1
* Fahrer, der 12B2
Fahrerlaubnis, die 16A2
* Fahrkarte, die 5A2
* Fahrrad, das 11A6
* Fahrt, die 5A4, 13A6
Fahrtkosten, die 3A5
Fahrtroute, die 13A6
Fahrzeug, das 13A6
* Fall, der 12AÜ3, 12A3, 13A6, 16A3
* fallen 10A5
* fällig 13A7
* falls 4A3
* falsch 3A5, 12B2, 14A6, 15A7
* Familie, die 2A4
Familienrat, der 13A6
Familienstand, der 10A4
fangen UV
* Farbe, die 1.1
farbig 13A5
Farbtopf, der 11A6
Faß, das 7A1
* fast 5A2
* faul 3A8
* Februar, der 5A5
Feder, die 13A7
fegen 16A1c
* fehlen 4A2
* Fehler, der 12A2, 12A3, 12BÜ3
fehlerhaft 12A2
* feiern 8A4
feige 14A6
* Feind, der 12A6
Feindeinflug, der 10A7

* Feld, das 10A5
Fell, das 8A6
Femininum, das 11B1
femininum 3B1
* Fenster, das 6A7
Fensterscheibe, die 6A7
* Ferien, die 5A5
Ferientag, der 5A5
Ferienzeit, die 13A6
* fern 16B5
ferner 14A7
Fernexpreß, der 5A3
* Fernsehapparat, der 16A6
* Fernsehen, das 3A5
Fernseher, der 12BÜ2
Ferntransport, der 15AÜ8
* fertig 3A8
fertigschreiben 12AÜ17
* Fest, das 8A4
* fest 7A7, 10A3, 13B10, 16B1
festkochend 13BÜ3
* feststellen 12A3, 14A5d
Fett, das 16A4
* Feuer, das 13A1
* Fieber, das 4A2
Figur, die DL, 11A2, 13A2
* Film, der 12BÜ4
Filmautor, der DL
Filzkugel, die 16A1a
Finale, das 16A1b
Finalsatz, der 12B3
* finden 9AÜ5, 9BÜ1, 10AÜ9, 14A5d, 16A3
* Finger, der 4A1
Finne, der 2A4
Finnin, die 2A4
Finnisch 2A4
Finnland 2A4
* Firma, die 6A3
* Fisch, der 3A3
* Fischgrätenmuster, das 15A1
* Fläche, die 13A2, 14A3
* Flasche, die 3A6
* Fleisch, das 16A4
Fleischbedarf, der 16A6
Fleischprobe, die 16A6
* Fleiß, der 14A5b
* fleißig 14A4
Flexibilität, die 14A5d
* fliegen 10B2
flink 13A7
flirten 6A1
Flockenpüree, das 13A3
Florida 16A1b
fluchen 13A7

* Flug, der 5A2
* Flughafen, der 5A3
Flugreise, die 12BÜ2
Flugscheinschalter, der 5A3
Flugsteig, der 5A3
* Flugzeug, das 4A6
Flur, der 11A8
* Fluß, der 10AÜ1
Flüssigkeit, die 16A4
Fluxus-Kunst, die Mal
Folge, die 12B1, 16A6
* folgen 12A6, 14A5, 16A5
folgend- 12A6
folgenschwer 16A5
Folgsamkeit, die 14A5b
Ford, der 9A3
* fordern 10AÜ9
Forelle, die 3A7
* Form, die 10AÜ15
formulieren 13BÜ1
Formulierung, die 15AÜ15
Forscher, der 14A7
Forschungsarbeit, die 14A7
Forst, der 11A11
fortsetzen 4A3
Fortsetzung, die 10A4
* Foto, das 15AÜ6
Fotoapparat, der 7A2
* fotografieren 6A1
* Frage, die 2B5, 11A11
Fragebogen, der 14A6
* fragen 2B5
* fragen, sich 15AÜ17
Fragepronomen, das 11B2
Fragesatz, der 13B10
Frageworte, das 2B5
Frankreich 1.4
Franzose, der 2A4
Französin, die 2A4
Französisch 2A4
französisch 14A5c
* Frau, die 1.2
Frauensache, die 14A7
* Fräulein, das 1.3
frech 14A4
* frei 5A6, 10A4, 11A10, 13A7, 14A5b
freiberuflich 10A4
Freiburgerin, die 14A1
Freie Universität Berlin, die 10A4
freihalten 9A5
* Freiheit, die 16B3.1
Freiheitsraum, der 16A5
Freiheitsstrafe, die 16A2
Freitag, der 5A6

Freitagnachmittag, der 5A6
Freizeit, die 15BÜ5
* fremd 9AÜ7
Fremde, der 10AÜ9
Fremdenführer, der 10A4
* Fremdsprache, die 2A5
* fressen 3A9
* Freude, die 14BÜ4, 16A6
* freuen, sich 1.2
* Freund, der 2A4
Freundin, die 6A1
* freundlich 2A4
freundschaftlich 14A5d
friedlich 14A6
* frieren 10A5
* frisch 3A4, 13A7, 13BÜ3
Frischmilch, die 6A2
Frisur, die 11BÜ7
* froh S/Sp(B)
fröhlich 16A1a
fromm 10A5
Frosch, der 12A1
Frucht, die 12A7
Fruchtsaft, der 16A4
* früh 5A2
* früher 4A5, 6A6
Frühjahrsferien, die 5A5
* Frühstück, das 6A6
Fuchs, der 8A6
* fühlen 13A1
* führen S/Sp(B), 15AÜ4, 16A4
* Führerschein, der 12A3
füllen 13BÜ4
Füller, der 3A2
* Fundbüro, das 6A5
* funktionieren 6A3
Funktionstaste, die 13A5
* für 2A5, 4A3, 5A4, 10A2, 10AÜ12, 12A4
* fürchten 15A5
Fürsorge, die 16A5
* Fuß, der 4A1
* Fußball, der 3A8
Fußball-Länderspiel, das 5A4
Fußballmannschaft, die 7A4
Fußballspielen, das 9A5
* Fußgänger, der 12AÜ9
Futur, das 15B1

**G**

Gala, die 13BÜ4
Gallenblase, die 4A2
Gallenstein, der 10A7
Gallien 10A1
Gangster, der 3A1

* ganz 2A1, 6A1, 9A3, 9BÜ5
* Garage, die 3A1
Garantieschein, der 12A2
Garantiezeit, die 12A2
* gar nicht 9A4
* Garten, der 11BÜ8
Gartenbenutzung, die 11A11
Garzeit, die 13B9
* Gas, das 13A7
Gasmaske, die 16A6
* Gast, der 3A7, 14A5d, 15A1
Gastarbeiter, der 10AÜ9
Gästetoilette, die 11A11
Gastgeber, der 15AÜ17
Gastgeberin, die 15A1
* geben 6A5, 7A6, 10A5, 10BÜ7, 12A2, 13A4, 14AÜ6
* Gebiet, das 16A5, 16A6
* geboren Mal
geborene 10A4
Gebrauch, der 11B4
* gebrauchen 10BÜ5
gebügelt 16B4.3
* Geburt, die 14A7
Geburtsdatum, das 10A4
Geburtsort, der 1.1
* Geburtstag, der 1.1
* Gedanke, der 15AÜ17
Gedankenaustausch, der 11AÜ9
gedenken 16B2
Gedenktafel, die 10AÜ9
Gedicht, das DL
Geduld, die 13A7
* gefährlich 9AÜ3
* gefallen 11A1
Gefängnis, das S/Sp(A)
Gefäß, das 13B10
gefroren 6A2
gegebenenfalls 13A6
* gegen 4A3, 9AÜ3, 15A1
Gegensatz-Paar, das 14A6
gegenseitig 11AÜ9
* Gegenstand, der S/Sp(B)
* Gegenteil, das 14A6
* gegenüber 14A5d
gegenüberliegen 13A2
* Gegenwart, die 15B3
Gegnerin, die 16A1b
gehäuft 13BÜ4
* gehen 2A1, 2A4, 9A2, 9A4, 11A1, 12A2,

12AÜ3, 13A7
Gehende, der 10A3
* gehören 8A3a, 10AÜ1
Geige, die 11AÜ16
geistig 11AÜ9
geistreich 14A6
gelangen 10A5, 16A6
* gelb 11A2
gelbgrün 11BÜ1
* Geld, das 4A6
Geldstrafe, die 16A2
Geldstück, das 10A5
gelegen 11A11
* gelegentlich 16A3
Gelehrte, der/die 16A3
* gelten 16A6
* gemeinsam 11AÜ9
gemischt 3A7
* Gemüse, das 3A4
* gemütlich 11A11
genannt 14AÜ12
* genau 6A3, 10AÜ6, 14A1, 14A5d
Genauigkeit, die 14A5d
* genauso 3B5
General, der 10A1
genießen 13A6, 16A4
Genitiv, der 3B4
Genitivergänzung, die 16B2
* genug 5A2
genügend 12BÜ1
Genus, das 3B1
* Gepäck, das 9BÜ1
Gepäckträger, der 9BÜ1
* gerade 6A1, 15A2, 15A7
* geradeaus 7A2
Geräusch, das 10BÜ5
gerecht 16BÜ1
* Gericht, das 13A4
geringfügig 15A6
Germane, der 10A1
Germanien 10A1
Germanistik, die 10A4
* gern(e) 2A1, 11AÜ9, 16A3
* gesamt 16A5
Gesamtbevölkerung, die 15A6
geschafft! WS
* Geschäft, das 4A5
* Geschäftsmann, der 15A3
geschehen UV
* Geschenk, das 8A4
* Geschichte, die 3A3, S/Sp(B)
geschieden 11A7
* Geschirr, das 14AÜ17
Geschlecht, das 14A7

geschlossen 5A6
Geschmack, der 16B4.2
geschmacklos 15A2
* Geschwindigkeit, die 14AÜ2
Geselle, der 14A8
* Gesellschaft, die 14A5a
gesellschaftlich 16A5
* Gesicht, das 12A4
* Gespräch, das 2A3
gestalten 16A5
gestehen 12A5
* gestern 5A6
Gestirn, das 10A6
gestreift 11A5
* gesund 12BÜ3, 13A7
* Gesundheit, die 3A5
* Getränk, das 16A4
Getränkeverbrauch, der 16A4
getrennt 11A10
Gewehr, das 8A7
* Gewicht, das 14AÜ2
* gewinnen 14A1
Gewinnzahl, die 2A3
* Gewitter, das 15A5
gewittrig 15A5
gezielt 13A6
* gießen 13A4
* giftig 16A6
Giraffe, die 10BÜ6
glänzen 15A4
* Glas, das 3A6, 13BÜ4
Glasplatte, die 13B8
Glasschale, die 13BÜ4
* glauben 1.2, 14A4, 15A5
* gleich 5A5, 6A5, 10A5, 16BÜ1
gleichaltrig 11AÜ9
* gleichzeitig 10AÜ9
Gleichzeitigkeit, die 10B4.1
* Gleis, das 5A3
Glied, das 14A8
Glocke, die S/Sp(A)
* Glück, das S/Sp(A), 12A3, 16A6
* glücklich 16A3
gönnen 13A7
* Gott, der 7A5
gr. (=Gramm, das) 3A4
Grad, der 15A5
Graduierung, die 14B1
grammatisch 14AÜ5
Grammophonkasten, der 12A6
grandios 16A1c
Graphik, die 16AÜ8
graphisch 13A6
* grasgrün 11A6

* gratulieren 11A9
* grau 11A2
greifen UV
* Grenze, die 10A1
Grieche, der 2A4
Griechenland 1.4
Griechin, die 2A4
Griechisch 2A4
griechisch 10AÜ9
grinsen 16A1a
* Grippe, die 4A3
* groß S/Sp(A), 9AÜ8, 10AÜ1, 11A1, 11A6, 13A7, 14BÜ4
Großbritannien 14A5c
* Größe, die 1.1, 11A3
* Großmutter, die 12A4
* großzügig 11A11, 14A6
Grün, das 13A7
* grün 1.1, 12A7
* Grund, der 12B2
gründen Mal
* Grundlage, die 14A7
Grundnahrungsmittel, das 16A4
Grundschule, die 10A4
Grundstück, das 15A3
Gründungsmitglied, das Mal
Grundwort, das 16B3.1
* Gruppe, die 16A6
* Gruß, der 15A1
Gulasch, das 6A2
Gulaschsuppe, die 3A6
* günstig 11AÜ14, 16A5
* gut 1.2, 10A2, 11A1, 12A3, 14A2
gutaussehend 11A7
gutgehen 12A7
* Gymnasium, das 10A4
Gymnastik, die 9BÜ3

H
* Haar, das S/Sp(A), 15A1
* haben 1.4
häh? 12A1
Hahn, der S/Sp(A)
* halb 5A1
Hälfte, die 12BÜ2
* hallo! 1.2
* Hals, der 4A1
Halsschmerzen, die 4A3
Halstablette, die 4A3
Halsweh, das 12BÜ4
* halten 9BÜ2
Hamburger, der 3A1
* Hand, die 4A1
Handbesen, der 7A5
* Handel, der 16A6
* handeln 16A5

Handlung, die 12AÜ14, 13AÜ15
handschriftlich 10AÜ9
* Handtasche, die 11AÜ2
* hart 6A6, 16A5
Haube, die 12A4
* häufig 12A7
Hauptaufgabe, die 14A7
Hauptbahnhof, der 3A1
Haupterziehungsziel, das 14A5b
Hauptfigur, die 10AÜ10
Hauptlast, die 14A7
Hauptpost, die 11A10
Hauptsatz, der 9B4.2
Hauptschwierigkeit, die 16AÜ14
Hauptstadt, die 14A3
Hauptstraße, die 7A2
* Haus, das 2A4
Hausaufgabe, die 7A4
Hausflur, der 9AÜ3
* Hausfrau, die 8A2
* Haushalt, der 14A7
Hausherr, der 15A3
Hausmeister, der 9AÜ3
Hausrat, der 3A5
Hausschlüssel, der 9AÜ7
Haustür, die 9A4
* Haut, die 8A7
Hautfarbe, die 14A2
* heben 10B2
* Heft, das 3A2
heilig 8A4
Heim, das 16A5
Heimatlose, der 10AÜ9
Heimatlosigkeit, die 10AÜ9
Heimatstadt, die DL
Heimfahrt, die 13A7
heimlich 12A7
heimtragen 14A8
Heimweh, das 2A4
heimzahlen 12A7
* heiraten 7A2
Heiratsanzeige, die 11A7
* heiß 13A4
* heißen 1.2, 12A7, 15A6
heiter 15A5
Heizkosten, die 11A11
* Heizung, die 3A5
* helfen 5A7, 12AÜ3
* hell 8A7, 13AÜ10
hellblau 11A2
* Hemd, das 7A6
Hemdlein, das 10A5
herabsteigen 14A8
Herbst, der 5A5

Herbstferien, die 5A5
Herd, der 11A9
hereinholen S/Sp(B)
hergeben 8A1
herholen 13A1
herkommen 13A1
Herkunftsbarriere, die 16A5
* Herr, der 1.2, 11A7
* herrlich 8A6
Herrschaften, die 11A2
herrschen 14A5e
* herstellen 14A5d
herumfliegen 10BÜ6
hervorgehen 15A6
* Herz, das 4A2, 10A5
* herzlich 14A5d
Hetze, die 13A7
* heute 3A3, 14A5b
heutzutage 16A6
Hexe, die 10AÜ4
* hier 2A4
Hierarchie, die 16A1c
* Hilfe, die 5A7, 16AÜ14
hilfsbereit 14A5d
Hilfszeitwort, das 9A5
* Himmel, der 10A5
himmelblau 11A6
* hin 5A2
hinabjagen 14A8
hinaus 10A5
hinbringen 13A1
hinein 10A5
hineinfahren 9BÜ2
hineingeben 13BÜ4
hineingehen 9BÜ2
hineinsammeln 10A5
* hinfahren 12BÜ2
hinfallen 15A4
hingeben 10A5
* hinten 7A1
* hinter 7A3, 14A5c
* hinter- 14A8
Hinterhof, der 10AÜ9
* Hinweis, der UV
hinweisen 16A6
hm! 4A7
* hoch 3A5, 10BÜ7, 11A11
hochmodern 16A6
Hochschullehrer, der 16A3
Hochschwarzwald, der 15A5
* höchstens 14A1
Höchstwert, der 16A6
Hochwasser, das 14A5c
* Hochzeit, die 11A2
Hocker, der 11A9
* hoffen 9A3
* hoffentlich 14A1

* höflich 13AÜ2
Höflichkeitsformel, die 16A6
* Höhe, die 15A5
höher 7A2
* holen 4A4
Honig, der 6A2
* hören 2A3, 11A7, 12A6, 13A1
Hörer, der 9A5
Hörspiel, das DL
Hörtext, der 11AÜ6
* Hose, die 6A4
Hostess, die 3A1
* Hotel, das 5A4
Hotelrechnung, die 13BÜ1
Hotelzimmer, das 5A4
* hübsch 8A6
huch! 15A1
Huhn, das 7A5
Hühnersuppe, die 3A7
humanistisch 10A4
Humor, der 14A5d
humorlos 14A6
* Hund, der 7A1
* Hunger, der 3A6
* hungrig 10A5
* hupen 13A7
hurra! 4A7
Husten, der 4A2
* Hut, der 11A2

I
* ich 1.2
ideal 14A5b
Idee, die 3A3
ignorieren 16A3
Ihr- 1.2
* ihr 3A5
* im 3A4
* immer 7A7
Immobilie, die 11A11
Imperativ, der 2B5
* in 1.3, 7A3, 9A3
Indefinitpronomen, das 13B7
indem 9AÜ9
Indikativ, der 15B2
Indonesien, 2A5
Infinitiv, der 2B4
* Information, die 1.2
Informationszentrum, das 14A5c
* informieren 13A6
* Ingenieur, der 2A5
inhalieren 4A2
Inland, das 5A2
inmitten 16A3
Innereien, die 16A6

* innerhalb 16A2
* ins 7A6
* Insel, die 15A5
Inspektor, der 15A1
* Institut, das 11AÜ9
* Instrument, das 15A2
intakt 16A5
* intelligent 11A7
Intercity, der 5A3
* interessant 14A4
* Interesse, das 15AÜ9
* Interessen, das 11AÜ9
* interessieren 16B1
* international 5A4
Interview, das 1.4
intolerant 14A6
Intonation, die 1.3
irgendein 14A2
irre 8A5
* irren 15A4
Israel 1.4
Italien 1.4
Italiener, der 14A3
Italienisch 2A5

J
* ja 3A3, 9A1, 11A11
* Jacke, die 10A5
Jackett, das 11A5
Jagd, die 16A6
Jagdzug, der 16A6
jagen 16A6
Jäger, der 16A6
Jägermantel, der 11A2
* Jahr, das 2A4
Jahresdurchschnittstemperatur, die 14A3
Jahrgang, der 14A7
Jahrhundert, das DL
* jährlich 14A3
jaja! 4A7
jammern 10A5
Januar, der 5A5
Japan 1.4
* je 3A7, 13A2, 14A3
Jeans, die 6A6
* jedesmal 10AÜ11
* je ... desto 14A6
* jemand 15A2
jen- 16A3
jetzig- 15A6
* jetzt 2A4
jeweilig 14A6
Joghurt, der 3A4
* Journalistin die 5A4
Jude, der 14A3
Judo, das 9BÜ3
Jugendstilrichtung, die Mal
Jugoslawe, der 14A3

Jugoslawien 2A5
* Juli, der 5A5
* jung 11BÜ8
* Junge, der 3A5
Junggesellenleben, das 10AÜ9
Juni, der 5A5

K
Kadaver, der 16A6
* Kaffee, der 2A1
Kaffeelöffel, der 13A3
Kaffeetasse, die 3A9
Kalb, das 16A6
Kalifornien 16A3
* kalt 2A4, 14A6
Kamille, die 4A2
Kammer, die 10AÜ13
Kämmerchen, das 10A5
Kanada 1.4
Kanarienvogel, der 11AÜ8
kanarisch 15A5
Kännchen, das 3A6
Kanon, der S/Sp(A)
* Kapital, das 16A6
Kapitel, das 12A5
* kaputt 4A4
kaputtgehen 10A2
kaputtmachen 6A7
kariert 11A5
* Karte, die 8A3b, 15BÜ3
* Kartoffel, die 3A4
Kartoffelpresse, die 13A4
Kartoffelpüree, das 13AÜ4
Kartoffelsalat, der 3A7
* Käse, der 3A8
Käsebrot, das 3A6
kassieren 16A2
Katholik, der 14A3
* Katze, die 8A2
* kaufen 9BÜ1
Käufer, der 12A2
Kaufmannsfamilie, die DL
* kaum 12A4, 15A5
Kausalsatz, der 10B6
Kaution, die 11A10
Kehlkopfentzündung, die 4A3
Kehrschaufel, die 7A5
Keil, der S/Sp(B)
* kein- 3A2, 6A8
* Keller, der 4A5
* kennen S/Sp(A)
* kennenlernen 11A7
kennzeichnen 13A5
Kerl, der 14A8

Kerze, die 8A4
Kette, die 15A3
Killer, der 16A1a
Kilo, das 3A4
Kilogramm, das 11AÜ9
Kilometer, der 5A4
* Kind, das 3A5
Kinderbetreuung, die 16AÜ14
Kindererziehung, die 16A5
kinderlieb 11AÜ9
kinderlos 11BÜ8
Kinderschutz, der 16A5
Kinderschutzarbeit, die 16A5
Kinderschutzbund, der 16A5
Kinderzimmer, das 11A8
* Kino, das 3A5
* Kiosk, der 10BÜ2
* Kirche, die 7A2
Kissen, das 4A4
Kistentransportierer, der 10AÜ9
Klagelied, das 10AÜ15
Klammer, die 14A5a
Klang, der 7A6
* klar 13A5, 15A1, 16A1c
Klarheit, die 15A6
* Klasse, die 5A2
Klassenzimmer, das S/Sp(B)
* Kleid, das 11A1
* Kleider, die 10A5
Kleiderbasar, der 16AÜ14
* Kleidung, die 3A5
Kleidungsstück, das 10A3
* klein 3A5
Kleine, der 11A2
kleinlich 14A6
* klingeln 4A4
klingen 10AÜ7
Klo, das 7A1
Knacker, der 6A2
knapp 14A1
* Knie, das 4A1
Knieschützer, der 8A5
Koch, der 10A1
Kochen, das 14A7
* kochen 6A1
Kochlöffel, der 13A3
Kochnische, die 11A10
Kochstelle, die 13A3
* Koffer, der 7A6
Kofferpacken, das S/Sp(B)
Kognak, der 6A2

* Kollege, der 7A7
Komfortwohnung, die 11A11
* komisch 14A8
* kommen (aus) 1.2, 3A8
kommend 16A1c
kommentieren 16A6
Kommune, die 16A6
Komparation, die 14A1
Komparativ, der 14B1
komplett 16A1c
Kondition, die 12B1
Konditionalsatz, der 12B1
* Konferenz, die 5A7
König, der 8A6
Königin, die 16A1c
Konjugation, die 2B4
Konjunktiv, der 5B1
* können S/Sp(A), 9A1, 9A3
Konsekutivsatz, der 10B6
Konsequenz, die 10B6
* konservativ, 14A4
Konsistenz, die 13BÜ6
Konsonant, der 4B1
konstant 16A4
Konsum, der 16AÜ9
* Kontakt, der 14A5d
Kontrast, der 13A5
Kontrastregler, der 13A5
kontrollieren 12BÜ3
Konzept, das 15AÜ9
Konzessivsatz, der 12B4
* Kopf, der 3A8
Kopfgeld, das 10A7
* Kopie, die 13AÜ8
Kopienanzahl, die 13A5
Kopienbedarf, der 13A5
Kopienvorwahl-Taste, die 13A5
Kopienzahl, die 13A5
kopieren 13AÜ10
Kopierer, der 13AÜ8
Kopiertaste, die 13A5
Kopiervorgang, der 13A5
Korea 2A4
Koreaner, der 2A4
Koreanerin, die 2A4
Koreanisch 2A4
* Körper, der 13A2, 14A1
Körperpflege, die 3A5
Körperteil, der 14AÜ2
korrekt 14AÜ5
* korrigieren 2A4
* Kosten, die 13A6
* kosten 3A3
* kostenlos 12A2

Krach, der 9AÜ3
krachen 16A1a
* Kraft, die 12A6
* kräftig 12A6, 13BÜ6
* krank 1.4
* Krankenschwester, die 2A4
* Krankheit, die 16A4
kratzen 14A4
Kräuterbutter, die 3A7
* Krawatte, die 11A2
* Kreis, der S/Sp(A)
Kreisel, der S/Sp(B)
Kreuz, das 2A3
Kreuzung, die 7A2
kriechen 15A4
* Krieg, der 5A8
* kriegen 14A1
* Krise, die S/Sp(B)
Kroate, der 14A3
* Küche, die 11A8
* Kuchen, der 4A5
Küchenchef, der 13A4
Kugel, die 8A4
* kühl 4A5, 14A5d
* Kühlschrank, der 4A5
Kuli, der 3A2
kultiviert 14A6
* Kultur, die 11AÜ9
Kulturminister, der DL
Kulturwissenschaftler, der 14A5e
* kümmern, sich 16A5
* Kunde, der 12A2
Kundendienst, der 5A3
Künstlergruppe, die Mal
künstlerisch Mal
Künstlerkolonie, die Mal
Kunststudium, das Mal
kurios 14A6
* Kurs, der 1.4, 15BÜ7
Kursliste, die 1.4
Kursteilnehmer, der S/Sp(B)
Kurswagen, der 5A3
* kurz 5A7, 10A5, 16A5
Kürze, die 5A3
kurzum 13A5
* Kuß, der 15A1

L
Labor, das 16A6
Lachen, das 16A1c
* lachen 9AÜ3
lächerlich 11A4
* Laden, der 11A10
laden 15A1
Lage, die 11A10
Lager, das 10A1

Lagerarbeiter, der 10AÜ9
Lagerplatz, der Mal
Lammfleisch, das 3A4
* Lampe, die 3A2
* Land, das 2A5, 10A6, 11AÜ9
* landen 10AÜ1
Landessprache, die 14A3
Landhaus, das 13A4
* Landkarte, die 3A2
Landkreis, der 15A3
Landsleute, die 14AÜ12
Landsmann, der 14A1
Landstraße, die 1.3
* Landwirt, der 11AÜ9
* lang 5A5, S/Sp(B)
* lange 2A4
Langeweile, die 3A3
langhaarig 11A7
* langsam 1.3, 13B9
langweilen 13A7
* langweilig 11A1
* lassen 4A3, 9AÜ8, 10AÜ9, 11A2, 12AÜ9, 13A1, 16A5
Lateinamerika 15BÜ5
* laufen 6A5, 14A8
* laut 4A4
lauter 10A5
* Leben, das 7A1
* leben 2A4, 10A7
Lebenserwartung, die 14A3
Lebensgeschichte, die 4A6
Lebenshaltungskosten, die 3A5
Lebenslauf, der 10A4
lebensprägend 16A5
Lebensumstände, die 16A5
Leber, die 4A2
Leberknödelsuppe, die 3A7
Lebewesen, das 3A9
Lebkuchen, der 8A4
Lebtag, der 10A5
Ledermütze, die 10A3
* ledig 10A4
lediglich 16A2
* leer 11A10
leeren 9A3
Leerung, die 14A7
* legen 13BÜ5
Legion, die 10A1
* Lehrer, der 1.4
Lehrerhandreichung(en), die 13AÜ3

Lehrerin, die 3A5, 11A7
Lehrerzimmer, das 14A5e
Lehrkraft, die 14A5e
lehrreich 5A8
Leib, der 10A5
Leibchen, das 10A5
* leicht 14A5e, 16A4
* leiden 16A5
* leider 2A1
* leid tun 5A7
* leihen 8A5
Leinen, das 10A5
* leise 12A7
Leiter, die 12A7
Lektion, die 15AÜ4
* lernen 2A5
* lesen 2B5
* letzt- S/Sp(B)
letzteres 16A3
* Leute, die 9AÜ1
Lexikon, das 3B6
lichten 16A6
* lieb 10A5
* Liebe, die 10AÜ9
* lieben 14A2, 15AÜ4
liebenswert 11AÜ9
* lieber 2A1
Liebeskummer, der 10A7
liebevoll 11A7
Lieblingssportler, der 16AÜ2
Lieblingssportlerin, die 16AÜ2
* Lied, das S/Sp(B)
* liegen 9AÜ8, 10A2, 14A5c
liegenlassen 10BÜ2
Limonade, die 2A1
* Linie, die 13A2
* links 4A2
Linnen, das 10A5
* Lippe, die 4A1
* Liste, die 1.4
Liter, der 10BÜ7
Literatur, die DL
Literaturnobelpreis, der DL
* loben 16A1a
lockig 15A1
Loggia, die 11A11
lohnen, sich 10AÜ9
Lokal, das 13A7
Lösch-Taste, die 13A5
* lösen 10BÜ3
losgehen 13A7
los sein 6A3
* Lösung, die S/Sp(B)
Lotto, das 2A3

Lückentext, der 13BÜ6
* Luft, die 7A7
Luftaufnahme, die 7A1
Lunge, die 4A2
* Lust, die 10AÜ10
* lustig S/Sp(A)
lutschen 12BÜ4
Luxus, der 15AÜ4
Lyrikerin, die DL

**M**
m² (=Quadratmeter, der) 3A5
* machen 2A3, 9A2, 10A2, 10BÜ6, 11AÜ9, 12A3, 13A1, 13AÜ5, 15A7, 15AÜ17, 16A3
* Macht, die 4A6
* Mädchen, das 3A5
* Magen, der 4A2
mager 6A2
Magister Artium (M. A.) 10A4
* Mahlzeit, die 16A4
* Mai, der 5A5
Major, der 2A4
makaber 16A6
Maklerprovision, die 11A11
* mal (einmal) 4A2
malen 13A2
Malerei, die 10BÜ7
* man 1.3
* manch- 6A8
* manchmal 9AÜ5
* Mann, der 1.4, 9AÜ7
Männersache, die 14A7
* Mantel, der 11A2
Manteltasche, die 6A5
Märchen, das 10AÜ11
Märchentext, der 10AÜ2
* Margarine, die 3A4
Margarinien 10A2
* Mark, die 3A3
Markenbutter, die 6A2
Markierung, die 5A8
* Markstück, das 3A4
* Markt, der 7A2
Marokkaner, der 2A4
Marokkanerin, die 2A4
Marokko 2A4
Mars, der 2A1
marschieren 10A1
* März, der 5A5
* Maschine, die 5A2, 12AÜ3
Masern, die 10A7
Maskenball, der Mal
Maskulinum, das 11B1

maskulinum 3B1
Masse, die 13BÜ6
mäßig 15A5
Matchball, der 16A1b
materiell 16A5
Matjesfilet, das 3A7
Matratze, die 11A9
* Mauer, die 8A8, 15A3
Mauerstein, der S/Sp(B)
Maul, das 12A4
Maus, die 11AÜ8
Meerschweinchen, das 11AÜ8
Mehl, das 16A4
* mehr, 3A3, 10A5, 15BÜ5
mehrer- 15A2
mehrfach 16B5
Mehrfachkopierablauf, der 13A5
mehrmals 4A3
meiden 13A6
mein 1.2
* meinen 2A4, 12BÜ1
* Meinung, die 9AÜ5
Meinungsbild, das 14A5d
meist 14A7
meist- 14A5d
* meistens S/Sp(B)
* Meister, der S/Sp(A)
* melden 13A7
* Menge, die 16A4
* Mensch, der 2A4
Mensch! 15A5
Menschenarm, der 14A2
Menschenbein, das 14A2
* menschlich 14A1
merken, sich S/Sp(B)
* merken 15A2
Merkmal, das 16AÜ1
Messe, die 5A4
Messegelände, das 3A1
* messen 16A6
* Messer, das 4A4
* Metall, das 3A9
* Meter, der 11A7
Miene, die 12A5
* Miete, die 3A5
mieten 11AÜ16
Mietsicherheit, die 11A11
* Milch, die 3A4
Milchflasche, die 9AÜ5
Milchgeschäft, das 4A5
Mineralien, die 3A9
Mineralwasser, das 2A1
* Minister, der 13AÜ13
* minus 15A5
Minute, die 5A1

Miss 14A2
mißhandeln 16A5
Miss Universum 10BÜ7
* Mißverständnis, das S/Sp(B)
Mist, der 6A4
* mit 3A6, 5A4, 9AÜ2, 16A6
* Mitarbeiter, der 10A4
Mitbegründer, der Mal
mitbringen 13BÜ1
miteinander 10A3
* mitfahren 9A2
* Mitglied, das 16A6
mitleidig 10A5
mitmachen 13A2
Mitschüler, der 14AÜ6
Mittag, der Mal
* Mittagessen, das 6A3
Mittagstisch, der 7A5
* Mitte, die 7A1
* mitteilen 14A5a
* Mittel, das 16B3.1
Mittelpunkt, der 15AÜ4
Mittelwert, der 14A6
* mitten in 9AÜ7
Mitternacht, die 6A7
mittlerweile 13A6
Mittwoch, der 5A6
* Möbel, die 3A5
* möbliert 11A10
möchte 3A6
Modalverb, das 5B1
* Mode, die 15A2
Modell, das 11A3
Modellrechnung, die 15A6
* modern 11A5
Mögen, das 9AÜ9
* mögen 9AÜ9
* möglich 6A3
möglicherweise 15A3
* Möglichkeit, die 12B1
* möglichst 5A6
Mohammedaner, der 14A3
* Moment, der 6A3
* Monat, der 2A4
* Mond, der Mal
Montag, der 5A5
Mopedfahren, das 9A5
Morgen, der 9AÜ6
* morgen 5A2
* Motor, der 5A7
Motorrad, das 13A6
Motorradfahren, das 9A5
* müde 6A1
* Mühe, die 13A4
Mülleimer, der 14A7

* Mund, der 4A1
Mundschleimhautentzündung, die 4A3
Murmel, die 15A4
Museum, das 10A4
Museumsberater, der 10A4
* Musik, die 12A6
Musiker, der 15A1
Musik-Kassette, die 6A2
musisch 11AÜ9
Muskat, der 13A4
Muskatnuß, die 13BÜ3
Muskel, der 14BÜ1
Muskelfrau, die 14A1
Muskelschau, die 14A1
* müssen 7A2
Muster, das 14BÜ1
mutig 14A6
* Mutter, die 4A4
* Muttersprache, die 2A5
Mütze, die 6A7
mysteriös 15A2

**N**
* nach 2A4, 3A7, 4A3, 9AÜ6, 15AÜ7
* Nachbar, der 9AÜ5
Nachbarschaft, die 16A5
Nachbarsjunge, der 11A6
Nachbarvolk, das 14A6
* nachdem 10A3
nachdrücklich 9AÜ9
nachgeben 13BÜ3
nachgehen 15BÜ1
* nachher 16AÜ6
nachlassend 15AÜ9
nachlesen 14AÜ13
* Nachmittag, der 6A1
* nachmittags 15A5
* Nachricht, die 6A6
nachschauen 5A7
Nachsilbe, die 16BÜ1
* nächst- 5A7, 12A5, 12BÜ2, 13A7
* Nacht, die 5A4
nacht 9AÜ6
Nachtisch, der 7A5
* Nähe, die 11AÜ9
* Nahrungsmittel, das 16A4
Nahtransport, der 15AÜ8
naiv 15A2
* Name, der 1.1
Nänie, die 10A6
nanu! 4A7
* Nase, die 4A1

121

na 9BÜ5
* naß 12BÜ3
naßkalt 16A6
* Natur, die 13A7
* natürlich 8A6, 11AÜ9
naturliebend 11AÜ9
* neben 7A3
Nebenabgabe, die 11A10
* nebenan 16A5
nebeneinanderliegen 13A2
nebenher 14A8
Nebenkosten, die 11A10
Nebensatz, der 9B4
Nebenweg, der 13A6
nee! 15A5
negativ 14A5d
* nehmen 9AÜ1, 9A2, 11A3, 11A6, 12BÜ1
* nein 2A1
* nennen 14A4
* nennen, sich 10A3
Nerv, der 13A7
* nervös 13A7
* nett 8A1
netto 3A5
Netz, das 16A1a
* neu 6A5, 12A2, S/Sp(B)
neugeboren 14AÜ6
Neutrum, das 11B1
neutrum 3B1
* nicht 1.2, 9A4, 11A6
nicht mehr 3A3
Nichtmögen, das 9AÜ9
nichts 10A5
* nie 4A6
Niederlande, die 2A5
niederlassen, sich 13A7
Niederschlag, der 15A5
niedlich 11A9
* niedrig 15A6
* niemand 10A5
Niere, die 4A2
nix 13A1
Nobelpreis, der DL
* noch 1.3, 2A4, 10A5, 11A6, 11BÜ3
nochmal 12A1
nochmalig 13A5
Nominativ, der 3B4
Nominativergänzung, die 2B2
* Norden, der 15A5, 16A6
* nördlich 16A6
Nordseeküste, die 15A5
* normal 13A7
normalerweise 12B4
Normalpapier-Kopierer, der 13A5

notieren 2A3
* nötig 9AÜ1
Notiz, die 11AÜ15
* November, der 5A5
nüchtern 14A4
Nudel(n), die 3A7
* Nummer, die 1.4
nur 3A6, 5A4, 13A6

O
* ob 10A5, 15A1
oben 7A1, 9AÜ6
* Ober, der 13B6
Obergeschoß, das 11A8
Obergrenze, die 16A6
Oberwasser haben 10A7
obgleich 12B4
Obhut, die 13A6
Objekt, das Mal
* Obst, das 3A4
* obwohl 12A7
* oder 2A3, 11A6
* Ofen, der 7A5
Ofenheizung, die 11A11
* offen 9A3, 14A5d
* öffnen 9A4
* oft 12AÜ15
* öfter 15A7
oftmals 14A5e
oh! 3A7
* ohne 12A1
oho! 4A7
* Ohr, das 4A1
O.K.! 9BÜ5
Ökologie, die 11AÜ9
* Oktober, der 5A5
Oktoberfest, das 5A4
Oktobernacht, die 16A6
* Öl, das 3A4
Olive, die 3A4
Olivenöl, das 10BÜ7
Oma, die 8A5
Opa, der 8A5
Operation, die 4A4
opfern 13A7
optimistisch 11AÜ9
Orange, die 6A2
orange 11A2
orangefarben 13A5
* ordentlich 14A5d
Ordinalzahl, die 5A5
* ordnen 14AÜ7
* Ordnung, die 7A4, 13A7
Ordnungsliebe, die 14A5b
* Original, das 13AÜ10
Originalbild, das 13AÜ3
Orkan, der 16A1c
örtlich 15A5
Ortsverband, der 16A5

Osterferien, die 5A5
Ostern 5A5
Österreich 1.4
Österreicher, der 14A3
österreichisch 12BÜ2
Ostfriesland 15A5
Ostseeküste, die 15A5
Ostseite, die 11A11

P
* Paar, das 3A6, 11BÜ8, 12AÜ3
* paar 6A8, 11A11
* packen 10BÜ5, 12A4
Packung, die 13A3
Pädagogik, die 2A4
* Paket, das 6A3
Panther, der 10BÜ6
Pantomime, die S/Sp(B)
pantomimisch S/Sp(B)
* Papier, das 7A4
Pappe, die 13A2
Paprika, die 3A7
Parallel-Umfrage, die 14A6
* Park, der 3A1
* parken 9A1
Parkwächter, der 3A3
Parterre, das 7A1
* Partie, die 7A1
Partizip, das 6B5
Partner, der 1.4
Partnerin, die 1.4
Partner-Interview, das 1.4
Partnerzentrale, die 11AÜ9
* Party, die 13A7
* Paß, der 3A1
passabel 16A3
Passagier, der 5A3
Passant, der 10A3
* passen 8A5, 11A7, 13A5
passend 10BÜ5
* passieren 9AÜ5
passioniert 16A6
Passiv, das 13B3
* Pause, die 6A1
Pech, das S/Sp(A)
peinlich 15A7
pennen 13A7
pensioniert 8A2
per 5A4
Perfekt, das 6B1
Perle, die 15A3
Perlenkette, die 15A2
* Person, die 2B4, 10A4, 10AÜ13
Personalpronomen, das 2B3

* persönlich 16A5
Petersilienkartoffeln, die 3A7
pfeifen 9A4
* Pfennig, der 3A4
Pfennigstück, das 3A4
Pfingsten 5A5
Pfingstferien, die 5A5
Pflege, die 16AÜ14
Pflichteifer, der 16A3
pflücken 12A7
pfui! 4A7
Phänomen, das 14A5e
Phantasie, die 14A5d
phantasielos 14A6
phantasievoll 14A4
phantastisch 11A1
Picknick, das 3A8
Pirsch, die 16A6
Pizza, die 6A6
plagen, sich 14A4
* Plakat, das 14AÜ6
Planet, der 12A5
planmäßig 5A3
* Platz, der 5A4, 11A9, 14A5a, 16A1c
Platznummer, die 8A3b
* plötzlich 10A1
plump 14A4
Plural, der 2B4
Plural-Computer, der 4B1
plus 11A10
Plusquamperfekt, das 10B3
Pokal, der 14A1
Polen 2A5
* Politiker, der 4A6
* politisch 16A3
* Polizei, die 9A2
* Polizist, der 3A3
Pommes frites, die 3A6
Popo, der 4A1
* Portion, die 3A6
Portugal 15A5
Position, die 14A5a
Positiv, der 14B1
positiv 16AÜ1
Possessivpronomen, das 8A7
* Post, die 6A3
Postangestellte, die 8A2
Postbote, der 9AÜ5
Postfach, das 11AÜ9
* Postkarte, die 7A1
prädikativ 11B4
Präfix, das 6B5
* praktisch 11A9
Präposition, die 8B5
Präpositionalergän-

zung, die 16B1
Präsens, das 2B4
Präteritum, das 4B3
Präteritumform, die 10AÜ7
Präteritumsignal, das 4B3
* Praxis, die 5A6
Preisgeld, das 14A1
Preisnachlaß, der 12A2
* Presse, die 16A1c
Pressehaus, das 11A10
pressen 13A4
Pressestimme, die 16A1c
* prima! 3A3
primitiv 14A6
Prinz, der 12A5
* privat 5A3, 10A4
Privatadresse, die 5A4
Privatgrund, der 9A5
Privattelefon, das 9AÜ1
* pro 10A7
Probe, die 16A3
* probieren 11A2
* Problem, das 15BÜ5
Produkt, das 16A5
* produzieren 13AÜ8
Professor, der 16A3
Profi, der 14AÜ1
Profi-Body-Builder, der 14A1
Prognose, die 15A6
* Programm, das 16AÜ14
progressiv 14A4
Projekt, das 16AÜ14
Pro-Kopf-Verbrauch, der 16A4
* Protest, der 14A5e
Protestant, der 14A5
Prozent, das 14A3
* prüfen 12AÜ3
Publizist, der 10A4
Pudding, der 13BÜ4
Pudding-Pulver, das 13BÜ4
* Pullover, der 11Bü1
Pullunder, der 11A2
* Punkt, der S/Sp (A)
* pünktlich 5A2
Püree, das 13A4
Püreeflocken, die 13B10
* putzen 14AÜ17
Putztuch, das 7A5

**Q**
Quadrat, das 13A2
Quadratkilometer, der 14A3
Quadratmeter, der 11A10
quälend 13A6
* Qualität, die 11AÜ9
Qualitativergänzung, die 5B2
Qualitätsware, die 16A6
Quatsch! 9A2
Quelle, die 16A4
quellen 13A3
quergestreift 15A1
Querstraße, die 7A2
Quote, die 14A5c

**R**
Rabatt, der 12A2
Rabe, der 8A6
Rachenentzündung, die 4A3
* Rad, das 12A3
Radfahren, das 9A5
* radfahren 9BÜ3
Radiergummi, der 3A2
* Radio, das 3A1
radioaktiv 16A6
Radioreportage, die 16A1b
Rahmsoße, die 3A7
Rahmspinat, der 6A2
Rakete, die 16A1a
Rand, der 13A7
Randgruppe, die 16A5
rasch 13A7
* Rat, der 13A6
* raten S/Sp(A), 13AÜ13
Ratespiel, das S/Sp(B)
* Rathaus, das 7A2
ratlos 15A7
Rätoromanisch 14A3
ratsam 13A6
Ratschlag, der 13AÜ13
* rauchen 9AÜ1
* Raum, der 7A1, 11AÜ9
raus 5A8, 13A7
rauskommen 13A7
rauskönnen 9A1
rausziehen 4A4
reagieren 16AÜ7
Reaktorkatastrophe, die 16A6
Realis, der 12B1
realistisch Mal
Rechenschaftsbericht, der 16A3
* rechnen 13A6, 16BÜ1
* Rechnung, die 13BÜ1, 16A6
* Recht, das 12A2
* recht 9A3, 14A8
* recht haben 9A2

* rechts 7A1, 9BÜ4
rechtzeitig 12BÜ1
* reden 6A1
Referent, der 14A4
Referenzmittel, das 8B6
reflexiv 14B4
Reflexivpronomen, das 14B3
* Regal, das 3A2
* regelmäßig 6B2
Regen, der 15A5
Regengebiet, das 15A5
* Regenmantel, der 10A3
Regenschirm, der 11AÜ2
Region, die 16A6
Regler, der 13B8
* regnen 12BÜ1
regnerisch 15A5
reiben 13BÜ3
Reich, das 5A8
* reich 10A5
* reichen 5A8, 10A5
reif 12A7
* Reihe, die 8A3b, 12A5, 14A6
Reihenfolge, die S/Sp(B)
* rein 5A8
Reinigungsmittel, das 7A5
* Reis, der 3A7
* Reise, die 3A5
Reisen, das 3A5
Reisepaß, der 7A2
Reisewetter, das 15A5
Reisewetterbericht, der 15AÜ13
reißen 15A3
reiten 10AÜ4
Relativsatz, der 10B6
Religion, die 10A4
Rendezvous, das S/Sp(B)
renoviert 11A10
* Reparatur, die 12AÜ3
* reparieren 6A3
Reportage, die 16B3.1
Reporter, der 16A1a
* reservieren 12BÜ4
reserviert 14A5d
respektlos 10AÜ9
* Restaurant, das 6A6
Rhein, der 10AÜ1
* richtig 3A5
* Richtung, die 13A5, 13A7
* riechen 7A5
Riesenschlange, die 7A4
Rind, das 6A2
Rindfleisch, das 3A4

* Ring, der 8A6
Risikofreudigkeit, die 14A5d
Roboter, der 15BÜ5
* Rock, der 10AÜ13
Röcklein, das 10A5
Rollschuh, der 9BÜ3
Roma, die 14A3
Roman, der DL
Romanschriftstellerin, die DL
Römer, der 10A1
römisch 10A1
Römische Katholik, der 14A3
Rosine, die 12A7
Rot, das 9BÜ4
* rot 11A2
Rotation, die 16A1a
rothaarig 11A7
Rotkäppchen, das 12A4
rot-weiß 11BÜ1
* Rückfahrt, die 5A4
Rückgang, der 15A6
* Rückkehr, die Mal
* rufen 3A8, 12B2, 13BÜ1
* Ruhe, die 9AÜ1
ruhen 10A6
* ruhig 9AÜ1, 11AÜ9, 15BÜ4
Rühren, das 13BÜ4
Ruhrgebiet, das 13A7
* rund 13A6
Runde, die 16A3
Rundfunk-Durchsage, die 13AÜ12
Rundfunklektor, der 10A4
Rundgang, der 15A2
runterfallen 15A2
runterwerfen 9A4
Russe, der 9AÜ9
Russisch 2A5
rutschen 15A3

**S**
Saat, die 10A2
* Sache, die 3B3, 9A3, 14A7
Sachverhalt, der 12B3
Sack, der 6A7
* sagen 2A4
sagenhaft 14A1
* Sahne, die 4A5
Saison, die 3A7, 16A6
Saisonsalat, der 3A7
Sakko, der/das 11A2
Salat, der 3A4
* Salz, das 13A3
salzen 13B9

123

Salzkartoffeln, die 3A7
Salzwasser, das 13A4
* sammeln 4A6, 10A5
Samstagabend, der 14A1
sämtlich 14A5c
satirisch DL
satt 15A7
* Satz, der 2B1, 12A4
Satzart, die 2B5
Satzfrage, die 2B5
Satzrahmen, der 9B4.2
Satzteile, die 2B1
* sauber 12A1
saubermachen 14AÜ17
* Sauce, die 3A7
* sauer 13A7
saufen 12A5
Säufer, der 12A5
* schade! 12A1
* Schaden, der 16A5
* schaffen 15A6
Schal, der 11A2
schälen 13A4
* Schalter, der 5A3
schämen, sich 12A5
Scharade, die S/Sp(B)
* scharf 15A1
Schattenseite, die 16A5
schätzen 16A6
schauen 14A1
Schauer, der 15A5
schauerartig 15A5
Schauspielausbildung, die 10A4
Schauspieler, der 4A6
* scheiden lassen, sich 16A5
* Schein, der 3A5, 12A3
* scheinen 3A8
* schenken 8A4
* Schere, die 4A4
* scheußlich 11A1
schick 11A5
* schicken 6A1
* schieben 13B8
schießen 10B2
* Schiff, das 10AÜ1
* Schild, das 9A1
Schild, der 10AÜ1
* schimpfen 14A4
Schinken, der 7A5
Schinkenbrot, das 3A6
Schlaf, der 13A7
* schlafen 3A8
Schlafraum, der 11A8
Schlaftablette, die 5A2
Schlafzimmer, das 15A3
Schlagader, die 4A2

* schlagen 13A3, 16A1c, 16AÜ11
Schläger, der 16A1a
Schlange, die 11AÜ8, 13A7
schlank 11A7
* schlecht 4A2, 10BÜ1, 11A5, 16AÜ11
* schließen 5A3
* schließlich 10AÜ1, 14A2
Schlimme, das 9AÜ5
Schlimmste, das 7A7
* Schloß, das 7A1
Schloßhof, der 7A1
Schluckbeschwerden, die 4A3
* Schluß, der 10AÜ12
* Schlüssel, der 9A4
* schmal 16A1a
* schmecken 13AÜ4
* Schmerz, der 4A2
Schmuck, der 15AÜ4
schmücken 8A4
* Schmutz, der 9A5
* schmutzig 13A1
Schnabel, der 8A6
Schnaps, der 9AÜ8
Schneebesen, der 13BÜ3
* schneiden 6A6
* schnell 5A7
Schnellumzug, der 15AÜ8
Schnellzug, der 5A3
Schnurrbart, der 15A1
Schöffengericht, das 16A2
* Schokolade, die 3A4
* schon 2A4, 9A1
* schön 2A4
Schönheit, die 14A1
Schornstein, der 16A6
Schottland 2A1
* Schrank, der 15A3
* schreiben 1.3
* Schreibmaschine, die 12AÜ3
* Schreibtisch, der 7A7
Schreien, das 9A4
schreien 9A4
* Schrift, die 10AÜ9
* schriftlich 16B2
Schrubber, der 7A5
Schublade, die 6A7
* Schuh, der 9AÜ8
Schuhgeschäft, das 12AÜ3
Schulamt, das 14A5e
Schulaufgabe, die 14AÜ17

Schulbildung, die 10A4
* Schuld, die 8A7
Schulden, die 3A5
* schuld sein 12A3
* Schule, die 5A5
* Schüler, der 14A5e
Schulferien, die 5A5
Schultasche, die 3A2
Schutt, der 10A7
* schützen 10A1
* schwach 14A2
schwärmen 16A1b
* schwarz 11A1
schwarzhaarig 11AÜ10
Schwarzwald, der DL
Schweden 16A6
Schwedisch 2A5
schwedisch 16A6
Schweigen, das 12A5
schweigen 10B4.1
Schwein, das 6A2
Schweinefleisch, das 3A4
Schweiz, die 1.4
Schweizer, der 7A6
schweizerisch 16A6
* schwer 2A4, 10A1, 12A3
schwerfällig 14A6
Schwermut, die 12A5
* Schwester, die 3A8, 10AÜ5
* schwierig 11AÜ14
* Schwimmbad, das 13A7
* schwimmen 9BÜ3
* schwitzen 6A7
sechsmal 10AÜ11
Seezunge, die 3A7
segeln 12BÜ1
segnen 10A5
* sehen 6A5, 9A1
* sehr 2A4, 11A1
* sein 1.2
sein 3A3
* seit DL
* Seite, die 7A2
Seitenlänge, die 13A2
* Sekretärin, die 6A1
selbdritt 14A8
selber 5A8
* selbst 12AÜ3, 14A6
* selbständig 11AÜ9
Selbständigkeit, die 14A5b
selbstgebacken 4A5
* selbstverständlich 9AÜ9
* selten 13B6
seltsam 12A4
senken 12A5
sensibel 14A4
separat 11A10

* September, der 5A5
seriös 11BÜ8
servieren 13B6
* Sessel, der 11A9
* setzen 12A4, 14A6
* sich 10A3
* sicher 13A6, 15A5
* Sie 1.3
Sie, das 14A5e
* sie 1.4
siegen 14A1
Sieger, der 14A1
Siezen, das 14A5e
siezen 14A5e
Silbe, die 4B1
Singen, das S/Sp(A)
* singen 9AÜ3
Singular, der 2B4
* Sinn, der 11AÜ9
Sinti, die 14A3
* Situation, die 11AÜ12
Situativergänzung, die 5B2
* sitzen 7A5
Skala, die 14A6
Ski fahren 9BÜ3
Slowene, der 14A3
* so S/Sp(A), 5A2, 9A1, 9AÜ5, 10A2, 10B6, 11A1, 16A3
* so ..., daß 12A4
Socke(n), die 11A2
Sofa, das 4A4
* sofort 5A7
* sogar 11A5
* Sohn, der 4A5
* Soldat, der 10A1
Solidarität, die 14A5e
solid(e) 11A2
* sollen 4A3
Sommer, der 5A5
Sommerferien, die 5A5
Sonderangebot, das 3A4
* Sonne, die 3A8
Sonnenbrille, die 10BÜ2
sonnig 15A5
* Sonntag, der 3A8
Sonntagmittag, der 7A5
Sonntagnachmittag, der 3A3
* sonst 9A4
Sonstiges 3A5
* Sorge, die 14A3
* sorgen 13A7
Sorgentelefon, das 16AÜ14
* sorgfältig 13BÜ5
Sorte, die 6A2
sortieren 14AÜ12

soundso 16A3
Souterrain, das 4A5
* soviel 13A7
Sowjetunion, die 2A5
* sozial 16A5
sozialkritisch DL
Sozialwissenschaft, die 14A5b
Spanien 1.4
Spanier, der 14A3
Spanisch 2A5
spanisch Mal
Spanische Grippe, die Mal
* spannend 9A3
* sparsam 15AÜ4
Sparsamkeit, die 14A5d
* Spaß, der 9AÜ7, 9BÜ5, 16A6
* spät 3A3
* spazierengehen 12BÜ1
Spaziergang, der 6A1
Spazierritt, der 14A8
Speise, die 3A6
Speisequark, der 6A2
Speisezettel, der 16A4
Spekulatius, der 8A4
Spezialität, die 3A4
* Spiegel, der 11A9
* Spiel, das 2A3
Spielen, das S/Sp(A)
* spielen 2A3, 9AÜ3
Spieler, der 16B3.4
Spielerin, die 16A1b
Spielregel, die WS
Spirale, die 4A4
Spitzenklasse, die 14A1
spontan 14A5d
* sportlich 11AÜ9
* Sprache, die 14A5a
Sprachkenntnis, die 16A3
Sprachpolitik, die 15AÜ9
Spray, das 3A1
Sprechblase, die 5A7
* sprechen 2A1
Sprechstundenhilfe, die 5A6
Sprichwort, das 16A6
* springen 10AÜ1
Sprudel, der 3A9
Sprung, der 14A2
spucken 9A5
Spüle, die 11A9
* spülen 14AÜ17
* Staat, der 10AÜ9
Staatsangehörigkeit, die 10A4
Staatsbürger, der DL

Staatsgast, der 10A4
Staatssprache, die 14A3
* Stadt, die 5A4
* städtisch 14A3
* Stadtmitte, die 11A11
* Stadtplan, der 12BÜ2
Stammauslaut, der 14B1
stammen (aus) 2A4
Stammform, die UV
Standesamt, das 7A2
ständig 10A4
Star, der 3A1
* stark 10A2, 12BÜ4, 15A5, 16A4
Stärke, die 14AÜ2
* Start, der 9AÜ8
* starten 13A6
Start-Taste, die 13A5
Station, die 14AÜ19
Statistik, die 14AÜ4
* stattfinden 16A6
Stau, der 13A6
Staubsauger, der 7A5
Staubtuch, das 7A5
Staubwischen, das 14A7
Staugebiet, das 13A6
Stau-Prognose, die 13A6
Stau-Strecke, die 13A6
Steak, das 3A1
Stechen, das 14A1
* stecken 6A7, S/Sp(B)
Stehbierhalle, die 10BÜ2
* stehen 7B4, 9A4, 11A5, 12AÜ15, 14A5a, 15AÜ4
* stehlen 7A6
steif 14A5e
* steigen 6A7
* Stelle, die 14A5a
* stellen 7B4, 10BÜ2, 12A6, 13BÜ4
* Stellung, die 13A5
stellvertretend 16A1c
Steppenwolf, der DL
* sterben DL
Stern, der 8A4
Sterntaler, der 10A4
stets 14A5e
Steuererklärung, die 14AÜ17
Stichwort, das 16A3
Stiefel, der 11A2
Stiftung, die 14A5d
* Stimme, die 10AÜ9
* stimmen 6A4, 9A3, 11A1
* Stock, der 7A1, 14A8
* Stoff, der 16A6

stöhnen 4A4
Stollen, der 8A4
stolz 8A6
Stop-and-go-Fahrt, die 13A6
Stopp, der 13AÜ14
* stoppen 13A5
Stopp-Taste, die 13A5
Storch, der 12A1
* stören 13A7
stoßen 10BÜ6
* Strafe, die 12A3
strafrechtlich 9A5
* Straße, die 11A11
* Straßenbahn, die 11A11
* Strecke, die 14A8
streichen 11A6
Streifen, der S/Sp (B)
* Streit, der 10A2
streitsüchtig 14A6
streßgeschädigt 16A5
Strich, der S/Sp(A)
* Strom, der 3A5
Strophe, die 10AÜ15
Stube, die 12A4
* Stück, das 3A4, 10BÜ7, 13A4, 13A5
Stückchen, das 10A5
* Student, der 14A5e
Studentin, die 2A5
Studienzeit, die 10AÜ9
* studieren 2A4
studiert 11AÜ9
Studio, das 10A4
Studium, das 10A4
* Stuhl, der 3A2
stumm 12A5
Stunde, die 5A2
Subjekt, das 2B2
Subordination, die 9B4
Substantiv, das 4B1
* suchen 4A3, 9BÜ5, 11BÜ9
Südbayern 15A5
süddeutsch 10BÜ2
* Süden, der 10A2
Südfrankreich 15A5
Südfrüchte, die 16A4
Südkalifornien 16A3
Südkorea 2A5
südöstlich 11A11
Südseite, die 15A5
Südwestfunk, der 10A4
Südwestwind, der 15A5
super 11A5
Superbesen, der 10AÜ4
Superlativ, der 14A3
* Supermarkt, der 3A4
* Suppe, die 3A7
Surrealisten, die Mal

* süß 11A2
Sweatshirt, das 11A2
* sympathisch 14AÜ11
Szene, die WS

**T**
Tabelle, die 14A6
* Tablette, die 4A2
Tadel, der 13B10
* Tafel, die 3A4, 14A4
* Tag, der 1.2, 10A2
Tagebuch, das DL
Tageslichtprojektor, der 3A2
* täglich 4A2
Taler, der 10A5
* tanken 9BÜ1
* tanzen 9BÜ3
Tanzstunde, die 11A2
tapfer 14A6
* Tarif, der 11A11
* Tasche, die 8A3b, 10A3, 10BÜ5
* Taschentuch, das 11A2
* Tasse, die 3A6
Taste, die 13A5
* Tätigkeit, die 10A4
tätig sein 10AÜ9
* tatsächlich 15A6
tauchen 12A5
Tausend, das 16A6
* Taxi, das 5A7
Taxifahrer, der 8A2
* Tee, der 2A1
Teeglas, das 3A9
Teekessel, der S/Sp(B)
Teich, der 12A1
* Teil, der 10AÜ13, 13A7, 15A1
Teilnahme, die Mal
* Teilnehmer, der 1.4
* Telefon, das 1.1
Telefonangabe, die 11AÜ9
Telefonat, das 5A6
Telefongespräch, das 11AÜ16
* telefonieren 9AÜ1
Telefonnummer, die 1.4
Tempo, das 13AÜ14
temporal 5B2
Temporalsatz, der 10B4.1
Tempus, das 10AÜ7
Tempusform, die 10AÜ7
Tennis, das 16A1a
Tenniskönigin, die 16A1c
Tennislehrer, der 8A2
Tennisplatz, der 16A1a

Tenniswunder, das 16A1b
Tenor, der 16A1c
* Teppich, der 11A9
Teppichboden, der 11A10
* Termin, der 4A6
Terrasse, die 11BÜB
* teuer 3A7
Texas-Steak, das 3A7
* Text, der 5A6
* Theater, das 7A4, 12BÜ1
Theaterautor, der DL
* tief 12A4, 12A5, 13A7
tiefblau 14A2
* Tier, das 14AÜ2
Tierhandlung, die 12AÜ4
tierlieb 11AÜ9
Tip, der 13A6
* Tisch, der 3A2
Tischtennis, das 9BÜ3
Titel, der 14A1
toben 13A7
* Toilette, die 10BÜ6
tolerant 14A6
toll! 11A1
Tomate, die 3A4
Ton, der 15BÜ4
* Tonband, das 12AÜ2
* Tonbandgerät, das 3A2
* Topf, der 13A3
Top-Spin, der 16A1a
Tor, das 9AÜ3
* tot S/Sp (A)
Tote, der 14A5c
* töten 9A5
totfrieren 15A5
Touristenzentrale, die 5A4
* tragen 10A1, 11A2, 12A7
trainieren 14BÜ2
* traurig 6A6
* treffen Mal
* treffen, sich 5A2
trennbar 4B2
* trennen 9A5
* Treppe, die 7A2
* treten 12A4
Trinken, das 3A5
* trinken 2A1, 9A2, 10BÜ1, 12A5
* trocknen 14AÜ17
* trotzdem 12B4
Trümmer, die 10A7
Tschernobyl 16A6
tüchtig 16A6
* tun 9A1, 12A4, 12A7, 15AÜ4
* Tür, die 5A3

Türke, der 2A4
Türkei, die 2A4
Türkin, die 2A4
Türkisch 2A4
* Turnen, das 7A4
* turnen 12A6
TÜV, der 7A4
* Typ, der 4B1, 11A7

U
U-Bahn, die 6A4
U-Bahn-Station, die 6A5
* üben 11AÜ16
über 10A3, 13A2
* überall 16A5
überdeutlich 16A6
überdies 14A5e
überfordert 16A5
überfüllt 5A4
übergehen 14A5e
* überhaupt 11A4
* überholen 9AÜ8
* überlegen 11A6
Überlegung, die 14A8
Übermaß, das 16A4
* übermorgen 5A6
* übernachten 5A4
* überraschen 12A3
überreizt 16A5
überschreiten 13B9
* Überschrift, die 10AÜ12
Übersicht, die 13A6
übersichtlich 13A5
übertrieben 16A5
überwiegend 14A5d
überzeugt sein 12A3
* übrig 13BÜ4
* übrigens 16A6
* Ufer, das 10AÜ1
uff! WS
* Uhr, die 5A1
* Uhrzeit, die 5A1
* um 5A2, 7A5, 10A1, 15AÜ4
Umfrage, die 14A6
umgehen mit 14A5e
umgehend 16A6
umgekehrt 14A2
um Gottes willen!
Umlaut, der 14B1
umlegen 15A3
umschlagen 12A7
umsehen 10A3
umsonst 15A2
umsteigen 5A2
umstürzen 12A3
* Umwelt, die 16A5
Umweltwissenschaft, die 11AÜ9

unangenehm 13A7
unauffällig 11A2
unbekannt 3A9
unbemerkt 15A3
unberechenbar 14A6
unbestimmt 3B2
* und 1.2
undemokratisch 14A6
unerwartet 12B4
* Unfall, der 12A3
unfallfrei 16A2
unfreundlich 16B4.3
ungebügelt 16B4.3
* ungefähr 7A2
ungemütlich 16B4.3
Ungerechtigkeit, die 16A5
ungünstig 15A6
unheimlich 16AÜ4
unhöflich 9A1
* Universität, die 10A4
Universum, das 14A2
unkompliziert 11AÜ9
unkultiviert 16B4.3
unmöglich 11A4, 16A3
unpersönlich 14A5d
unregelmäßig 6B3
uns 5A2
unschön 16BÜ1
* unser 13A6
unsicher 15B4
* Unsinn, der 15A4
* unten 7A1
* unter 7A5, 11A7, 14A5e
* unterbrechen 10AÜ9
Unterbrecher-Taste, die 13A5
unterdrücken 16A5
* unterhalten, der 11AÜ9
Unternehmer, der 11AÜ9
unterrühren 13BÜ3
* Unterschied, der 14AÜ13
unterstreichen 5A6
* untersuchen 12AÜ16, 14A5e
* Untersuchung, die 14A7, 16A6
* Unterwäsche, die 7A6
* unterwegs 5A3
ununterbrochen 14A5a
Unverstand, der 14A8
unzugänglich 4A3
* Urlaub, der 9A3
Urlaubsentspannung, die 13A6
Urlaubsort, der 13A6
Urlaubsreisende, der/die 13A6

Urlaubszeit, die 13A6
Ursache, die 10B6
* Urteil, das 14A6, 16A1c
Uruguay 1.4
USA, die 1.4
* usw. 10A2

V
Variante, die 11B3
variieren 13B9
Vase, die 7A3
* Vater, der 3A3
verabschieden 15A6
* verabschieden, sich 15A2
veränderlich 15A5
Veränderung, die 16A4
veranlassen 16A6
Verb, das 2B2
Verbativergänzung, die 14B4
* verbessern 16A3
* Verbesserung, die 16B5
* verbieten 9A5
Verbklammer, die 9B2
* verboten 9AÜ1
Verbraucherdienst, der 14A7
Verbreitung, die 15AÜ9
Verbstamm, der 2B3
Verbstellung, die 10B5
verdammt! 6A3
verderben 13A7
* verdienen 3A5
verdorben 13A7
verdrängen 14A5a
* Verein, der 16A3
Vereinsvorsitzende, der/die 16A3
verfolgen 9A5, 12B2
vergangen 16A4
* Vergangenheit, die 15B3
* vergessen 6A4
* Vergleich, der 14B2, 16AÜ9
* vergleichen 8B2
vergraben 16A6
* vergrößern 16B5
Vergrößerung, die 16B5
verhaften 12A3
* Verhalten, das 14A5d
verhaltensgestört 16A5
* verheiratet 4A6
verhungern 12A1
* verkaufen 10A2
* Verkäufer, der 12A2
* Verkäuferin, die 6A5
* Verkehr, der 6A1
Verkehrsminister, der 13AÜ13

Verkehrsproblem, das 13A6
verkehrsreich 13A6
Verkehrsstau, der 13AÜ12
Verkehrssünder, der 16A2
Verkleinerungsform, die 10AÜ13
Verlagslektor, der 10A4
* verlangen 13A7
verlassen 8A7, 10A5
* verletzen 12A3
verlieben, sich 14BÜ2
Verliebte, der/die S/Sp(B)
* verlieren 6A4, S/Sp(B), 16A4, 16B3.1
* vermieten 11A10
Vermietung, die 11A10
vermindern 13A5
vermissen 14A5d
* vermuten 15A3
vermutlich 15A3
Vermutung, die 15AÜ1
vernachlässigen 16A5
* veröffentlichen DL
verordnen 4A3
verpassen 15BÜ2
verpesten 13A7
* verreisen 9AÜ5
* verrückt 7A4
Vers, der 10AÜ15
versagen 16A5
versagend 16AÜ13
verschaffen 15A3
verschieben 13A5
* verschieden 13A7
verschlafen 15BÜ2
verschließen, sich 12A5
verschlingen 12A4
verschlossen 14A5d
verschönern 16BÜ1
Verschönerung, die 16Bü1
verschwinden 12A5
versetzen 13BÜ3
* Versicherung, die 14A5C
verspätet 5A3
* Verspätung, die 15BÜ1
Versprechen, das 15B3
Verständnis, die 16A3
* verstehen 2A5, 9A3, 9A4
verstreut 15A3
* versuchen S/Sp(B), 16A3
vertauschen S/Sp(B)
* Vertrauen, das 10A5
vertraut 14A5e

* Vertreter, der Mal
* verursachen 12B2
verurteilen 16A2
* verwechseln 16A6
* verwenden 13A3, 16B2
verwitwet 11AÜ9
Verwöhnung, die 16A5
verzehren 16A4
* Verzeihung, die 1.2
* viel 2A4, S/Sp(A)
vielfach 13A6
vielfältig 11AÜ9
* vielleicht 3A2
Viertel, das 3A6, 5A1
Vierzimmerwohnung, die 3A5
Vietnam 2A4
Vietnamese, der 2A4
Vietnamesin, die 2A4
Vietnamesisch 2A4
Villa, die 15A3
* Visum, das 16A3
Visumsverlängerung, die 16A3
* Vogel, der 10BÜ6
Volk, das 4A1
Volkshochschule, die 10A4
volkstümlich S/Sp(A)
Volkszählung, die 15A6
voll 8A3b, 12A5
Vollkornbrot, das 6A2
vollschmieren 13A1
Vollverb, das 9B2
* von 2A2, 10AÜ1, 12A1, 12A7
* vor 5A1, 7A3, 9AÜ8, 13A6, 14A5a
vorangehen 13A7
voraussetzen 12B1
* Voraussetzung, die 12B1
vorbereiten S/Sp(B)
vorder- 14A8
* Vorfahrt, die 9BÜ4
Vorfahrtsstraße, die 12AÜ7
* vorgestern 5A6
Vorhand, die 16A1a
vorhanden 14AÜ12
* Vorhang, der 12A4
* vorher 14AÜ8
vorherrschen 14A5e
* vorig- 6B5
Vorjahr, das 14A5a
* vorkommen 12A4
Vorlage, die 13A5
vorlesen 12A1
vorliegen 15AÜ9
Vormittag, der 6A1

* vorn(e) 4A2, 12A1
* Vorname, der 1.1
Vorrang, der 14A5b
vorrangig 16A5
* vorschlagen 9A3
vorschreiben 13A3
* Vorsicht, die 4A1
* vorsichtig 9AÜ3
Vorsilbe, die 16BÜ1
Vorsitzende, der/die 16A3
* vorspielen S/Sp(B)
* vorstellen, sich 15A3
vorstellen, sich etwas S/Sp(B)
* Vortrag 14A4
Vorwahl, die 2A3
vorwählen 13A5
Vorzeitigkeit, die 10B4.2

**W**
Wachsamkeit, die 16A3
* wachsen 14B2
Waffe, die 10A1
* Wagen, der 5A7
* wählen 13A6
Wahnsinn, der 8A5
wahnsinnig 16A6
* während 10A3, 15AÜ9
wahrnehmen 13A6
* Wald, der 8A6
Wanderer, der 14A8
Wandersmann, der 14A8
Wanderung, die 12BÜ2
* wann 5A2, 11AÜ16
* Ware, die 12A2
* warm 3A8
warmherzig 14A6
* warnen 9AÜ3
* warten 6A1
* warum 3A3
* was 2A1, 9A3, 9AÜ5
Waschbecken, das 11A9
Wäscheklammer, die 4A4
Wäscheleine, die 7A5
Waschen, das 14A7
* waschen 9BÜ1
* Waschmaschine, die 11A9
* was für? 12A4
* Wasser, das 3A5
* WC, das 9BÜ1
* wechseln 9BÜ1
wechselnd 15A5
Wechselpräposition, die 7B4
* Wecker, der 5A2
* weg 4A6

* wegen 16A6
wegfahren 9A1
wegfegen 16A1c
weggeben 10A5
weggehen 10AÜ5
weglaufen 12B2
wegnehmen 10BÜ2
wegstellen 13A1
wegwerfen 4A4
* weh tun 3A8
* weiblich 14A7
weichen UV
Weihnachten 5A5
Weihnachtsfeiertag, der 8A4
Weihnachtsferien, die 5A5
* weil 10A5
Weile, die 10A5
* Wein, der 2A1
* weinen 13A7
Weinflasche, die 3A9
Weise, die 16A1c
weisen UV
* weiß 11A2
* weit 11A11, 14A8, 16A6
weitaus 16A4
weiterfahren 9BÜ2
Weiterfahrt, die 5A3
weitergeben 10A2
weitergehen 3A3, 10A5
weiterlesen 13A7
weitermachen S/Sp(B)
weiterschreiben 9AÜ9
weitersuchen 4A3
weitgehend 16A4
* welch- 10AÜ1, 15A1
* Welt, die 7A6
weltweit 15AÜ9
wen 9B4.3
Wende, die 5A8
* wenden 16A3
Wendung, die 13AÜ14
* wenig 6A6, 14A2
* wenn 12A1
wer 1.1
* Werbung, die 16A1c
* werden 9A5
* werfen 9A4
* Werkstatt, die 12BÜ2
Werkzeugkasten, der 7A5
* Wert, der 16A6
weshalb 12A5
* wessen 16B2
West 2A4
Weste, die 11A2
wetten 15A4
* Wetter, das 13A7
* Wetterbericht, der 15A5

127

WF (= Wohnflur, der) 11A8
* wichtig 5A6
widmen, sich 16A5
* wie 1.2, 9AÜ9
* wie bitte? 9A1
* wieder 4A4
Wiederaufnahme, die 10A4
wiedererkennen 6A5
wiederfinden 15A3
Wiedergabe, die 13A5
* wiederholen 13BÜ1
wiederkommen 15A7
* Wiedersehen, das 1.2
Wiener Sezession, die Mal
* wie oft 12AÜ15
wie schade! 9BÜ5
* wieso 9BÜ5
* wieviel 5A1
Wildfleisch, das 16A6
Wille, der 7A5
* willkommen 11A9
Wind, der Mal
Windsbraut, die Mal
Wintertag, der Mal
* wir 3A3
* wirklich 6A1, 9BÜ5, 11A1
* wissen 1.2
Wissenschaftler, der 14A5d
wissenschaftlich 10A4
* Witz, der 10AÜ10
* wo 1.3
* Woche, die 4A2
* Wochenende, das 12BÜ3
* wofür 16B1
* woher 1.2
* wohin 7B3
* wohl 10A5, 12A7
Wohlstand, der 10A7
wohlverdient 13A6
Wohnen, das 11A8
* wohnen 1.3
Wohngemeinschaft, die 11A11
Wohnlage, die 11BÜ8
Wohnraum, der 11A8
* Wohnung, die 11AÜ8
Wohnungsanzeige, die 11A10
Wohnzimmer, das 11AÜ11
Wohnzimmerschrank, der 6A7
Wolf, der 12A4
* Wolke, die Mal

wolkig 15A5
* wollen 9AÜ1
womit 10A5
woran 11AÜ11
worauf 16B1
* Wort, das S/Sp(A)
Wortbildung, die 16B3
* Wörterbuch, das 16AÜ13
Wortfrage, die 2B5
wörtlich S/Sp(B)
Wort-Treppe, die S/Sp(B)
Wortzusammensetzung, die 14AÜ9
worüber 16B1
worum 16B1
wovon 16B1
* wozu 13A7
* Wunde, die 4A4
* wunderbar 7A5
wunderlich 12A4
* wundern, sich 12A4
wunderschön 14A1
* Wunsch, der 12A5
* wünschen 11AÜ4
Würfel, der S/Sp(A)
würfeln S/Sp(A)
Würfelspiel, das S/Sp(A)
* Wurst, die 3A8
Würstchen, das 3A6

Z
zähflüssig 13AÜ11
* Zahl, die 1.3, 15AÜ4
zahlen 12A3
* zählen WS
Zahlenangabe, die 15AÜ14
zahlreich 16A6
Zählung, die 15A6
* Zahn, der 14BÜ1
* Zahnarzt, der 5A6
* Zahnbürste, die 16A6
Zahnfleischentzündung, die 4A3
Zahnschmerzen, die 5A6
Zärtlichkeit, die 11AÜ9
Zauberkünstler, der 15AÜ4
Zebrastreifen, der 9A5
Zehe, die 4A1
* Zeichen, das 14A5e
Zeichenspiel, das 13AÜ3
* zeichnen 7A1
* Zeichnung, die 13AÜ5
* zeigen 4A2, 13A2, 13A6
zeigen, sich 10A3

* Zeile, die 10AÜ13
* Zeit, die 3A3
zeitlebens 16A2
Zeitpunkt, der 16A5
Zeitraum, der 16AÜ6
Zeitsatz, der 10A7
* Zeitung, die 3A5
Zeitungsartikel, der 16AÜ6
Zeitungskasten, der 9A3
zeitweise 15A5
Zentimeter, der S/Sp(A)
* zentral 11A11
Zentralheizung, die 11A10
* Zentrum, das 11A10
zergehen 4A3
* Zettel, der S/Sp(B)
* ziehen S/Sp(B)
* Ziel, das 5A3, 11AÜ9, 12AÜ14
zielen 13A6
* ziemlich 6A6
Ziffernanzeige, die 13A5
* Zigarette, die 3A1
Zigeuner-Steak, das 3A7
* Zimmer, das 7A1
Zimmertür, die 6A7
zischen 16A1a
Zollamt, das 7A2
Zoo, der 7A1
* zu 3A3, 9A2, 10AÜ1
zubereiten 13A3
* Zucker, der 6A2
zueinander 14A5e
* zu Ende 10A3
* zuerst 3A7
* zufällig 10A3
* zufrieden 4A4
* Zug, der 5A2
Zugang, der 15A3
zugeben 13A3
Zugehörigkeit, die 8B6
zügig 13A7
zu Hause 3A8
Zuhörer 14A4
zukleben 4A4
* Zukunft, die 15B3
zulangen 15A7
zulassen 14A5e
Zulassungsstelle, die 7A2
* zuletzt 12AÜ7
zum 7A5
* zumachen 13BÜ1
zumut(e) 12A4
zunähen 4A4
* zunehmen 15A6
zunehmend 15A5
Zuneigung, die 16B2

zur 5A3
* zurück 5A2
zurückbringen 12AÜ3
zurückgehen 15AÜ9
zurückhaben 12A2
zurücklegen 16A2
zurücknehmen 12A2
zurückrufen 9A4
zurückschreien 9A4
zurückschwimmen 10BÜ3
zurücksetzen 13A5
zurückziehen 12A4
* zusammen 3A4
zusammenbinden 14A8
zusammenfalten 13A2
zusammenfassen 14A5d
zusammengehören 11AÜ12
zusammenhängen 16A3
zusammenkleben 13BÜ2
zusammenleben 10A2
zusammenpassen 9AÜ8
Zusammensetzung, die 16A4
zusammenstoßen 12A3
zusätzlich 13A6
* Zuschauer, der 16B3.4
* Zuschauerin, die 16B3.5
Zuschrift, die 11A7
zusehen 10BÜ5
zuständig 16A3
zustürzen 16A3
Zutat, die 13BÜ6
zutreffen 14A6
* zuverlässig 14A6
Zuverlässigkeit, die 14A5d
zuviel 3A6
Zuwendung, die 16A5
zu wenig 15A7
Zuwiderhandlung, die 9A5
zuzüglich 11A11
* zwar 12B4
Zweck, der 12AÜ14
Zweckdiener, der 12A6
2-Familien-Haus, das 11A10
* zweifeln 15A5
zweimal 13A7
Zwei-Zimmer-Appartement, das 11BÜ8
* Zwiebel, die 3A7
* zwischen 7A3
zwischenmenschlich 14A5e